本书系浙江外国语学院博达科研提升专项计划
"'一带一路'沿线国家农产品贸易安全策略对我国的影响研究"
（BD2019B4）研究成果

浙江外国语学院博达丛书

国际粮价波动对我国粮食贸易安全的影响研究

Guoji Liangjia Bodong
Dui Woguo Liangshi Maoyi Anquan de
Yingxiang Yanjiu

尹靖华 —— 著

中国财经出版传媒集团
经济科学出版社
Economic Science Press

图书在版编目（CIP）数据

国际粮价波动对我国粮食贸易安全的影响研究／尹
靖华著．—北京：经济科学出版社，2021.11
（浙江外国语学院博达丛书）
ISBN 978 - 7 - 5218 - 2998 - 3

Ⅰ．①国⋯ Ⅱ．①尹⋯ Ⅲ．①粮食 - 物价波动 - 影
响 - 粮食 - 国际贸易 - 研究 - 中国 Ⅳ．①F752.652.1

中国版本图书馆 CIP 数据核字（2021）第 213878 号

责任编辑：周胜婷
责任校对：刘　昕
责任印制：张佳裕

国际粮价波动对我国粮食贸易安全的影响研究

尹靖华　著

经济科学出版社出版、发行　新华书店经销
社址：北京市海淀区阜成路甲 28 号　邮编：100142
总编部电话：010 - 88191217　发行部电话：010 - 88191522
网址：www. esp. com. cn
电子邮箱：esp@ esp. com. cn
天猫网店：经济科学出版社旗舰店
网址：http://jjkxcbs. tmall. com
固安华明印业有限公司印装
710 × 1000　16 开　16 印张　270000 字
2021 年 11 月第 1 版　2021 年 11 月第 1 次印刷
ISBN 978 - 7 - 5218 - 2998 - 3　定价：82.00 元
（图书出现印装问题，本社负责调换。电话：010 - 88191510）
（版权所有　侵权必究　打击盗版　举报热线：010 - 88191661
QQ：2242791300　营销中心电话：010 - 88191537
电子邮箱：dbts@ esp. com. cn）

目前尽管我国粮食产量连年递增，粮食进口量却持续攀升，对世界粮食价格波动更为敏感。国内农产品耕种安排、农产品相关生产加工企业的生产及一般的居民消费等，都会受到国际粮价波动传导的重大影响。在此背景下，研究国际粮食价格波动对我国粮食贸易安全的影响机理和影响效应非常必要。

现有研究主要基于国际粮食价格波动的影响因素、波动特征、传导渠道和传导效应，粮食安全水平的测度和未来粮食缺口的预测，国际粮价波动对国内粮食价格、粮食消费、居民收入和粮食产业链各环节的影响等方面展开；但是缺乏关于国际粮价波动对粮食贸易安全的整体作用机理和效应的系统性研究。为此，本书在总结前人关于国际粮价波动和粮食安全研究的基础之上，构建国际粮价波动对粮食贸易安全影响研究框架，将粮食缺口、粮食价格、粮食贸易流量和粮食贸易政策作为粮食贸易安全的代表性指标，系统研究国际粮食价格波动对我国粮食贸易安全的影响机理和效应。

本书首先基于非传统安全视角，从"安全化""安全性""安全感"维度，构建粮食贸易安全测度指标体系，采用主成分模型测度了包括中国在内的 12 个发展中国家的粮食贸易安全水平；采用面板模型探讨了国际期货投机与中国粮食贸易安全的关系，利用 GARCH 模型估计了我国粮食期货市场的风险转移功能的效率。其次采用大国模型、小国模型和两国模型分析国际粮价波动对粮食贸易安全的影响机理，并选取粮食缺口、粮食价格、贸易流量和贸易政策作为"粮食贸易安全化""粮食贸易安全性""粮食贸易安全感"的代表性指标，提出国际粮价波动对粮食贸易安全的六个影响路径：贸易利得机制、价格传导机制、信息传导机制、成本传导机制、贸易流量机制和贸易隔离机制。最后分别对六个传导机制进行实证检验。采取联立方程模型，实证检验了"国际粮价波动—粮食贸易成本—粮食贸易利得—国内粮食缺口"的影响机制；在采用 VECM 和 BEKK-GARCH 模型测度国内粮食期货价格发现功能的动态变化的趋势上，运用线性回归模型估计了国际粮食期货投机对国内粮食期货价格发现功能的信息传导机制；用 VAR 模型估计了国际能源对粮食价格传导的生产成本渠道，用面板 EGLS 模型估计了国际石油价格对国内粮食价格传导的贸易成本渠道；采用两步非对称 ECM 模型、VEC 模型和 VAR 模型，考察了国际粮食价格和石油价格冲击对国内粮食价格的影响；利用非对称效应模型、SVAR 模型和固定效应面板模型，研究了国际粮价波动以及金融和能源冲击对全球和我国粮食贸易流量的影响；运用固定效应面板模型明确了国际粮价格波动对我国粮食贸易伙伴国贸易政策的影响效应。得到以下几点结论。

第一，高收入发展中国家小麦、玉米的粮食贸易较安全，稻米贸易处于不安全状态且安全水平下降；中高收入发展中国家的粮食贸易基本不安全；低收入发展中国家的粮食贸易处于不安全状态；发展中国家的小麦贸易安全状态最稳定，玉米和大豆的贸易安全水平上升，稻米贸易最不安全。与投机因素相比，我国粮食贸易安全的风险更多地来源于实际供求层面。我国期货市场确实能够转移部分价格波动的风险，我国大豆和玉米的套保效率低于美国，套保成本低于美国，但套保效率增速远远快于美国。第二，国际粮价波动通过贸易利得机制影响我国粮食缺口，通过价格传导机制影响粮食价格，通过信息传导机制影响期货价格发现功能，通过成本传导机制影响粮食生产成本，通过贸易流量机制影响粮食贸易流量，通过贸易隔离机制影响国内外粮食贸易政策，导致我国粮食贸易安全水平变化。第三，国际粮价波动导致国内小麦缺口增大，稻米缺口略有下降，对大豆缺口有双向影响，对玉米缺口影响不显著。第四，基于历史信息的国际投机增强了中国小麦和玉米的期货价格发现功能，国际投资者情绪性投机削弱了中国小麦和玉米的期货价格发现功能。第五，国际能源价格通过柴油和汽油渠道向国内稻米和玉米价格的传导畅通，通过化肥渠道向国内粮食价格的传导不畅通，通过柴油渠道对玉米价格产生正向影响，通过汽油渠道对玉米价格产生负向影响；能源价格上升推高了我国农产品的国内外贸易成本，贸易政策合作有利于降低我国农产品进口贸易成本。第六，国际石油价格通过运输成本传导渠道对我国玉米和大豆价格产生重要影响，对我国小麦和稻米价格影响不显著；国内外大豆价格的传导速度快于国内外玉米价格的传导，国内外小麦和稻米价格传导不显著；国际石油价格向国内玉米价格的传导速度，快于国际玉米价格向国内玉米价格的传导；国际石油价格向国内大豆价格的传导速度，慢于国际大豆价格向国内大豆价格的传导。第七，国际粮食、金融资产和能源的价格波动对粮食贸易量存在非对称影响；国际粮价波动导致世界粮食贸易额上升，需求冲击导致世界粮食贸易额下降，金融冲击令世界粮食贸易额萎缩，能源冲击导致世界粮食贸易额上升；国际粮价波动和金融冲击令我国粮食贸易总额萎缩，但对我国粮食进出口额影响具有异质性。第八，国际粮价波动引起我国主要粮食贸易伙伴国与世界的贸易隔离程度增加，口粮的价格波动会引起各国贸易政策的显著变化。

　　基于上述分析，本书最后提出了实现粮食供需平衡，提升我国粮食产业竞争力，稳定国内粮食市场，加强对外部冲击因素的预警和控制，采取不同措施应对国际粮价波动对口粮、饲料粮和工业用粮缺口的冲击，警惕能源价格对国内粮食价格的传导，重视对粮食进出口机制的战略调控，重视国际粮食贸易安全合作等政策建议，以期维护我国粮食贸易安全。

目录
ontents

1 绪 论

1.1 选题背景和意义

自 20 世纪 70 年代至今，世界粮食供需伴随着世界经济的周期性变化以及气候环境等自然因素的冲击，经历了几轮的扩张与收缩。国际粮食价格也随着供需变化发生相应波动，其波动幅度呈现出越来越剧烈的态势。全球粮食价格暴涨令作为粮食净输出国的部分发达国家受益，而粮食不能自给的亚非国家则面临饥荒，引发了国际粮食危机，并由此造成社会动荡。2011~2012 年的粮食危机为各粮食净进口国敲响了警钟。

中国是 14 亿多人口的发展中大国，除了受到内部农业生产资源禀赋约束外，同时还面临价格急剧波动、竞争愈发激烈、贸易保护主义抬头的国际农产品贸易环境压力。食品和农业原料的供给能否得到保障，直接关系到我国经济的可持续发展。为此，2013 年中共十八大报告着重提出要增强农业综合生产能力，确保国家粮食安全和重要农产品有效供给。事实上，有 14 亿多人口的中国，粮食安全依靠自身之外，在不存在禁运的粮食自由贸易条件下，必须利用国际市场资源。我国粮食产量近十多年虽然连续增长，粮食进口量却持续攀升；我国玉米从 2009 年开始出现净进口；1996 年前净出口的大豆到 2011 年自给率只有 20%；2012~2022 年玉米进口预期将占全球玉米贸易增量的 1/2，大豆进口预期将占全球大豆进口增量的80%（Westcott & R. Trost，2012）。由于中国粮食净进口量的不断扩大，中国对世界粮食供需波动所导致的价格波动也更为敏感。国内农产品耕种安排、农产品相关生产加工企业的生产及一般的居民消费等，都会受到国际粮价波动传导的重大影响。这意味着我国粮食贸易面临的压力越来越大，粮食安全风险日益加剧。

在此背景下，准确估计未来粮食供需缺口，科学构建粮食贸易安全评价体系，分析非传统安全因素对我国粮食贸易安全的影响机理和影响效应，探讨如何抵御国际粮价波动对我国粮食贸易安全的冲击，将有利于我国准确锁定粮食贸易风险来源，提高粮食安全预警能力，优化粮食产业和贸易战略。准确把握国际粮食市场短期特征和长期趋势、分析国际粮食价格波动对我国粮食贸易安全的作用机制、提出中国情景下的粮食贸易安全政策措施是本书的最终目标。本书对我国未来农产品进出口政策的制定具有一定参考价值，对于未来的农产品进出口安全政策领域学术研究也具有一定的借鉴意义。

1.2 研究方法和思路

本书将在现有研究成果的基础上，深入研究国际粮价波动与我国粮食贸易安全的关系。本书将依循以下主要思路展开。

第1章和第2章是绪论和文献综述。第3章重点考察中国等典型发展中国家粮食贸易安全水平，分析国际期货投机对我国粮食贸易安全的影响，探讨我国粮食期货市场的风险转移功能的效率。第4章采用大国模型、小国模型和两国模型分析国际粮价波动对粮食贸易安全的影响机理，并提出国际粮价波动对粮食贸易安全的六个影响路径：贸易利得机制、价格传导机制、信息传导机制、成本传导机制、贸易流量机制和贸易隔离机制。第5章采用联立方程模型实证分析国际粮价波动对我国粮食缺口的贸易利得传导路径。第6章利用逐步回归的 ECM 模型验证国际粮价波动对我国粮食价格的传导路径。第7章采用 BEKK-GARCH 和 VECM 模型测度国内粮食期货价格发现功能，采用面板模型估计国际投机对国内期货价格发现功能的信息传导机制。第8章采用 VAR 模型和面板模型，实证分析国际能源价格对国内粮食价格的成本传导机制。第9章基于非对称效应模型、贸易面板模型、SVAR 模型和贸易引力模型，分析国际粮价波动对世界、粮食净进口国和我国的粮食贸易量的影响路径。第 10 章通过分析我国及主要贸易伙伴国的贸易扭曲政策的面板数据，探讨国际粮价波动对各国贸易政策的影响路径。

在此基础上，得出第 11 章的结论，并提出具有针对性的对策建议。

1.3　可能的创新点

第一，从非传统安全内涵出发构建我国粮食贸易安全指标评价体系，对我国粮食贸易安全状况进行测度。研究内容上，聚焦于我国粮食贸易安全，探究既有研究未能深入挖掘的我国粮食贸易安全水平的变化；测度思想上，超越传统安全观，将我国与粮食贸易伙伴国之间的优态共存看作贸易安全，将贸易安全的可能性边界拓展到多方的安全建设，强调国家、区域和全球层面的贸易政策协调、贸易规则修订及全球性粮食危机和共同应对；指标设定上，从粮食贸易的"安全化""安全性""安全感"三个维度设立测度指标。

第二，在测度我国粮食贸易成本和贸易利得基础上，控制了我国粮食贸易成本、贸易利得和粮食缺口的重要影响因素，采用联立方程模型探讨是否存在"国际粮价波动—贸易利得—粮食缺口"的传导机制。

第三，采用逐步回归的 ECM 模型，在国际粮食价格波动传导模型中，加入国际原油价格这一非传统安全因素，分析国际原油价格和粮食价格对我国粮食价格的传导效应。

第四，结合 VECM 和 BEKK-GARCH 模型刻画了我国粮食期货的价格发现功能的时变动态，运用多种指标描绘了基于历史市场信息的投机行为和基于对未来预期的情绪性投机行为的不同特征，解释了不同的国际投机行为对中国粮食期货价格发现功能影响的异质性。

第五，将种植成本渠道和生物能源需求渠道区别开来，建立单独的理论模型分析种植成本渠道的价格传导；在局部均衡模型的基础上，针对"能源价格—生产成本—粮食价格"的整体传导机制进行实证分析。结合"运输成本对经济地理的冲击"理论和"李嘉图国际贸易模型"，建立数理模型，分析能源价格基于贸易成本渠道对农产品价格的影响机制；采用科萨和法杰鲍姆（Cosar & Fajgelbaum，2013）的实证方法，实证分析国际能源价格通过贸易成本对我国农产品价格的影响效应。

第六，采用固定效应面板模型，估计国际粮食价格波动对我国主要粮食贸易对象国的贸易隔离政策的影响，从国家层面、区域层面和全球层面提出"优态共存"的粮食贸易安全改革措施。

2 文献综述

国际粮价波动和粮食安全一直是国内外学术界研究的热点，国内外学者对其进行了大量深入的研究。本书主要是回顾和梳理在这两个领域及其交叉领域的既有研究，并进行简单评述，以归纳出本书下一步的研究方向与重点。

2.1 国际粮价波动的研究进展

现有研究从影响因素、波动特征、传导渠道和传导效应等方面来分析国际粮食价格波动，认为影响粮食价格波动的因素有供给因素、需求因素、能源、金融、国家干预等，且粮食价格波动具有集簇性、周期性、非对称性、零均值、尖峰厚尾的非正态分布等特征。

2.1.1 粮食价格波动的影响因素

2.1.1.1 国际粮价波动的影响因素

虽然影响粮食价格波动的因素有供给因素、需求因素、能源、金融、国家干预等方面（高帆、龚芳，2011；包宗顺，2011；孙林，2011；顾国达、方晨靓，2012；李翠霞、张玉玲，2012），但不同时期导致粮食价格波动的主要原因不同。国际粮价波动的影响因素及影响程度已发生了结构性变化。2000 年以前，粮食价格波动主要是全球粮食需求和供给因素所致，粮食价格随着上期粮食产量和上期进口量的增加而下降，随着上期农资价格增加而上升；而 2000 年后，以金融因素为主导、金融化和能源化互相交织，已成为影响国际粮食价格波动的主要因素（高帆、龚芳，2011）。以 2007～2009 年的国际粮食危机为例，该轮国际粮食价格超常规大幅度上涨，是能源大幅度涨价导致粮食生产成本增加、金融市场的炒作、生物能源对粮食的消耗和一些国家对粮食贸易的限制等因素综合作用的结果。例如，在特定时期，粮食主产国的出口限制政策将推动国际稻米价格短期内大幅上涨，稻米主产国贸易量对国际粮食价格有显著的负向影响。2007～2008 年，稻米主产国的出口限制导致稻米贸易量每降低 1% 国际稻米价格上涨 1.57%，而在此期间之外的稻米贸易量影响并不显著（孙林，2011）。

2.1.1.2 国内农产品价格波动的影响因素

需求因素、供给因素、生产成本、国际价格传导、工业品价格波动是我国农产品价格波动的原因。首先，我国国内粮食价格的稳定性，受到需求和供给的影响。粮食的供给弹性和需求弹性都比较小，且需求弹性大于供给弹性，令粮食价格对供给调节具有滞后效应，对需求的调节具有即时效应。两种效应叠加，造成时滞效应，造成粮食价格发散波动（何蒲明，2009）。有学者认为粮食需求因素对粮食价格波动影响较大（李翠霞、张玉玲，2012），但也有相反观点认为，中国农产品价格持续上涨的动因是生产资料价格和农村劳动力成本的快速上升，以及国际农产品价格的大幅度攀升，而非需求驱动；种植业产品价格上涨很大程度归因于国际农产品价格的冲击，而生产资料成本更多影响到畜产品价格（张明、谢家智，2012）。

其次，从工农业价格对比角度而言，工业品价格波动会强烈地影响农产品价格，是农产品价格波动的原因；农产品整体价格波动具有普遍性，滞后于工业品价格波动，且在加速原理的作用下被逐渐放大；农产品波动具有非对称性，向下冲击导致的波动大于向上冲击所导致的波动；以上因素综合导致了农业的长期弱势（陈有华，2012）。

2.1.2 国际粮价波动的测度与特征

2.1.2.1 测度方法

价格波动指当期价格与上期价格相比的变动程度，可采用同比和环比两种方法进行计算。可以从价格波动的集中程度、离散程度和分布特征角度来衡量价格波动。波动集中程度包括众数、中位数、均值（简单、加权、几何均值）；波动离散程度包括异众比率、极差、标准差、离散系数；波动的分布特征则包括偏度和峰度。现有研究多采用价格指数对均值的偏离、价格指数对数形式的一阶差分、价格波动 VAR 模型总的方差大小等方法来衡量价格波动的程度。

2.1.2.2 波动特性

国际粮食价格波动具有显著的非对称性、集簇性和可预测性、尖峰厚尾的非正态分布特征（罗永恒，2012；公茂刚，2012；方晨靓，2012）、存在自相关和异方差性（何启志，2010），用 T 分布和 GED 分布能更好地对粮食价格波动模型进行估计（孙林，2013）。外部冲击持久影响国际粮价波动，但平均粮价并不受粮价波动的影响（公茂刚，2012）。1991~2011 年间，世界市场上代表整体粮价的谷物价格指数变动率具有显著的 ARCH 效应，而且除大豆外，稻米、小麦、玉米、高粱四类粮食的价格变动率也具有显著的 ARCH 效应（公茂刚，2012）。但不同期货产品的集簇性和非对称性表现形式不一样，不同期货品种的市场对"利好"和"利空"消息的反应存在差异（孙林，2013）。对波动特征的实证分析多采用 GARCH-GED、TGARCH-GED、EGARCH-GED、PARCH-GED、基于 T 分布下的 EGARCH 模型、GARCH（p，q）模型、GARCH-M 模型、TARCH 模型。

2.1.3 粮食价格波动传导机制

2.1.3.1 国际粮食价格波动的传导机制

对国际粮价波动的现有研究多从价格波动的影响因素、波动特征、传导渠道和传导效应等方面进行，认为国际农产品价格波动传导机制包括价格波动成因、国际传导路径以及传导效应（方晨靓、顾国达，2012）。对传导路径的实证方法包括 VAR 模型、SVAR 模型和 Egarch 模型等；传导效应的实证方法有 MS-VAR 模型、SVAR 模型、Bsvar 模型、VAR 模型、ECM 模型、VEC 模型等。

（1）国际粮食价格波动可通过期货市场和现货市场联动，对我国现货市场进行传导：通过价格直接传导至国内消费品价格（王孝松、谢申祥，2012）；通过产品成本路径传导至国内工业品价格（洪伟，2009）；通过贸易替代路径传导至国内农产品价格（罗孝铃，2005；丁守海，2009；贾杉，2011；张明、谢家智，2012）。除了同类粮食品种间的价格传导途径外，不同粮食品种间也有价格传导，某些战略性粮食品种尤其是小麦和稻米的价格输入是通过大豆和玉米等间接贸易实现的（丁守海，2009）。

（2）直接传导和成本传导具有大国效应，而贸易替代传导会导致国内相关产业萎缩（方晨靓，2012）；影响经济运行也是国际粮价波动的重要传导效应。首先，国际粮价波动与我国经济周期具有关联性，直接影响我国经济增速。周菊花（2012）研究表明，国际大宗商品价格波动的一个重要原因是我国经济周期的扩张和收缩，而国际大宗商品价格的波动会加剧我国经济周期的扩张和收缩。与内部冲击相比，外部冲击是引起中国经济波动的次要原因，且外部冲击对价格水平的影响小于对中国经济增速的影响（袁吉伟，2013）。其次，国际粮价波动通过传导至国内农产品价格，间接波动影响经济增速。罗永恒（2012）发现，1979～2010年，国内农产品生产价格指数和国民生产总值指数存在较显著的长期均衡关系；国内农产品价格波动对第一、第二产业产生了较大的冲击，对第三产业的影响相对比较小；农产品价格与第一产业之间的价格双向传递不明显，而第二产业对农产品价格波动逆向传递比较明显。

（3）国际初级产品价格对我国国内的传导具有单向性、时滞性、影响程度低三个显著特征，原因在于三种传导途径的特殊作用机制。来自价格直接传导和产品成本传导途径的原因是加工贸易和一般贸易是以初级产品为载体对国内进行价格传导的；价格波动幅度的衰减源于加工贸易；传导时滞和价格波动幅度的衰减源于依托于实物的价值转移过程；来自贸易替代途径的原因则包括进口替代的原因和我国粮食价格的特殊定价机制（孙丹、何俊芳，2009）。传导具有单向性，体现了我国贸易的大国效应存在扭曲（顾国达、方晨靓，2012）。

2.1.3.2 我国粮食产业链间价格的传导机制

总体而言，在国内价格传导方向上，销售环节对生产环节的传导顺畅、需求拉动是价格传导主因；生产环节对销售环节的传导具有滞后效应，供给推动是价格传导的次要原因（许世卫，2010；李圣军等，2010）；价格传导效应上，销售环节对生产环节的传导随时间衰弱，生产环节对销售环节的传导随时间增强（许世卫，2010）。

分品种来看，籼稻、粳稻、小麦、大豆产业链上中下游之间的传递关系比较明显。玉米产业链的传递关系不显著，市场流通渠道有障碍（张利庠、张喜才，2011）。

利益分配上，生产环节获得利益较低，加工和销售环节获得利益较高，各环节未形成风险共担、利益均分的利益链条；突发事件会造成短期农产品价格混乱（张利庠、张喜才，2011）。

因此，粮食价格波动加剧，会误导农民盲目生产，使其收益不确定性增强；且会对其他商品产生传导效应，不利于物价水平的稳定；并令粮食成为泛货币化的价值符号，粮食金融化后易于导致泡沫化危机（刘汉成、夏亚华，2011）。

2.1.3.3　国际金融、能源等非传统因素对国内 CPI 的影响

（1）金融因素对 CPI 的影响方面。范志勇和向弟海（2006）认为，名义汇率并非国内价格波动的主要原因，其对进口价格和国内价格水平波动影响有限；进口价格冲击主要造成国内生产者价格的短期波动，进口价格和货币供给冲击主要导致消费者价格的短期波动。陈六傅和刘厚俊（2007）提出，人民币有效汇率对我国进口价格和消费者价格的影响程度非常低。罗进（2013）认为，房地产和股票作为国内资产市场的代表，主要从需求冲击来刺激我国经济进而影响我国的通货膨胀，而国际原油价格和汇率作为国际资产市场的代表，主要从价格传导机制影响我国的通货膨胀。

（2）国际原油价格对 CPI 的传导途径方面。孙丹和何俊芳（2009）认为，鉴于目前我国外贸持续顺差，外汇储备不断增加，国际原油价格波动对国内居民消费价格指数（CPI）的货币传导途径（国际初级产品价格—国际收支—外汇储备—外汇占款—基础货币—货币供应量—价格水平）作用较为有限，主要是通过货物贸易途径（国际初级产品价格—进口货物价格—价格水平）以一般贸易和加工贸易的进口初级产品为载体，以及价格互动途径（国际初级产品价格—国内相关产品价格—价格水平），通过

"进口替代"以及我国特殊的原油定价机制,影响国内价格水平。朱启贵等(2011)提出,国际石油价格变动主要通过输入型、成本推动型、产业链传导型途径影响中国的通货膨胀。

(3)国际原油价格对 CPI 的传导效应方面有三种结论。第一种是影响不明显。陈彦玲(2007)提出,1995 年 2 月至 2007 年 4 月,国际原油价格的波动对美国居民消费价格指数的影响很明显,但对我国居民消费价格指数的影响并不明显。曾林阳(2009)认为,国际石油价格波动对我国通货膨胀仅存在微弱影响。李卓和邢宏洋(2011)提出,国际石油价格波动对以不同价格指数衡量的通货膨胀均有较为显著的短期影响,而长期影响则不显著。第二种是有明显影响。肖争艳等(2009)的研究表明,国际价格因素对我国 CPI 影响明显且存在滞后,国际石油能源、粮食价格仅在短期内对我国的通货膨胀存在影响,而国际工业原材料价格在中期和短期内对我国的通货膨胀都存在显著影响。吴翔等(2009)认为,国际原油价格波动在油气产品传导途径上对我国 CPI 具有直接影响,在有机化工产品传导路径上对我国 CPI 具有间接影响。中国 2007 年投入产出表分析应用课题组(2010)发现,国际原油价格上涨 1% 将引起国内工业生产者出厂价格指数(PPI)上涨 0.176%、国内 CPI 上涨 0.124%。柯怡文(2013)的分析显示,CRB 现货综合指数对我国的 CPI 和 PPI 具有显著的影响,国际粮食价格对我国的 CPI 冲击力度最大,国际原油次之;而国际原油对 PPI 的影响力度最大,铜次之。第三种是随时间变化。朱启贵等(2011)提出,国际油价向中国通货膨胀传递的系数随着时间而渐进变化,1998 年第三季度前后存在一个大的结构突变;随着开放程度提高,国际油价对通货膨胀的影响会减小;油品进口占能源消费的比重增加会增强国际油价的短期传递;应对通货膨胀的货币政策对油价短期传递无削弱效果。

2.1.4 国际能源价格对国内粮食价格的传导

粮食安全问题一直是党中央和各级地方政府十分关切和重视的问题。2001 年以来,中国稻米、小麦、玉米和大豆集贸市场价格指数从 2001 年 1 月的 104、112、122 和 97 上升到 2015 年 1 月的 262、264、271 和 258。同期,国际能源价格和国内粮食价格指数呈现同向波动:总体而言呈上升趋势，部分阶段回落。分阶段来看，2001 年 1 月至 2005 年 12 月都围绕均值小幅震荡，2006 年 1 月至 2010 年 12 月呈上升趋势，2011 年 1 月至 2015 年 12 月呈下降趋势。目前，学界普遍认为，粮食价格的普遍上涨不仅与传统粮食市场的供需关系、生产成本等因素相关，而且与近年来国际能源价格的震荡密不可分。在此背景下，厘清能源价格与粮食价格的关系具有一定的理论价值和现实意义。

2.1.4.1 粮食价格的定义

本书所指的粮食价格包括期货价格和现货价格两种。这两个概念的区别在于：现货市场实体商品的买卖（而非期货市场投机）决定了长期均衡价格，期货市场只是短期内起到价格发现的功能。短期内，期货市场的价格发现功能引发价格变化通过期货传导至现货市场。期货交易者将期货市场的投机或指数基金的增加，视为关于期货价格的、有价值的私人信息，并基于此信息调整他们的期货头寸。期货头寸的调整虽然会导致短期内期货价格的变动，但是其调整规模并不足以引发现货市场长期均衡价格的变动。

粮食期货价格和现货价格的联系体现在两个方面：

其一，国内粮食期货价格和现货价格相互传导。排除其他干扰因素时，国内粮食期货和现货价格应是同向变化的。虽然粮食期货价格不能完全平抑现货价格和产量绕均衡点的波动，但是至少可以减缓这种波动的幅度。而粮食现货市场供求基本面的恶化会引发交易者担忧未来行情，从而导致期货市场价格升高，出现轮动效应。以往研究表明，中国粮食期货价格和现货价格之间存在长期均衡关系。然而，关于粮食期货和现货价格是否双向传导，学界存在争议。如王可山和余建斌（2008）、王时芬和汪喆（2016）等的研究表明，中国大豆期货与现货价格之间存在双向引导关系，相比而言，期货价格对现货价格的引导作用更强；而黄太洋（2013）、侯金莉（2014）、黄建新和周启清（2014）等的研究则表明，中国大豆、玉米、小麦、籼稻、豆粕等的期货价格对现货价格具有单向引导作用。

其二，国际粮食期货价格通过信息反馈机制影响国内粮食期货价格，并进而影响粮食现货价格。王惠平（2011）的研究显示，国内与国际粮食期货市场之间存在着长期协整关系和即时的双向价格引导关系。燕（Yan

Y，2015）基于有向无环图模型研究了美国与中国玉米现货和期货市场之间的互动关系。研究结果显示：中国玉米现货与期货市场、美国玉米现货与中国玉米现货及期货市场、美国与中国玉米期货市场之间均存在水平型价格传导；与中国玉米现货和期货价格对美国玉米价格的影响相比，同期美国玉米现货和期货（尤其是现货）价格对中国玉米价格有更大的影响；美国玉米现货价格对中国玉米市场的引领作用是长期的。

2.1.4.2 能源价格与粮食价格的关联性

粮食价格和能源价格的相关性原本较低，但由于油价不断飙升刺激了生物能源的发展，对用于燃料乙醇的玉米和用于生物柴油的大豆等能源作物的需求不断增长，从而导致能源价格与粮食价格的相关性上升。

根据格兰杰定理，如果两个变量之间是线性的、协整的关系，那么它们之间存在长期均衡关系；如果两个变量之间是非线性关系，并且这种非线性关系能被函数模拟出来，那么它们之间也可能存在长期均衡关系。但上述的"均衡"概念是数据上的长期稳定关系，与经济上的"均衡"概念有些差异。变量的长期均衡关系和短期动态关系存在一定的联系：确定变量之间存在长期均衡关系之后，可进一步估计对应的误差修正模型。在该模型中，变量的短期波动（体现在差分项上）将被误差修正项（长期均衡偏差）拉回均衡线上，变量之间最终恢复均衡状态。一般而言，粮食价格和能源价格的"长期均衡关系"指两者存在一年以上的数据上的稳定关系；粮食价格和能源价格的"短期动态关系"则是指两者在一年之内的同期价格效应。关于能源价格与粮食价格之间是否存在长期关联性，学界存在争议。概而言之，以往对能源价格与粮食价格关联性的研究主要集中在以下两个方面：

1. 粮食期货价格和能源期货价格之间的关联性

部分学者针对粮食期货价格和能源期货价格的关联性进行了研究，研究结果表明，粮食期货价格和能源期货价格之间不存在长期均衡关系（即长期关联性），仅存在短期动态关系；由于数据的结构性突变，这种短期动态关系会发生阶段性变化。

麦克菲尔等（McPhail et al，2012）采用2000年1月至2011年7月的月度数据，对玉米期货价格、波罗的海干散货运价指数、美国玉米期货合约投机持仓数量、原油期货价格和燃料乙醇产量等时间序列变量进行了协整检验和向量自回归模型估计。研究结果显示：上述变量之间不存在长期协整关系；投机活动对真实玉米价格，即用 CPI 指数平减、扣除通货膨胀因素的玉米期货价格的影响在 3 个月内显著，3 个月后消失；原油期货价格对真实玉米价格的影响显著且持续 10 个月以上，12 个月后其成为最重要的影响因素。

杜和麦克菲尔（Du & McPhail，2012）针对 2005 年 3 月 25 日至 2011 年 3 月 25 日玉米、燃料乙醇和汽油每日期货价格进行了协整检验，发现玉米、燃料乙醇和汽油期货价格间不存在长期协整关系。同时，考虑到数据的结构性突变，他们将样本期分为两个阶段，采用结构向量自回归模型进行了估计。研究结果表明，2005 年 3 月 25 日至 2008 年 3 月 25 日，玉米、燃料乙醇和汽油期货市场的同期价格效应统计上不显著；2008 年 3 月 26 日至 2011 年 3 月 25 日，3 个市场的同期价格效应统计上显著，燃料乙醇的大规模生产和使用重塑了能源期货价格和粮食期货价格之间的关系。

科伊瑞拉等（Koirala et al，2015）针对 2011 年 2 月至 2012 年 9 月的玉米、大豆、生牛、天然气和布伦特原油的每日期货价格，进行了协整检验和格兰杰检验，发现包括粮食在内的农产品期货价格和能源期货价格之间不存在长期协整关系和格兰杰因果关系。同时，研究采用克莱顿连接函数进行了分析，发现短期内两者显著正相关，能源期货价格的上升会推高包括粮食在内的农产品期货价格。

希尔文诺宁和索普（Silvennoinen & Thorp，2016）针对 1990～2011 年的美国西得克萨斯中质原油（WTI）与咖啡、棉花、橘子汁、糖、肉牛、活牛、生猪、猪胸肉、玉米、大豆、大豆油、小麦等 12 种农产品的每周期货数据，分析了 WTI 和包括粮食在内的农产品期货收益的动态条件相关性，并采用状态空间—广义自回归条件异方差模型研究了 WTI 和包括粮食在内的农产品期货价格的非线性关系。研究发现，1990～2011 年，包括粮食在内的大多数农产品和 WTI 期货价格总体呈现相关性上升；当包括粮食在内的农产品和 WTI 期货价格都处于高位时，作为生物能源原料的玉米、大豆和 WTI 期货价格之间呈现高相关性。

2. 粮食现货价格和能源现货价格之间的关联性

多数粮食和能源现货价格的关系研究表明，两者之间存在长期均衡关系和短期动态关系。谢安特和堪克斯（Ciaiant & Kancs，2011）对 1994~2008 年的原油与玉米、小麦、稻米、糖、大豆、棉花、香蕉、高粱、茶叶等 9 种农产品的每周现货价格进行了协整检验。考虑到数据的结构性突变，研究将样本期分为 3 个阶段。研究结果显示：1994~1998 年，包括粮食在内的农产品和原油现货价格之间不存在协整关系；1999~2003 年，原油与玉米、大豆现货价格之间存在协整关系，其他农产品和原油现货价格之间不存在协整关系；2004~2008 年，包括粮食在内的农产品和原油现货价格之间存在协整关系，该阶段生物能源生产的大规模扩张影响了原油和农产品现货价格之间的内部联系。格兰杰检验和误差修正模型估计的结果显示：原油和包括粮食在内的农产品现货价格之间存在长期的单向因果关系，变量的短期波动将被误差修正项以较低的速度拉回均衡线上。

杨志海等（2012）选取 1998 年 1 月至 2011 年 12 月中国粮食和大庆原油现货价格的月度数据，利用自回归分布滞后 - 误差修正模型进行了实证研究。研究结果显示：原油现货价格对稻米、玉米和大豆现货价格具有显著正向影响，但对小麦现货价格产生负向影响；原油现货价格对稻米、玉米和大豆现货价格的长期影响大于短期效应；相对而言，原油现货价格对大豆现货价格的影响最大。

马凯和潘焕学（2013）针对 1994 年 1 月至 2012 年 12 月中国原材料、燃料、动力购进价格指数和居民粮食消费价格指数，通过协整检验和误差修正模型估计了能源现货价格与粮食现货价格的关系。研究发现，两者存在长期均衡关系，且能源现货价格对粮食现货价格的长期影响要远远大于短期效应。

王（Wang，2015）采用 1998 年 1 月至 2013 年 12 月中国原油与稻米、小麦、玉米、大豆的月度现货价格数据，在检验现货价格变量之间协整关系的基础上，进一步通过自回归分布滞后 - 误差修正模型分析了现货价格变量之间的短期动态关系。结果显示：长期内，原油、小麦、玉米和大豆现货价格都是稻米现货价格的驱动因素；原油现货价格通过生物能源需求途径导致玉米和大豆现货价格上涨，而不同粮食品种生产和消费的替代性推动了稻米现货价格上涨；无论长期还是短期，原油现货价格对稻米现货价格的形成都有重要影响；误差修正项需要 48 个月的时间才能把变量的短期波动拉回均衡线上。

沃尔特等（Walter et al, 2016）针对 1974 年 1 月至 2012 年 12 月原油产量、波罗的海干散货运价指数、石油现货价格和玉米现货价格的月度数据，采用灵活傅里叶函数模拟了数据结构的渐进改变，并在移动均值向量自回归模型中引入三角函数进行估计。研究结果显示：石油现货价格冲击对真实经济活动的抑制效应可持续两年之久；由于生物能源生产规模上升，玉米现货价格上升会推高石油现货价格。

当前，由于数据可得性、研究便利性等原因，关于粮食期货价格与能源现货价格，以及粮食现货价格与能源期货价格关联性的实证研究还很少。

2.1.4.3　能源价格对粮食价格的影响机制

在有限耕地资源的约束下，农户对粮食作物和能源作物之间的种植决策会受到粮食和能源相对价格的影响。能源价格上升时，粮食生产成本和生物能源需求同时上升，导致能源作物和粮食作物对种植面积的"争夺"加剧。此时，能源价格对粮食价格传导的生产成本渠道和生物能源需求渠道相互交织，共同作用。因此，虽然两类传导渠道的分析侧重点不同，但是很多学者认为它们的理论框架一致，即在能源作物与粮食作物竞争性关系的基础上，假设中央计划者决策或代表性农户分散化决策，通过利润最大化和能源与粮食市场的同时均衡，建立起能源价格和粮食价格的联系。此外，还有部分学者分析了能源价格对粮食价格传导的运输成本渠道。

1. 侧重生物能源需求渠道的研究

加德纳（Gardner, 2007）构建了一个包含燃料乙醇市场和玉米及其副产品市场的局部均衡模型，假设燃料乙醇和能源作物之间的价格关联取决于矿物能源和燃料乙醇之间的交叉价格弹性。高特等（Gorter et al, 2009）拓展了加德纳（Gardner, 2007）的模型，将燃料乙醇纳入总的能源市场（包括石油和燃料乙醇），研究了玉米、燃料乙醇和石油市场之间的价格联系，提出石油和玉米之间的价格关联是通过石油价格上升从而刺激燃料乙醇发展来实现的。

查克拉沃蒂等（Chakravorty et al, 2008）采用李嘉图—霍特林模型，分析了中央计划者在粮食作物和能源农作物之间的土地分配决策，发现清洁能源需求引发能源价格上升，加速了生物能源的采用，进而使土地从粮食生产流向能源生产，导致粮食价格上升。

赫特尔和贝克曼（Hertel & Beckman，2010）以美国为研究对象，讨论了能源价格和玉米市场随机冲击（随机供给冲击和随机需求）对玉米价格的影响，并提出了燃料乙醇市场的分割模型。该模型假设燃料乙醇在两个彼此独立的市场进行销售：在第一个市场，燃料乙醇作为汽油添加剂，严格按照10%的比例进行添加，其需求对能源和燃料乙醇的相对价格不敏感；在第二个市场，燃料乙醇作为汽油的替代品，其需求严重依赖能源和燃料乙醇的相对价格。数理推导结果显示：首先，玉米市场随机冲击将会导致玉米价格的较大变化。其次，国际能源价格上升将会引发玉米价格的上升。最后，美国的生物能源政策对玉米价格会产生重大影响。燃料乙醇占汽油10%的液体燃料混合墙（blended wall）政策和可再生能源标准（renewable fuel standard）可以部分切断能源价格和玉米价格的联系。同时，他们采用全球贸易分析模型进行了验证。

2. 同时考虑生产成本渠道和生物能源需求渠道的研究

吴方卫等（2009）基于"与粮争地"的视角，分析了生物燃料乙醇发展对中国粮食安全的影响，其分析思路同时体现了生物能源需求渠道和生产成本渠道。首先，他们在假定粮食长期价格由原油价格决定的基础上，分别建立了粮食价格、化肥价格、耕地机会成本与油价之间的线性方程式，估计出关联参数全部为正，从而验证了能源价格对粮食价格传导的生产成本渠道。然后，基于"未来油价短期内上下波动，长期内总体上涨"的判断，设计了油价上涨较快和较慢两种情景，模拟了生物燃料乙醇发展对未来粮食安全的影响。模拟结果表明：无论哪种情景，油价上涨都将导致玉米种植面积增大，在有限耕地的约束下，玉米价格将通过替代性消费关系和对耕地的"争夺"影响小麦和稻米的价格；油价上涨幅度越大，玉米乙醇生产对口粮供求的影响程度越大，能源价格通过生物能源需求渠道对粮食价格的传导作用也就越明显。

谢安特和堪克斯（Ciaiant & Kancs，2011）在燃料乙醇、饲料和玉米市场垂直一体化模型中，针对全球市场分析了能源价格对玉米价格传导的生产成本渠道和生物能源需求渠道。他们认为：无生物能源生产时，能源价格主要通过生产成本渠道影响粮食价格。能源投入要素在农业生产中的重要性越高，能源对粮食的价格传导弹性就越高。有生物能源生产时，能源价格对粮食价格传导的生产成本渠道和生物能源需求渠道同时发挥作用。

能源对粮食的价格传导弹性随着粮食需求弹性和土地供应弹性的减小而降低，随着能源投入要素在农业生产中重要性的增加而上升。

与其他学者将能源价格作为外生变量不同，巴赫尔等（Bahel et al.，2013）假设能源价格是内生变量，在研究能源价格和粮食价格的关系时进一步分析了能源价格变化的根本原因，并构建了可耗竭资源分散化均衡的动态优化模型。该模型的主要观点是：第一，粮食市场均衡时，粮食价格是人口、生产成本和能源价格的函数。第二，其他条件不变时，能源价格通过生物能源需求渠道对粮食价格产生同向影响。第三，石油储备量和人口数量是能源和粮食价格变化的根本原因。能源和粮食价格随石油储备量减少而上升；石油储备耗竭后，能源价格接近生物能源保留价格，粮食价格随人口增加而接近保留价格。

3. 侧重运输成本渠道的研究

部分学者分析了能源价格通过运输成本途径对粮食价格的影响。如狄龙和巴雷特（Dillon & Barrett，2013）的研究表明，国际油价上涨导致运输成本提高，进而推高了埃塞俄比亚、肯尼亚、坦桑尼亚、乌干达的粮食价格。

翁铭（2015）分析了中国粮食市场挤压效应的产生机理，以及中美两国小麦和玉米生产成本与国际粮食海运费用的变化。研究发现，2015 年国际石油价格大跌，导致国际粮食海运费用明显降低。以美国墨西哥湾运至中国广州黄埔港的玉米海运费用为例，2015 年，该航线的海运费用分别是 2014 年的 68.03%、2012 年和 2013 年的 69.44%、2008 年的 30.39%（翁铭，2015）。国际粮食海运费用下降促使进口粮食到岸完税价格进一步降低。这表明，国际能源价格通过运输成本渠道影响进口粮食价格，而当进口粮食价格在诸多因素作用下低于国内粮食价格时，中国粮食市场产生挤压效应。

当前，国内外学者从关联性和影响机制两个方面对能源价格和粮食价格的关系展开了大量研究。结果表明：粮食期货价格和能源期货价格之间不存在长期均衡关系，仅存在短期动态关系；但粮食现货价格和能源现货价格之间存在长期均衡关系和短期动态关系。能源价格可通过生物能源需求渠道、生产成本渠道和运输成本渠道影响粮食价格。纵观以往研究，有几点值得思考：

其一，在能源价格对粮食价格影响机制的研究中，多数学者将能源价格视为外生变量，即假定能源价格变化是源头，是外生变化的、给定的，不考虑能源价格变化的原因；而仅有巴尔（Bahel）等少数学者将能源价格视为内生变量，即假定能源价格变化是由其他原因引起的，在研究能源价格和粮食价格关系时，进一步挖掘了能源价格变化的根本原因。相对而言，"能源价格内生"基础上的研究更全面、更系统，因此，下一步应加强这方面的研究。

其二，单独的、严格意义上的生产成本渠道研究较少。虽然一些学者对生产成本渠道的个别传导环节"能源价格—粮食生产成本"或是"粮食生产成本—粮食价格"，进行了探讨，但是关于生产成本渠道整体传导机制的系统研究仍较为缺乏。这为后续研究提供了广阔的空间。

其三，国外学者在协整检验和格兰杰检验的基础上，运用时间序列模型、数值模拟和一般均衡模型等方法对能源价格和粮食价格的关系进行了实证研究。相对而言，国内学者多基于能源价格和粮食价格的线性关系假设进行实证分析，对数据的结构性突变和非线性关系考虑不够。因此，国内学者可以借鉴国外学者的成功做法，进一步拓展研究思路、丰富研究手段。

其四，随着中国粮食市场日益开放，国际能源价格通过多种渠道对中国粮食价格的影响日益显著，甚至可能引发粮食安全问题。笔者认为只有综合考虑多个传导渠道，进一步完善粮食价格调控机制，才能平抑能源价格变化引发的粮食价格剧烈波动，确保粮食安全。

2.1.5 粮价波动稳定政策

既有研究认为贸易政策是价格稳定政策的方式之一，价格稳定政策又是一国促进本国农业发展、实现粮食安全战略的一部分，从价格稳定政策的影响机理、影响效应、历史实践等角度进行了较为全面而深入的理论和经验分析，得出了较为一致的结论：各国都依据本国的政治经济形势，倚重食品安全网、存货缓冲、价格支持、生产补贴、贸易限制等不同政策，对国内粮食市场和国际粮食贸易进行直接干预，将价格稳定在不同水平上；这给各国生产者、消费者及宏观经济增长带来短期利益的同时，也给本国和国际粮食市场带来了不利影响；因此，需要从单个国家层面、区域层面和全球层面改革现行价格稳定政策。

2.1.5.1 各国粮食贸易政策的历史实践

现行的国际粮食贸易体系下，美国、日本、欧盟等发达国家和地区要求发展中国家开放国内粮食市场，推行贸易自由化，但其自身在过去几十年却对国内农业进行保护，为农产品设置众多的贸易壁垒，同时对本国的农业生产提供大量的补贴，令其农产品能以较低的价格获得更大的世界市场份额，使得一些发展中国家的粮食生产依赖进口，国内农业生产萎缩。

在 1960 ~ 1980 年间，亚洲发展中国家粮食和农业政策的一个中心驱动力是提高粮食自给率，减少对国际市场的依赖（Jean et al, 2012）。1980 年后发展中国家通过农业扶持和技术引进来增加粮食生产，加强市场基础设施建设，通过库存政策和粮食贸易政策来稳定粮食价格。库存政策包括控制价格、限制私人部门库存、限制粮食区域流动、反囤积、限制期货贸易和粮食储备的公开市场业务（公茂刚等，2012）；粮食贸易政策包括贸易自由化、削减进口关税和实行出口限制。

2.1.5.2 粮价稳定政策的影响

粮食价格稳定政策带来的益处包括对消费者的微观好处、对生产者的微观好处和宏观经济益处（Timmer，1989）。价格稳定政策能够防止生产者落入贫困陷阱并提高农业效率（David，2012）；防止消费者受到价格飙升带来的永久性伤害；有助于创造稳定的宏观经济环境（David，2001，2012；Hazell & Haggblade，1993；Timmer，1996；FAO，1999，2003）。

但是，价格稳定政策也会给一国和国际粮食市场带来负面影响。稳定价格的贸易限制政策降低经济效率（Chand，2002；David，2012；Fan et al，2000，2002）；贸易限制的目标定位无法限定为贫困人口，导致稀缺资源的浪费；会扰乱市场预期，挤出私人交易者；会带来巨大的财政成本（Rashid et al，2005；Arifin，2003；Clarete，2003；Dorosh，2001）；会导致对农业的保护程度过高、延缓农业部门的多样化和现代化（David，2001，2012）。

2.1.5.3 价格稳定政策的改革

发达国家和发展中国家通常采用贸易政策而非国内政策来稳定本国粮

食价格水平；而建立在国内价格稳定政策上的贸易令国际市场更加不稳定，令其他国家的消费者福利恶化。

在粮食危机年份，国际粮食价格波动增加，粮食净进口国采取贸易隔离政策，会使资源从净出口国转移到净进口国，若粮食净进口国与粮食净出口国的消费偏好不同，且粮食净进口国具有更高的粮食消费支出比例，则会导致整个世界的总体粮食消费增加，带来需求冲击，进而引起价格进一步升高。

在正常年份，粮食净出口国采取促进粮食出口、管制粮食进口的贸易扭曲政策，会使资源从净进口国转移到净出口国，若净进口国的粮食消费支出比例低于净出口国，则全球整体粮食需求会下降，而国际市场粮食供应量增加，会导致粮食价格进一步下跌。

最终，反周期的贸易政策会带来反周期的需求冲击，和粮食产量冲击一起，会带来更大的粮食价格波动（Quy，2013；Christophe，2012；Anderson，2013；Bale & Lutz，1979；Jean et al，2012）。各国现行的以贸易政策为主的价格稳定政策具有种种弊端，因此，许多学者从国家层面（Panos，2012；David，2012；Ralph，2006）、区域层面（Panos，2012）和全球层面（Derek，2006；孙林，2011；Panos，2012）提出了改革建议。

2.2 粮食贸易安全的研究进展

2.2.1 粮食安全测度视角和指标

现有粮食安全的测度视角可分为产业安全观、粮食安全观和非传统安全观三类，对应不同测度视角，有三类不同的测度指标体系。

我国国内影响较大的产业安全思想是从产业控制力、产业发展环境、产业竞争力和产业权益四方面刻画一国的产业安全水平（何维达，2006）。产业控制力说认为外商直接投资是引起国家产业安全问题的最主要原因。产业发展说强调产业在开放环境中的持续发展能力，及国内产业发展不受威胁。产业竞争力说认为产业竞争力的强弱是产业安全问题的根本原因，产业不安全多发生在那些竞争力不强的产业。产业权益说以国民权益为核心，认为产业安全就是要保证产业的国民权益在开放条件下不受侵害。产业安全观以产业竞争力为核心，对确保特定产业比如粮食产业的供给安全有一定意义，但两者的内涵和外延都相差甚大，产业安全涉及工业、农业、服务业等各行业的安全，而粮食安全则是农业安全的子集。

与之相对，粮食安全观则直抵各国粮食安全问题的核心关切。联合国粮农组织（FAO，2008）认为粮食安全包括粮食可供性、可获得性、利用率和稳定性。可供性意味着个人可以获得数量足够的合理而必要的粮食种类；可得性即个人必须有足够的收入或其他资源来获得能够维持足够的营养水平的合理的粮食水平；利用率指应该合理利用粮食；稳定性指食物供应的稳定性。该观点既注重食物的供给数量和质量，也强调食物的生产和利用方式。粮食安全包括国家总体、家庭和个体水平三个层次（Erkan Rehber，2012），国家层面的整体性中长期粮食不安全源于持续性、结构性贫困和低收入问题（FAO，1986），贫困家庭层面的短期性粮食不安全则由国际粮价、外汇收入、国内粮食生产和家庭收入年度波动等短期经济原因造成（Carlo Cafiero，2012）。在开放条件下应通过国际间合作与政策协调来解决全球粮食安全问题（Quy-Toan Do et al，2013；Christophe Gouel，2012）。

然而，该粮食安全观只考虑了与粮食安全直接相关的传统因素，忽略了经济全球化和现代化条件下，粮食安全影响因素的复杂性和多样性，非传统安全观则在此方面做了有益的拓展。非传统安全包括经济、文化、社会、生态等安全，其中经济安全包括国际贸易、国际金融、国际市场等内容（余潇枫，2004）。比如高帆（2011）指出，当前国际粮价的波动原因已从2000年之前的供给需求和库存转变为金融和能源；张鹏（2012）遂将粮食生产的石油化和金融化倾向对我国粮食价格及生产的复合影响界定为粮食的非传统安全。

与不同的粮食安全观相对应，现有文献对粮食安全问题的测度共有三类指标。第一类指标侧重衡量粮食的可供性、可获得性、利用率以及稳定性，从影响因素和结果两方面来测度世界各国粮食安全水平（FAO，2014）。其中，粮食安全静态和动态影响因素包括可供性（食物能量和蛋白质供应指标）、物理可获性（道路和铁路密度指标）、经济可获性（国内食品价格水平指数）、利用性（水源和卫生设施改进指标）、脆弱性（进口率和耕地灌溉指标）和冲击性（政治稳定指标、食品价格波动和人均食品供应指标）。粮食安全结果则涉及粮食可获性（食品短缺指标）和粮食利用程度（5 岁以下儿童及孕妇健康指标）。第二类指标包括产业发展环境、产业国际竞争力、产业贸易依存度、产业控制力四方面（朱丽萌，2007；朱宗军，2010）。第三类指标涵盖了生产安全、消费安全、储备安全、国内流通安全、进出口安全（李林杰，2005；陈婷，2009；李光泗，2011）。

既有研究采用了 DEA 模型（李爽、王瑞峰，2016）、主成分分析法（顾国达、尹靖华，2014）、熵值法（王大为，2018）、层次分析法（张锦凯，2016）、Bonilla 指数（Laroche Dupraz C et al，2016）等方法对粮食贸易安全进行了实证分析。

2.2.2　全球粮食中长期供需趋势预测

现有文献对未来全球粮食供求格局的研究，可归纳为需求预测、供给预测和价格预测三方面，并得出基本共识：世界粮食供需基本会处于一个紧平衡状态。

2.2.2.1　需求预测

1. 谷物需求增速变慢

经合组织和联合国粮农组织（OECD-FAO，2008）、亚历山德拉托斯等（Alexandratos et al，2012）均预测饲料粮需求预期从 2015 年的 9.11 亿吨增至 2030 年的 11.48 亿吨，对口粮需求预期从 2015 年的 12.27 亿吨增至 2030 年的 14.06 亿吨。而农海贝尔（Nonhebel，2012）预期全球谷物需求（含生物质能源）将从 2012 年的 28 亿吨增至 2030 年的 55 亿吨；其中，生物质原料需求增加 11 亿吨，口粮和饲料粮需求各增加 8 亿吨。谷物需求增长率在 20 世纪 70 年代为 2.5%，80 年代为 1.9%，90 年代后降为 1%，在未来将进一步降低（Alexandratos et al，2012）。威斯克等（Westcott et al，2012）预期 2012~2022 年内玉米需求年均增速为 1.8%，小麦 1.9%，稻米为 1.0%，均低于植物油（2.7%）和油籽粉（2.2%）。

2. 人口增速放慢

全球人口在 20 世纪 60 年代中期达到最高增速 2%，2012~2022 年大约为 1.2%。预计未来人口增速将放缓至 1%，但全球人口总数在此期间仍然要增长，会使农产品的需求增加（Westcott & Trostle，2012；Nonhebel，2012）。

3. 发展中国家将成为粮食需求主要增长点

饮食结构方面，低收入国家的消费者对食物的支出份额更高，对收入和价格变化的反应更大（Regmi，2013）；其饮食结构越来越多样化，向着肉类和鱼类等富含蛋白质和脂肪的食物转化（Regmi，2013；Westcott & Trostle，2012）。人口增长方面，发展中国家在世界人口中的份额 2000 年为79%，到 2021 年超过 82%，增加 20 亿人（Westcott & Trostle R，2012；Nonhebel，2012）。总需求方面，2011 年亚洲和非洲的谷物需求为 13.5 亿吨，2012 ~ 2022 年内人口增长和消费方式的改变导致粮食需求（含生物能源）增加 50%（至 20.5 亿吨）（Westcott & Trostle，2012；Nonhebel，2012）。谷物净进口方面，发展中国家 2015 年谷物净进口量为 1.9 亿吨，2020 年存在 1.5 亿吨的谷物缺口，到 2030 年净进口量将达到 2.65 亿吨（Alexandratos et al，2012；Nonhebel，2012）。

4. 发展中国家粮食安全将受到生物能源需求冲击

未来生物质能源需求将大幅增加，2020 年燃料乙醇生产预期占美国玉米用量的 1/3，生物柴油的生产预计占美国大豆油用量的 1/5，意味着经合组织国家很可能从谷物净出口者变为净进口者（Alexandratos et al，2012；Nonhebel，2012）。目前谷物进口占世界市场的 75% ~ 80% 的亚非国家粮食安全问题前景堪忧。

2.2.2.2 供给预测

1. 未来世界整体有足够的粮食生产潜力满足需求，但产量增速下降

OECD-FAO（2008）和亚历山德拉托斯等（Alexandratos et al，2012）对世界谷物的产量预测相似，认为世界粮食产量年均增速 1970 ~ 1990 年为2.4%，1990 ~ 2010 年为 1.6%，2010 ~ 2021 年期望增速为 1.5%。

2. 全球粮食收益率增速下降

1960 ~ 2010 年间全球粮食产量增长源于收获面积上的收益率提高，而非面积扩大（FAO，2011）。但粮食收益率增速呈下降趋势，2012 ~ 2022 年内将少于 1.0%（Westcott & Trostle，2012）。收益率下降的主要原因有三

个：一是 20 世纪 80 年代和 90 年代粮食价格稳定，令各国政府和国际组织对农业研发的支出下降；二是开发灌溉系统成本更高及地下水位下降，令农业用水获取难度增加；三是目前高产农田的开发、转基因品种及其他新技术带来的收益，很难与杂交品种、灌溉、合成肥料和机械化的巨大历史收益相比（Tweeten & Thompson，2008；Westcott & Trostle，2012）。

3. 耕地面积增加幅度有限

2010～2021 年耕地面积预期增速为 0.6%（Westcott & Trostle，2012），耕地面积增加的主要区域是南美洲、俄罗斯和撒哈拉以南非洲（USDA，2011；Westcott & Trostle，2012）。巴西可开发耕地面积仍然较大；包括莫桑比克、赞比亚在内的非洲国家依然有巨大的水资源丰富、自然条件优越的可开发耕地面积（USDA，2011）。但对环境恶化的担心和当地居民的反对，导致巴西可增面积的不确定因素较大（USDA，2011）；撒哈拉以南非洲土地预期仅占全球化肥消费量的 1.1%（Tenkorang & DeBoer，2008）；从长期看，土地养分耗竭会加剧食物短缺程度；耕地面积扩大的进展，会被城市化、工业化、土壤退化等因素造成的耕地减少所抵消（Tweeten & Thompson，2008）。

4. 发展中国家粮食产量可能增加 50%，欧盟和美国的谷物产量可能增加 10%

亚历山德拉托斯和布鲁因斯马（Alexandratos & Bruinsma，2012）预期 2030 年发展中国家稻米（4.5 吨/公顷）和玉米（3.9 吨/公顷）收益率将高于小麦（3.5 吨/公顷）和大豆（2.6 吨/公顷）；到 2030 年发展中国家可用耕地最多增加 13%（120 百万公顷）；灌溉用水将增加 14%，而 1/5 的发展中国家将面临缺水；2012～2022 年粮食增产 50% 至 18.75 亿吨是有可能的。而在 1991～2011 年内欧洲和美洲的谷物产量只增加了 10%，如果继续延续该趋势，欧美地区未来产量增加有限。

5. 美国将面临来自新兴市场国家的竞争

小麦方面，美国的小麦出口预期会减少，而黑海地区的小麦出口会增加；玉米方面，美国仍将是世界最大的出口国，但在全球贸易份额将低于 20 世纪 90 年代，2012～2022 年将以 50% 的年均速度减少，部分原因在于美国的乙醇生产；大豆方面，此期间来自南美尤其是巴西的竞争，将导致美国大豆贸易份额减少；阿根廷得益于巨大的压榨能力和差别性的出口税

（更加鼓励大豆生产而非大豆出口），将令美国的大豆制品和大豆油出口面临强烈竞争（Westcott & Trostle，2012）。此外，转型国家虽然在 1990～2010 年间为谷物净进口者，但是 2030 年预期净出口 2.5 千万吨（Alexandratos & Bruinsma，2012）。

2.2.2.3 价格预测

名义价格方面，威斯克和特尔（Westcott & Trostle，2012）认为主要作物的名义价格在最近高点开始下跌之后，预期在 2012～2022 年上升，仍会停留在历史高位。但苏吉坦等（Sujithan et al，2014）认为最近的两次价格上涨不会改变农产品价格的历史动态。

实际价格方面，对于未来粮食价格变动路径，有两种不同的判断。一种观点认为未来粮食真实价格将在 2012～2022 年下行，但仍将高于 1980～2000 年和 2002 年的价格水平；主要原因在于长期内全球农产品需求增长、美国乙醇工业对玉米的持续需求、欧盟生物柴油对植物油的需求增加（Westcott & Trostle，2012）。而另一种观点则认为未来粮食真实价格下跌的时代已经结束，实际粮食价格将围绕持平或上涨的趋势上下波动；玉米的实际价格预期在 2011～2050 年内不会继续以 1960～2006 年的 1.3% 的降速下降；要阻止实际粮食价格上涨，必须加大对农业技术的投资与应用转基因生物等技术（Tweeten & Thompson，2008）。

对粮食安全的影响方面，破坏性自然灾害的多发将推动农产品价格上涨并加大波动幅度，冲击全球粮食安全。一方面，全球气候呈现出变暖的总趋势（Randers，2012）。气温升高增大了地表水的蒸发量，从而加重了粮食作物主产区的干旱、土地沙化、碱化以及草原退化；发达国家多处于低纬度，气候变暖有利于高纬度区域作物收益率，但低纬度的发展中国家要承受气候变暖带来的收益率降低（Lee，2009）。另一方面，全球的干旱和洪涝灾害由于拉尼娜和厄尔尼诺现象而加剧。所有这些都将助推农产品价格的波动幅度。一般情况下在非食物商品价格变动时，消费者食物支出的改变要小于食物价格变动时对非食物支出的调整（Regmi，2013）；因此持平的或递增的实际食物价格，将导致国家经济增长速度放慢，给许多贫困国家带来严重困难（Tweeten & Thompson，2008）。

对于未来全球粮食供需格局，FAO 和美国农业部等国际组织的研究较为系统而深入，并形成了基本共识。但我国学者关注焦点在于中国未来粮食供需平衡问题，较少从全球视角对未来粮食供需平衡做出预测。因此，非常有必要对未来全球粮食供求波动趋势做出较为准确的预测，以便于形成合理的通货膨胀预期，更好地筹划粮食产业和贸易战略，确保未来粮食安全。

2.2.3 中国粮食供需平衡预测

目前，国内外关于世界农产品供需预测的相关文献已较为丰富。其研究范式也基本上从最初的经验性分析、主观感受分析等定性分析为主，逐渐过渡到以时间序列模型、单方程计量模型、联立方程模型、系统工程方法等为主流的定量分析。在此之外，也有基于营养需求视角等较为独特的分析预测。在预测方法上的不断演变也是基于数学、计量经济学等学科的不断发展与进步，其方法主要是考虑到数据有限性、结构差异、周期变化、外部冲击、城乡差异等因素的情况下，提高预测的准确性与可靠性。

现有文献对我国未来粮食供需平衡预测结论较为一致，认为我国粮食供需缺口将持续扩大。需求方面，我国粮食需求增速将明显放缓，到2015年后趋于稳定（张玉梅等，2012）；到2022年，预计全国粮食（包括榨油大豆）总消费量为6.97亿吨，用于榨油的大豆消费量约为1.01亿吨（包括国产和进口），谷物及其他粮食消费量为5.9亿吨；预期口粮消费约为2.49亿吨，饲料粮消费2.54亿吨，工业用粮消费1.80亿吨，种子消费0.123亿吨（秦中春，2013）。产量方面，我国到2020年仍能维持90%以上的小麦和稻米自给率，大豆自给率在28%，玉米进口少量增加（陆文聪等，2011；张锦华、许庆，2012）；从长期来看，若国内粮食补贴提高，中国谷物产量则将稳定增长，而豆类自给率将相对降低（陆文聪等，2011）。

我国粮食供需预测方法包括定性分析和定量分析。定量分析方法可分为时间序列模型、单方程计量模型、联立方程模型、灰度系统预测模型及其他方法。

（1）定性分析法，根据农产品需求的历史变化特点，并结合现实条件，推断农产品未来的需求状况。较为著名的是布朗（Brown，1995）对中国粮食需求的定性分析，认为由于耕地面积的减少，到2030年中国粮食产量将减少20%。程国强（1998）、梅方权（1999）等也对我国的农产品需求量进行了推断。该方法不需要考虑过多的数据因素、结构因素等情况，但不同研究者的认识差异造成推断结果差距较大。

（2）时间序列模型，通过充分挖掘与利用原数列信息进行预测。肖国安（2002）、杨蕾（2009）、吕新业（2012）利用平均移动法，对中国的稻米、大豆、玉米、小麦等农作物需求量进行了预测；邵鲁（2009）利用ARMA和GARCH模型对我国的粮食需求进行了预测。该方法简单易行，短期预测结果较为精确，但其理论支撑有限，无法有效应对时间序列数据的结构问题。

（3）单方程计量模型，将人均收入、农产品价格、消费者偏好、替代品、能源价格等与需求与供给相关的因素作为自变量，将农产品的供需量作为因变量进行预测。陈秀凤和秦富（2007）采用该方法估计了我国农村居民粮食直接消费总量。该方法可以根据经验判断和数据可得性灵活控制影响因素，但是相对简单的方程无法对复杂系统进行整体分析。

（4）联立方程计量模型，将需求方程、供给方程、价格方程等统一在一起，以建立联立方程组的形式进行预测，更好地体现出农产品供需之间的联动关系。20世纪70年代开始，联合国粮农组织、国际食物政策研究所（IFPRI）、世界银行等国际机构开始采用联立方程模型预测世界农产品供需。IFPRI在一个最新的IMPACT模型的基础上，对2020年世界农产品供给、需求、贸易、价格和粮食安全等进行了预测。陆文聪和黄祖辉（2004）通过中国农产品区域市场均衡模型从全国和地区层次上预测了2006年和2010年我国粮食的供求形势。联立方程组有效地解决了单方程模型存在的不足，但该方法对数据的完整性和可得性要求颇高。

（5）灰度系统模型，将离散数据视为连续变量在其变化过程中所取的离散值，利用微分方程处理数据。王舒鸿（2008）运用灰色系统模型预测了鸡蛋价格。吴乐（2011）利用灰度系统模型对我国农产品的中长期需求趋势进行了预测。灰色系统模型建模过程简单，通过生成累加数列可抵消大部分随机误差，能够凸显出数据变化的规律性，具有较广泛的应用价值。

（6）其他方法包括系统动力学模型、营养需求法、人工神经网络预测法，但限于理论体系不够完善或操作方法过于复杂，相对来说较少被采用。此外，组合模型法是将不同预测方法所得预测结果组合起来，形成一个新的预测，可以有效提高预测精度。

2.3 国际粮价波动对粮食贸易安全影响的研究进展

目前国际粮价波动对粮食安全的影响研究主要从影响国内价格、影响粮食消费、影响居民收入、影响产业链各环节等方面的作用机制展开。

（1）影响国内粮食价格。国际粮价波动可通过期货市场和现货市场联动，对我国现货市场进行传导，通过贸易传导路径传导至国内价格，表现为通过价格直接传导至国内消费品价格（王孝松、谢申祥，2012）、通过产品成本传导至国内工业品价格（洪伟，2009）、通过贸易替代传导至国内农产品价格（丁守海，2009；张明、谢家智，2012）。直接传导和成本传导具有大国效应，而贸易替代传导具有导致国内相关产业萎缩的作用（方晨靓，2012）。

（2）影响粮食消费。根据需求定理，其他条件不变时粮价与粮食消费数量反向变化；收入不变时，某种粮价上升会导致该种粮食消费减少，其他粮食种类消费增加。但口粮的需求价格弹性小于饲料粮和工业用粮，城市居民的需求价格弹性小于农村居民的需求价格弹性（吴乐，2012），粮食净消费者的需求弹性小于粮食净生产者的需求弹性。粮价上升时粮食净出售者获益，作为粮食净消费者的低收入人口福利下降，且城市低收入人口和贫困主体比农村相应人口遭受的影响程度要弱（郭劲光，2009）。

（3）影响居民收入。一般情况下，存在着粮食价格波动导致收入和实际购买力变化，进而影响福利变动的机制；粮食价格上涨导致人均可支配收入减少，令人们落入贫困的概率增加（郭劲光，2009）。对农村居民而言，价格波动越大，农村低收入人口落入贫困的概率越大，农村居民间收入分配不公平程度越大（樊琦，2012）。但洪伟（2009）发现贸易开放和价格传导令工业产品相对价格更低，有利于农民消费结构中的工业产品份额的增加和农业产品份额的减少，有利于农民的福利。

（4）影响粮食产业链各环节。对粮食生产环节而言，粮食价格与粮食产量存在因果关系，粮食价格上涨导致产量增加，粮食价格下跌导致产量减少（孙宝民，2012）。对粮食加工环节而言，国际粮价波动的影响为

"国际粮价上涨—工业原材料成本上涨导致 PPI 上涨—食品消费行业及其加工业利润下降—国内投资下降",但国际谷物价格对国内工业产出的冲击很小(陈东升、方良静,2011)。对粮食销售环节而言,由于具有市场垄断地位,其脆弱性小于其他环节。

2.4 本章小结

虽然近年来国内外对国际粮价波动和粮食安全的研究文献层出不穷,但是多数文献缺乏国际粮价波动对粮食贸易安全的作用及作用渠道等内容的必要理论分析和系统研究。为此归纳起来,现有研究尚有以下不足。

第一,现有研究从多个角度深入剖析了国内粮食产业链的风险来源,但对粮食对外贸易的分析仍停留在"增强比较优势"和"提高国际竞争力"的层面上,未能对粮食贸易安全的风险来源进行深入挖掘是一个缺憾。

第二,现有粮食安全测度指标体系存在三类不足。(1)FAO 提出的测度指标侧重于全球化背景下家庭和个体层次的粮食安全,未考虑发展中国家整体层次的粮食主权问题;(2)产业安全观测度指标侧重于单一国家视角的产业安全,未能从国内外比较的角度考虑国际粮食市场和国内粮食市场的联系;(3)粮食安全观测度指标止步于反映我国粮食安全的宏观水平,缺乏对我国粮食贸易安全的深入分析。

第三,关于价格稳定政策的研究存在两个问题。一是多从"各国贸易隔离加大国际粮价波动"的角度分析贸易政策对国际市场的影响效应,没能很好地回答"国际粮价波动如何影响各国贸易政策",以及"不同粮食种类价格波动引起的贸易隔离程度是否有差异";二是针对中国及其多个主要粮食贸易伙伴国的粮食贸易政策合作与协调的相关研究鲜见。

第四,关于价格波动对粮食安全的影响研究存在三个不足。(1)研究角度上,未能将粮食供给和需求两方面结合起来,从粮食缺口角度系统分析国际粮价波动的影响;(2)研究内容上,基于贸易传导途径,以国内外价格传导为核心,剖析了国内粮食价格、粮食消费、居民收入和粮食产业链所受的影响后果,但未能清晰地梳理贸易途径本身发挥作用的过程；（3）研究方法上，多采用 VAR 系列的模型，通过分析国内外粮食价格、国内 CPI 和 PPI 等变量的时间序列数据，反映其相互之间的动态变化规律；但该方法对相应的经济理论依据要求不高，并没有描述变量间的结构关系，且较少涉及政策壁垒指标、贸易相关指标、产业相关指标等粮食安全的重要影响因素。

3 国际比较视野下我国的粮食贸易安全现状

3.1 中国等典型发展中国家的粮食贸易安全分析

全球新冠肺炎疫情带来的粮食危机对不发达国家和发展中国家造成了沉重的打击，一方面使新的感染和死亡人数达到了惊人的高度，另一方面伴随着全球饥饿大流行，可能还会有 1.3 亿人被迫挨饿（Moseley et al，2020）。新冠肺炎疫情导致中上等收入的发展中国家粮食通货膨胀和高收入的发展中国家食品供应不足（Erokhin et al，2020）。而西非国家自 2008 年全球粮食危机以来的十年中一直在努力提高国内稻米的产量，生产了非洲稻米的近 2/3，但仍是世界第二大稻米进口地区（Sers et al，2020）。新冠肺炎疫情爆发后相应的预防性封锁导致生产、运输和消费急剧下降，家庭收入受到影响。由于边境关闭和亚洲主要稻米出口国的暂时贸易中断，导致国际市场稻米价格上涨，需要在国家和国际两级做出更大的努力，以实现粮食安全（Kathiresan，2020）。

因此，本章从国际比较视野下出发，试图构建完整的粮食贸易安全水平测度指标体系，既考虑到整体层次的粮食主权问题，又从国内外比较的角度分析国内外粮食市场的联系，将中国的粮食贸易安全放入发展中国家的大背景下进行分析。

3.1.1 粮食贸易安全水平测度指标体系的构建

3.1.1.1 粮食贸易安全的内涵和外延

粮食安全具有经济、社会和生态安全的属性,包括生产安全、消费安全、储备安全、国内流通安全、进出口安全等方面。经济安全涵盖了国内产业、国际贸易、国际金融、国际市场等方面(余潇枫,2004)。粮食贸易安全可视为粮食安全和经济安全的交集,是粮食安全的一个细分领域。

1. 粮食贸易安全的含义

从单个主体角度来看,粮食贸易安全指一国能采取有效措施抵御粮价大幅波动、粮食禁运、国际政治和经济危机等外部因素的冲击,通过贸易途径获得平抑国内粮食缺口所需的粮食;简言之,即一国能随时随地从国际市场上购买到足够的粮食。从多个主体角度而言,粮食贸易安全是粮食贸易主体间的"优态共存";指不同层次的粮食贸易主体共同努力,通过粮食贸易上的互惠互利,获得可持续发展的生存境况。贸易"优态"指粮食贸易主体间可持续发展的生存境况;贸易"共存"指粮食贸易主体通过粮食贸易"互惠互利"达到"共优共存"。仅以"粮食贸易的威胁不存在"来界定粮食贸易安全,其安全的可能性边界永远划定在一个狭小的范围内,而粮食贸易安全也只能是相对的安全。而以粮食贸易主体间的"优态共存"来界定粮食贸易安全,其安全的可能性边界就拓展到了安全建设的双方甚至多方,粮食贸易安全就有了某种绝对的意义(余潇枫,2005)。

粮食贸易问题成为安全问题需要经过"非政治化的非安全问题""政治化的准安全问题""存在性威胁的安全问题"的安全化过程。在此过程中有三种重要因素。首先,粮食贸易安全化的客体,即"存在性威胁"是什么。它可以是个人和群体(如贫困家庭、低收入群体等),也可以是问题领域(粮食价格、粮食采购、加工、仓储、物流、分销等领域)。其次,粮食贸易安全化的施动者,即由谁来宣布我们面临着粮食贸易的"存在性威胁",它可以是政府、政治精英、学术团体、军队和市民社会。最后,粮食贸易安全化的过程,即运用言语和行为使大众确信存在粮食贸易安全威胁。一旦大众接受了粮食贸易安全威胁是既成事实之后,威胁对象就成为安全客体,粮食贸易安全化也就完成了(王江丽,2010)。因此,粮食贸易安全问题呈现为"安全性"（存在威胁）、"安全感"（感到危险）和"安全化"（主体间一致认同）三者互动的状态。

2. 粮食贸易安全的影响因素

粮食贸易安全的主要影响因素可归纳为经济、政治、产业和自然因素四个方面（见表 3.1）。经济因素可分为经济形势、市场行情和制度因素三类。政治因素包括国际纠纷、政治关系和国际战争。产业因素涵盖产业竞争力、产业依存度、产业控制力和产业发展环境等。自然因素包含自然灾害、土地资源、水资源和气候条件等。在不存在粮食禁运的自由贸易条件下，粮食贸易安全主要受到经济形势、市场行情、贸易政策、经济关系、经济规则、贸易摩擦、粮食产业、自然等因素的影响。粮食禁运的发生往往伴随着外交关系恶化、政治变革或战争的爆发。现有研究一致认为未来发生粮食禁运的可能性很小（尤利群、范秀荣，2009；公茂刚、刘力臻，2009），而且政治变革、战争爆发具有突发性，难以量化，因此，下面设定我国粮食贸易安全水平测度指标体系时，未考虑政治变革和战争等因素。

表 3.1　　　　　　　　　粮食贸易安全的主要影响因素

影响因素	分类	具体内容
经济因素	经济形势	经济危机、国际投机因素、能源及金融资产价格波动、汇率波动、贫困率、失业率、通货膨胀率
	市场行情	粮食危机、粮食产量、粮食需求量、粮食出口量、粮食进口量、粮食价格波动
	制度因素	对外贸易政策：关税、配额、生产补贴、进出口限制、行政垄断、国营贸易 经济关系：国际分工和贸易体系、贸易自由化程度 经济规则：WTO 贸易协议、区域贸易协议、双边和多边贸易协定
政治因素	国际纠纷	贸易摩擦：倾销与反倾销、补贴与反补贴、惩罚性关税等 贸易制裁：部分禁运、全部禁运
	政治关系	外交关系、政治变革
	国际战争	除政治风险外的军事风险
产业因素	世界粮食产业	产业竞争力、产业依存度、产业控制力、产业发展环境等
	本国粮食产业	
自然因素		自然灾害、土地资源、水资源、气候条件

3. 粮食贸易安全水平的衡量标准

借鉴已有研究①，按照贸易主体的生存状态类型，粮食贸易安全水平可分为四个层次。(1) 粮食贸易优化状态，是无危险、无威胁、无伤害、无贫困的可持续发展状态，是一种"优态共存式"的安全模式。即粮食贸易主体以保障"人"和"社会"的粮食安全为核心，通过粮食贸易互惠互利，令和平与发展有充分保障；强调粮食安全的"优态共存、顾全本土"，表现的是"你安全我才安全"的心态。(2) 粮食贸易弱化状态，是和平与发展有基本保障的基本安全状态，是一种"结盟协作式"的安全模式。即粮食贸易主体相互依赖，通过贸易联盟、贸易合作及多边贸易组织，实现粮食安全的集体防御、推进和协作；强调粮食安全的"安危与共、进退同步"，表现的是"你不安全我也不安全"的心态。(3) 粮食贸易劣化状态，是和平与发展基本保障被破坏的基本不安全状态，是一种"隔离防守式"的安全模式。即粮食贸易主体通过关税、补贴、进出口限制等贸易政策及国内农业政策等，高度隔离国内外粮食市场，防守本国粮食安全；表现出"我安全重于你安全"的心态，尽管以防守为先招，但仍相信任何时候都有战争的危险，认为只有依靠武力才能最终保证安全。(4) 粮食贸易危险状态，是和平与发展无保障的极度不安全状态，是一种"进攻拓展式"的安全模式。即粮食贸易主体把粮食安全视为国家最稀缺的资源，最大限度地追求自身粮食安全，甚至认为可以不顾其他国家的粮食安全，以破坏其他国家的粮食安全作为保障本国粮食安全的条件；强调粮食安全的"危态对抗、强者为王"，表现的是"你不安全我才安全"的心态（余潇枫，2005）。

3.1.1.2 粮食贸易安全水平测度指标设定

基于上述分析，本章拟从粮食贸易安全的安全化、安全性和安全感三个维度构建评价体系。我国粮食贸易安全水平指标体系如表3.2所示。

首先，粮食贸易问题从一个非安全问题走入安全领域，成为一个安全问题，我们把它称为粮食贸易问题的安全化。粮食贸易安全化的意义在于：一方面表明了粮食贸易问题上升为安全问题的过程，另一方面意味着我国

---

① 朱丽萌将农业产业指标安全分为安全、基本安全、不安全和危机四种状态。参见：朱丽萌. 中国农产品进出口与农业产业安全预警分析 [J]. 财经科学，2007 (6)：111 – 117。

表 3.2   粮食贸易安全水平的指标体系

安全内涵	二级指标	三级指标	解释	数据来源
安全化	国际市场行情	世界粮食产需缺口	产量—需求量	FAO stat, PSD online
		国际粮价波动	粮食价格月度方差	IMF 的 WEO 数据库
	国内市场行情	国内粮食产需缺口	产量—需求量	FAO stat, PSD online
		国内人均粮食购买力	人均 GDP/国内粮食市场价格	中国统计年鉴、中国粮食发展报告
安全性	外部冲击因素	国际能源价格波动	能源价格指数月度方差	世界银行数据库
		美元汇率波动	汇率变化率的绝对值	中国国家统计局网站
	内部产业因素	市场份额	粮食出口额/世界粮食出口额	UN Comtrade
		比较优势	(我国粮食出口额/我国总出口额)/(世界粮食出口额/世界总出口额)	
		生产规模	粮食产量	国家统计局
		技术进步	农业研发费用	国家统计局
		市场准入政策[②]	粮食 MFN 关税率	WTO 关税数据库
安全感	受控可能性	进口集中度	从主要来源国的进口量/粮食进口总量	中国粮食发展报告、中国农业发展报告、国家统计局网站、UN Comtrade
		进口占世界出口比	一国粮食进口量/世界粮食出口量	
		出口依存度	一国粮食出口额/一国粮食产值	
		进口依存度	一国粮食进口额/一国粮食产值	

通过贸易途径保障粮食供应受到威胁并处于危险境地。由于连续两年气候异常造成的世界性粮食欠收，出现了 1973 年世界性粮食危机；而 2009 年的全球性粮食危机导致 37 个国家或地区面临粮荒，全球饥饿人口突破 10 亿人，为过去 40 年来最高值。[①] 全球性粮食危机表现为国际粮食供应短缺、国际粮价飙升、饥饿人口飞速上升；国内粮食危机体现为国内粮食供需失衡、国内粮价飞涨、居民生活受到严重影响。所以，本章选取世界粮食产需缺口、国际粮价波动、国内粮食产需缺口、国内人均粮食购买力作为

---

① FAO. The state of food insecurity in the world 2009 [EB/OL]. [2014 - 09 - 28]. http://www.fao.org/docrep/012/i0876e/i0876e00.htm.

"粮食贸易安全化"的测度指标。

其次，外部冲击因素和内部产业因素共同体现出粮食贸易的安全性。在经济全球化背景下，一国粮食贸易的安全威胁具有多源性，风险来源跨越国境和产业。（1）目前，控制全球粮食交易量80%的四大跨国粮商，在垄断全球粮食市场的同时，与控制定价权的金融力量联手，在现货和期货交易领域同时操控粮食价格，导致粮食的金融属性日益增强。（2）我国粮食生产高度依赖的化肥、农业机械等要素价格，与国际石油价格相关程度较高，导致国内粮价（通过生产要素价格传导机制）与国际油价直接关联、波动加剧，粮食生产的石油属性愈发凸显（张鹏、钟昱，2012）。（3）人民币兑美元汇率波动程度越大，粮食贸易的信息成本和履约成本越高，对粮食贸易安全冲击越大。（4）一国粮食生产成本越低，技术进步越大，产业支持力度越大，则比较优势越强，国际市场份额越大，在粮食贸易中越能占据主动地位。

因此，本章选取国际金融资产价格波动、国际能源价格波动、人民币兑美元汇率波动表示我国粮食贸易的外部风险来源[①]；采用产业绩效（我国粮食市场份额、比较优势）、产业绩效决定性因素（生产规模、技术进步）及产业政策（国内市场价格支持、国营企业粮食收购量占总产量比例、粮食关税率）代表我国粮食贸易的内部风险来源。

最后，一国粮食进口集中度越低，进口占世界出口比例越低，进口依存度越小，出口依存度适中[②]，意味着一国粮食贸易的脆弱性越小，粮食贸易主体"感到危险"的程度越低。所以，本章采用进口集中度、进口占世界出口比、出口依存度和进口依存度等指标衡量我国粮食贸易的受控可能性，作为我国粮食贸易主体安全感的一个较为简单的直观评判标准。

本章按照指标与粮食贸易安全呈正向关系的原则，对指标体系进行同

---

① 未对美联储联邦基金基准利率、能源指数波动和粮食价格波动的异常值进行处理，是基于两点考虑：一是异常值本身可作为"经济危机"的指标，能够说明"粮食贸易安全化"的程度；二是经过主成分分析中的"数据标准化"处理后，会部分减少数据的波动性和过于离散的问题。

② 朱丽萌提出，农业产业出口依存度在20%~30%为安全，10%~20%及30%~40%基本安全，5%~10%及40%~50%为不安全，在0~5%及50%以上为危机。1992~2011年我国小麦和稻米的出口依存度在2%以下，玉米和大豆在5%以下，处于0~5%区间，其数值大小与安全程度呈正向关系，所以未对该数据进行处理。参见：朱丽萌. 中国农产品进出口与农业产业安全预警分析[J]. 财经科学，2007（6）：111-117。

趋化处理。国际粮食价格、能源价格、汇率的波动程度越小，粮食进口关税率越低，进口集中度、进口占世界出口比、进口依存度越低，一国粮食贸易安全程度越高，所以采用1与以上各指标相减进行处理。

3.1.2 发展中国家分类

由于全球发展中国家数量较多，分布较广，本章选取12个典型的发展中国家进行研究。世界银行将经济体分为四个收入类别：低收入、中低收入、中高收入和高收入。收入是根据人均国民总收入（GNI）来衡量的，以美元为单位（见表3.3）。因此从亚洲、非洲、北美洲、南美洲四大洲按照收入类别找出12个典型国家（见表3.4）。

表3.3　　　　　　　　国家收入水平分类　　　　　　　单位：美元

类别	人均国民总收入（GNI）
低收入经济体	GNI≤1035
中低收入经济体	1036≤GNI≤4045
中高收入经济体	4046≤GNI≤12535
高收入经济体	GNI≥12536

表3.4　　　　　　　　　　国家选取

类别	国家	地理位置	产业	其他
高收入发展中国家	巴拿马	位于美洲中部，巴拿马运河是重要的连接枢纽，沟通大西洋和太平洋	巴拿马运河航运、地区金融中心、科隆自由贸易区和旅游业是它的四大经济支柱。由于地理位置的优越，服务业是经济发展重点	整体经济处于低度开发水平，有少数巨富阶级，贫富差距大
	沙特阿拉伯	位于亚洲的阿拉伯半岛，同多个国家接壤	最大的大麦进口国，谷物自给率比较低，只有20%多。石油工业占据重要经济地位，石油产业收入是全国总收入的大约75%	
	乌拉圭	位于南美洲东南部	农牧业以出口为主，能源以进口为主，农牧业比较发达，工业主要是对农牧产品进行加工。服务业经济较发达	

类别	国家	地理位置	产业	其他
中高收入发展中国家	中国	位于亚洲东部、太平洋的西岸	世界第二大经济体（仅次于美国）、世界第一大工业国和农业国，也是世界经济增长速度最快的国家之一，在过去30年来年均增长率近10%	2019年末，全国农村贫困人口551万人
	阿根廷	位于南美洲南部	世界粮食和肉类的主要生产和出口国之一。制造业占国内生产总值的比例接近20%，实现了与农业的兼容	高通货膨胀，贫富差距明显
	南非	位于非洲大陆，印度洋和大西洋环绕三面	工业体系完善，畜牧业发达，矿产是南非经济的主要来源。经济相对较为稳定	
中低收入发展中国家	印度	位于南亚，东面接孟加拉湾，西边连阿拉伯海	以耕种、农业、手工业、工业为主，是世界上最大的粮食生产国之一。据欧盟报告，印度已成为农产品净出口国	全国10%的人口掌控全国33%的收入，种姓制度问题较为尖锐
	菲律宾	位于亚洲东南部	以发展第三产业为主，同时发展农业和制造业。旅游业为菲律宾带来了巨大的外汇收入	
	津巴布韦	位于非洲内陆	工业较发达，工农业基础较好，制造业、农业、矿业是它的经济三大巨头，粮食自给有余	
低收入发展中国家	刚果（金）	位于非洲中部	外债负债严重。农业、采矿业是主要产业，加工工业不发达，粮食不能自给	政局连年动荡，经济持续负增加多年
	埃塞俄比亚	位于非洲东北，以山地高原为主	农牧业占重要经济地位，工业基础薄弱	
	海地	位于拉丁美洲加勒比海北部	基础设施建设非常落后，经济不发达，农业为主。人民失业率极高，失业率为75%	美国是海地最大的援助国

3.1.3 主成分分析

为了较为科学地确定权数，减少主观因素的影响，得出较为客观的综合指标，本章采取主成分分析法对粮食贸易安全水平进行测度。

主成分分析步骤为：（1）将原始数据标准化；（2）对标准化矩阵 Z，计算相关矩阵 R；（3）求出相关矩阵 R 的特征值和特征向量，计算出贡献率，确定主成分的个数；（4）计算出主成分；（5）对主成分进行综合评价。根据主成分变化情况提取累计贡献率大于85%的前 N 个主成分，如式（3.1）、式（3.2）所示。利用主成分分析结果，对指标进行加权，得到一个综合指标 Y 来表示粮食贸易安全水平。综合指标表达式为式（3.3），其中 V 是各个主成分的方差贡献率。

$$\begin{cases} F_1 = a_{11}x_1 + a_{12}x_2 + \cdots + a_{118}x_{18} & (3.1) \\ \cdots \\ F_n = a_{n1}x_1 + a_{n2}x_2 + \cdots + a_{n18}x_{18} & (3.2) \end{cases}$$

$$Y = V_1F_1 + V_2F_2 + V_3F_3 + \cdots + V_nF_n \qquad (3.3)$$

主成分被提取的前提是指标间存在较高的相关性，指标较高则说明相关性较强，可以很好地提取信息。主成分法相关系数要在0.4以上。小麦的相关系数大部分在0.7以上，全部指标相关系数0.4以上；玉米的相关系数大部分在0.7以上，部分高达0.95，全部达到0.4以上；稻米的相关系数全部在0.7以上，部分高达0.99；大豆的相关系数部分高达0.99，全部在0.7以上。四类粮食各指标间的相关性都较高，因此可以使用主成分分析法。

小麦、玉米、大豆确定了五个主成分，稻米确定了四个主成分。四类粮食对主成分的累计贡献率分别是：小麦为80.16%、玉米为83.36%、稻米为94.15%、大豆为92.58%（见表3.5）。根据主成分提取思想和方法，求出特征值的特征向量，并计算各变量 x_1，x_2，$\cdots$，x_{18} 在各主成分上的载荷，得到主成分载荷矩阵，从而分析各主成分所代表的经济含义。

表 3.5   贸易安全水平测度体系主成分命名

类别	小麦 主成分	贡献率（%）	玉米 主成分	贡献率（%）	稻米 主成分	贡献率（%）	大豆 主成分	贡献率（%）
F_1	国内购买力、市场份额、比较优势、出口依存度	31.39	国内产需缺口、国内购买力、市场份额、比较优势、出口依存度	35.28	国内产需缺口、生产规模、技术进步、进口占世界出口比	35.67	国内产需缺口、市场份额、生产规模	34.61
F_2	生产规模、技术进步、进口占世界出口比	21.97	生产规模、技术进步、进口集中度、进口占世界出口	22.53	国内购买力、市场份额、比较优势、出口依存度	30.71	国内购买力、比较优势、出口依存度、进口依存度	19.34
F_3	美元汇率波动、进口依存度	9.89	美元汇率波动、进口依存度	9.81	国际能源价格、进口集中度、进口依存度	16.15	国际能源价格波动、市场准入、进口占世界出口	15.15
F_4	国内产需缺口、国际能源价格波动、市场准入政策、进口集中度	9.31	国际价格波动、国际能源价格波动	8.89	世界产需缺口、国际价格波动	11.61	技术进步	13.91
F_5	世界产需缺口、国际价格波动	7.61	世界产需缺口、市场准入政策	6.85			国际价格波动	9.58

表 3.5 显示，（1）从产业因素来看，市场份额、比较优势、生产规模、技术进步以及市场准入政策的权重较大。生产规模的大小、技术的投入水平在这些因素中又占据着较大比重。（2）从受控可能性来看，进口占世界出口比、出口依存度在其中占据较大的比重。

表 3.6 显示，（1）影响发展中国家粮食贸易安全水平的因素按照权重从大到小排列为产业因素、受控可能性、国内市场行情、国际市场行情以及外部冲击因素。（2）小麦、玉米、稻米、大豆的产业因素、受控可能性

的权重比较接近、相差不大，这两类因素对各类粮食的贸易安全水平影响最大。产业因素对大豆的贸易安全水平影响最显著。（3）相比其他粮食，国内市场行情对稻米的影响最大。（4）小麦受国际市场影响比国内市场行情更大。（5）外部冲击因素对小麦和玉米的影响作用较稻米和大豆更强，小麦和玉米受到能源价格波动和汇率变化的影响较大。

表 3.6　　　　　　　　　粮食贸易安全水平测度体系主成分权重

影响因素	小麦	玉米	稻米	大豆
国际市场行情	0.16	0.10	0.07	0.05
国内市场行情	0.12	0.13	0.21	0.16
外部冲击因素	0.11	0.11	0.05	0.05
产业因素	0.33	0.36	0.36	0.44
受控可能性	0.29	0.30	0.30	0.30

3.1.4　综合评价

综合指数的计算要参照各个主成分的贡献率和处理过的标准化数据，对上述公式（3.3）进行赋值计算，可得综合指数计算公式：

$$Y_1 = 0.31F_1 + 0.22F_2 + 0.10F_3 + 0.09F_4 + 0.08F_5 \qquad (3.4)$$

$$Y_2 = 0.35F_1 + 0.23F_2 + 0.10F_3 + 0.09F_4 + 0.07F_5 \qquad (3.5)$$

$$Y_3 = 0.35F_1 + 0.31F_2 + 0.16F_3 + 0.12F_4 \qquad (3.6)$$

$$Y_4 = 0.35F_1 + 0.20F_2 + 0.15F_3 + 0.14F_4 + 0.10F_5 \qquad (3.7)$$

Y_1、Y_2、Y_3、Y_4 分别代表小麦、玉米、稻米、大豆的贸易安全水平的综合指数。粮食贸易的安全状态分为四种类型，即粮食贸易优化状态、粮食贸易弱化状态、粮食贸易劣化状态和粮食贸易危险状态（见表3.7）。

表 3.7　　　　　　　　　　粮食贸易的安全状态

安全状态	对应分值区间
贸易优化状态	$[0.5, 1)$
贸易弱化状态	$[0, 0.5)$
贸易劣化状态	$[-0.5, 0)$
贸易危化状态	$[-1, -0.5)$

根据粮食贸易安全水平综合指数，可得各国粮食贸易安全水平在 2010 ～ 2019 年的变化趋势和安全状态。

3.1.4.1 高收入发展中国家

巴拿马的小麦、玉米、稻米和大豆的贸易危态年份比例为 50% 、40% 、60% 和 40% 。玉米处在贸易弱态的年份比例为 40% 、大豆处于贸易优态的比例为 20% 。2017 年，小麦、玉米、稻米和大豆的贸易安全水平趋势有了大幅度上升。2019 年，小麦和大豆的贸易安全水平有小幅上升，稻米的贸易安全水平变化不大，玉米则有小幅下降。具体见图 3.1 和图 3.2 。

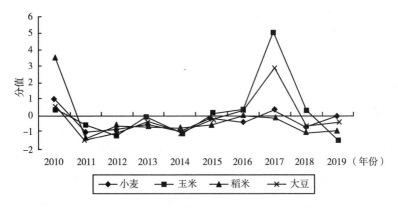

图 3.1　巴拿马粮食贸易安全水平（2010 ～ 2019 年）

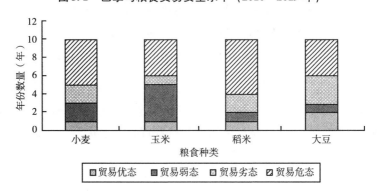

图 3.2　巴拿马粮食安全状态（2010 ～ 2019 年）

沙特阿拉伯的粮食贸易安全状态在大部分年份下处于粮食贸易劣态和危态，呈现出不安全的贸易状态。小麦、玉米、稻米和大豆贸易危态年份占比分别是 30%、40%、70%、30%，小麦和大豆的贸易劣态年份占比为 30% 和 40%。小麦的贸易优态年份占比为 30%，玉米、稻米和大豆的贸易优态年份占比均为 20%。2011 年，粮食贸易安全水平总体上升；2013 年呈现大幅度下降；2019 年沙特阿拉伯的粮食贸易安全水平均有大幅度的提升。具体见图 3.3 和图 3.4。

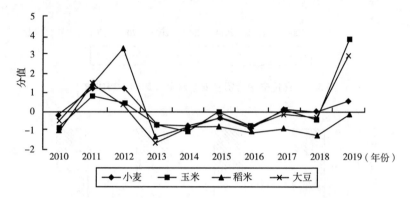

图 3.3 沙特阿拉伯粮食贸易安全水平（2010～2019 年）

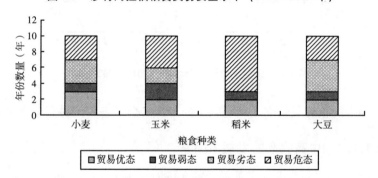

图 3.4 沙特阿拉伯粮食安全状态（2010～2019 年）

乌拉圭的粮食贸易安全位于危态，小麦、玉米、稻米和大豆的贸易危态年份比例为 30%、40%、70%、30%。2013 年乌拉圭的粮食贸易安全水平有大幅度上升，粮食贸易安全状态转变为贸易优态。在 2019 年，小麦、玉米、大豆的贸易安全水平变化趋势有小幅度的上升，稻米的贸易安全水平连续三年呈下降趋势。具体见图 3.5 和图 3.6。

高收入发展中国家大部分年份下处于粮食贸易不安全的状态，小麦、玉米的粮食安全状态较为安全，小麦、玉米、大豆的贸易安全水平呈上升

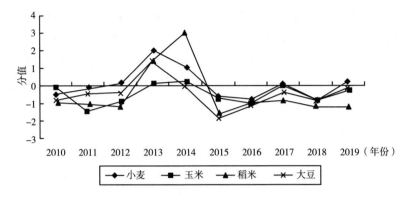

图 3.5 乌拉圭粮食贸易安全水平（2010～2019 年）

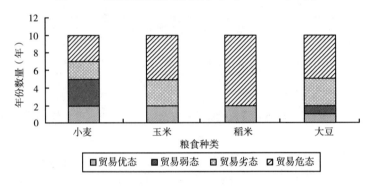

图 3.6 乌拉圭粮食安全状态（2010～2019 年）

趋势，稻米的粮食贸易安全状态基本处于不安全状态，贸易安全水平下降。

3.1.4.2 中高收入的发展中国家

2010～2019 年中国的小麦和大豆主要处于贸易劣态和贸易危态，所占年份比例分别为 60% 和 60%。玉米处于贸易危态的年份比例为 40%，稻米处于贸易劣态的年份比例为 60%。小麦、玉米、大豆的粮食贸易安全水平在 2011 年有上升；所有的粮食贸易安全水平在 2015 年都有较大幅度的上升；在 2019 年，小麦、玉米、大豆较上一年的贸易安全水平均有小幅度上升，稻米有小幅度的下降。具体见图 3.7 和图 3.8。

阿根廷的贸易安全水平趋势起伏较大。在 2013 年和 2017～2018 年有两个较大的粮食贸易安全水平趋势的上升时期；2019 年，粮食贸易安全水平趋势整体大幅度下降。大麦、玉米、稻米和大豆的贸易危态和贸易劣态

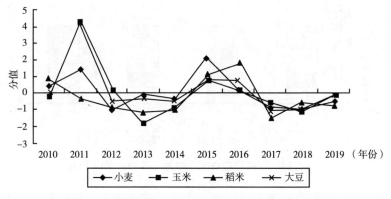

图3.7 中国粮食贸易安全水平（2010～2019年）

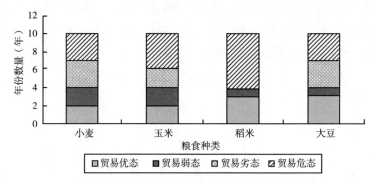

图3.8 中国粮食安全状态（2010～2019年）

年份比例均为60%，小麦、稻米和大豆的贸易优态年份比例为20%。具体见图3.9和图3.10。

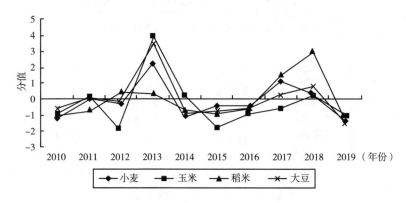

图3.9 阿根廷粮食贸易安全水平（2010～2019年）

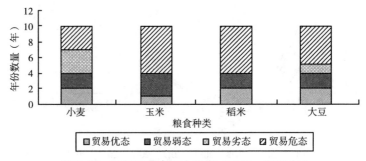

图 3.10　阿根廷粮食安全状态（2010～2019 年）

南非大致为不安全状态，小麦、玉米、稻米和大豆的贸易危态和劣态年份比例为 70%、80%、70%、70%。小麦、稻米、大豆的贸易优态年份比例为 20%。在 2015 年，南非的小麦、玉米、大豆的贸易安全水平有大幅度上升，而稻米的贸易安全水平则持续下降。2019 年，四类粮食的贸易安全水平均有所上升。具体见图 3.11 和图 3.12。

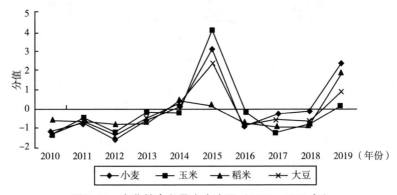

图 3.11　南非粮食贸易安全水平（2010～2019 年）

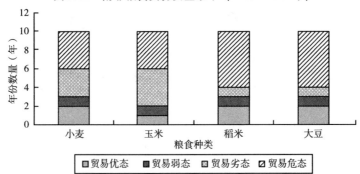

图 3.12　南非粮食安全状态（2010～2019 年）

中高收入发展中国家的粮食贸易状态基本处于不安全状态，稻米的粮食贸易劣态年份较多，根据国情的不同，粮食贸易安全水平趋势不同。

3.1.4.3 中低收入的发展中国家

印度的粮食贸易劣态年份比例较高，最高年份比例为60%。小麦主要处于贸易弱态和危态中，玉米主要处于贸易劣态和危态中，稻米和大豆主要处于贸易劣态中。小麦的年份比例为60%、玉米的年份比例为60%、稻米和大豆的年份比例分别为60%和50%。在2011年和2015年，小麦、玉米、稻米和大豆的贸易安全水平均有上升；2017年，四种粮食的贸易安全水平均下降；2019年，粮食的贸易安全水平在逐渐提升，向贸易弱态和贸易优态趋近。具体见图3.13和图3.14。

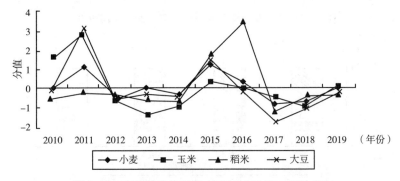

图3.13　印度粮食贸易安全水平（2010~2019年）

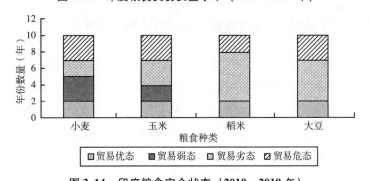

图3.14　印度粮食安全状态（2010~2019年）

菲律宾的粮食贸易安全处于基本不安全或不安全状态。小麦、玉米、稻米、大豆的粮食贸易劣态和危态比例分别为70%、50%、60%、50%。

大豆和玉米的贸易安全状态较小麦和稻米较好。在 2013 年和 2017 年，小麦、玉米、稻米、大豆的粮食贸易安全水平有大幅度的上升；2019 年四种粮食的贸易安全水平均有所下降。具体见图 3.15 和图 3.16。

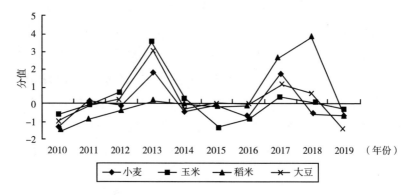

图 3.15 菲律宾粮食贸易安全水平（2010～2019 年）

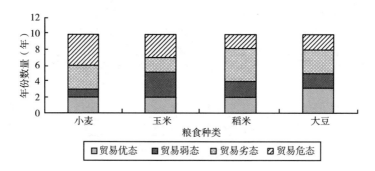

图 3.16 菲律宾粮食安全状态（2010～2019 年）

津巴布韦的小麦和稻米处于贸易不安全、基本不安全状态的年份比例为 60%，玉米和大豆处于贸易安全、基本安全的年份比例为 60%。在 2015 年，除了稻米的贸易安全水平稍微下降，小麦、玉米和大豆的贸易安全水平趋势均有大幅度上升，并在之后下降，到 2019 年四类粮食均迎来了大幅度的上升。具体见图 3.17 和图 3.18。

3.1.4.4　低收入的发展中国家

刚果（金）的小麦和玉米多处于粮食贸易劣态和危态，其年份比例均为 60%。稻米和大豆的贸易弱态和贸易优态年份比例较高，均有 50%。在

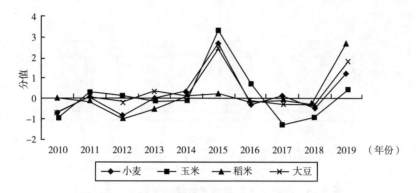

图 3.17　津巴布韦粮食贸易安全水平（2010～2019 年）

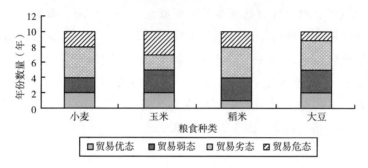

图 3.18　津巴布韦粮食安全状态（2010～2019 年）

2011 年，四类粮食的贸易安全水平有大幅度的下降；在 2017 年，除了稻米，小麦、玉米、大豆的贸易安全水平趋势有大幅度上升；2019 年，玉米、稻米、大豆的贸易安全水平有所上升，但仍处于贸易劣态。具体见图 3.19 和图 3.20。

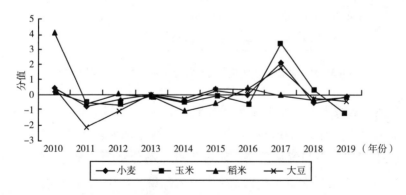

图 3.19　刚果（金）粮食贸易安全水平（2010～2019 年）

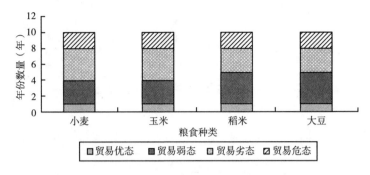

图 3.20 刚果（金）粮食安全状态（2010～2019 年）

埃塞俄比亚的粮食贸易基本处于不安全状态，小麦、玉米、稻米的贸易劣态和贸易危态所占年份比例为 70%、70%、80%。大豆的贸易安全状态与不安全状态各占 50%。2011 年，四类粮食的贸易安全水平趋势有所上升；在 2013 年有整体下降趋势；2019 年，除了稻米，小麦、玉米、大豆的贸易安全水平趋势上升，处于贸易优态。稻米的贸易安全水平有所下降，仍处于贸易劣态。具体见图 3.21 和图 3.22。

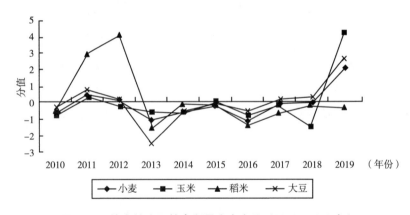

图 3.21 埃塞俄比亚粮食贸易安全水平（2010～2019 年）

海地的粮食贸易也基本处于不安全状态，尤其是稻米，在 2010～2019 年间稻米处于贸易劣态和贸易危态的年份比例为 80%。小麦、玉米、大豆主要处于贸易弱态和贸易劣态，所占年份比例分别为 80%、70%、80%。在 2013 年，海地的粮食贸易安全水平有大幅提升；在 2015 年又大幅下降；2019 年，除了大豆的贸易安全水平上升且状态转变为贸易弱态，玉米和稻

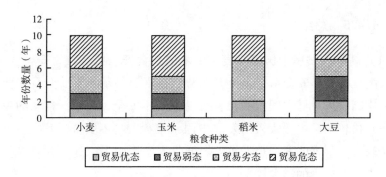

图 3.22 埃塞俄比亚粮食安全状态（2010~2019 年）

米的贸易安全水平下降，小麦和玉米处于贸易劣态，稻米处于贸易危态。
具体见图 3.23 和图 3.24。

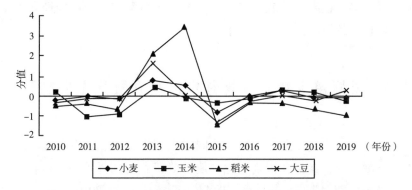

图 3.23 海地粮食贸易安全水平（2010~2019 年）

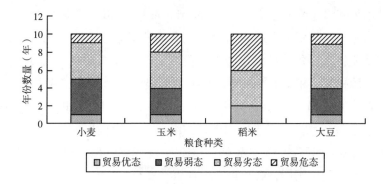

图 3.24 海地粮食安全状态（2010~2019 年）

3.1.4.5 总结

（1）高收入发展中国家小麦、玉米的粮食安全状态较为安全，小麦、玉米、大豆的贸易安全水平呈上升趋势，稻米贸易基本不安全且安全水平下降。中高收入发展中国家的粮食贸易基本不安全，其中，稻米的粮食贸易劣态年份较多。中低收入的发展中国家粮食贸易不安全，其中，玉米贸易安全较好，稻米的安全水平较差。低收入发展中国家的粮食贸易处于不安全状态，对稻米的需求较大。

（2）2019年发展中国家小麦、玉米和大豆的贸易安全水平提升，贸易安全状态在改善，但稻米的贸易安全水平下降，贸易安全状态较差。小麦的贸易安全水平和状态是四类粮食里最稳定的。玉米和大豆的贸易安全水平呈上升趋势。稻米贸易最不安全，内部产业因素和受控可能性导致了发展中国家稻米的贸易安全水平下降。

3.2 国际粮食期货投机对中国粮食贸易安全的影响

国际贸易给粮食安全带来机会的同时也带来威胁。从古典经济学角度来看，国际贸易给参与者带来利益，使得消费者的选择更加多样化，贸易保护会带来预期损失（Cardwell，2014；Krivonos et al，2015），贸易政策扭曲（包括农业歧视和过度支持）导致粮食安全的多个维度（可供性、获得性、利用率和稳定性）表现不良（Magrini et al，2014）。从社会学和农业生态学来看，国际贸易会影响国家和社会的贸易政策主权，牺牲社会中农业的多功能特性，贸易自由化会带来预期成本。我国是一个人口大国，国内土地资源稀缺，粮食安全的解决部分地依赖于粮食贸易。2001~2015年，中国粮食产量的连续增长，并未能阻止中国成为粮食净进口国。2000~2016年，我国谷物进口量占国内产量比由0.34%增至0.94%；大豆进口量占国内产量比由187.25%增至693.19%[①]。若粮食贸易失衡，容易导致粮食危机。基于我国国情，必须重视粮食贸易安全。

---

① 资料来自EPS数据库。

（1）贸易安全的定义和测度。国外学者认为贸易安全是个多维概念。乌克兰学者安德瑞（Andriy，2010）提出贸易安全由资源、制度和社会三方面组成，每个方面都包括价格波动性、资源充足性、经济关系稳定性、市场制度安全、公民社会保障等 5 类指标。

国内学者关于贸易安全的内涵有三类观点。第一类是贸易安全"能力说"。根据该观点，贸易安全是指一国贸易面临不利因素时，该国市场和贸易体系有能力抵御波动，本国竞争力、人民生活水平、经济发展水平不受贸易因素影响（汪素芹，2005；朱玉荣，2013）。

第二类为贸易安全"状态说"。该观点提出贸易安全是指一国的对外贸易拥有广阔市场和竞争优势，处于不受侵害、持续发展、避免损失的状态，贸易利益不受威胁，国内外环境良好，经济发展不受贸易波动影响（何传添，2009；计冰燕，2012）。

第三类观点为贸易安全"制度说"。邹时荣（2008）认为，除了"能够抵御内外冲击，保持市场秩序和贸易体系正常运行与发展的状态"之外，贸易安全还包括维持安全状态所需的贸易制度、市场运行规制及竞争力。戴文杰（2015）认为，贸易安全意味着在经济全球化的背景下，一个国家根据实际情况制定对外贸易政策，以确保国家的贸易安全。政策变化符合国内和国际经济环境的变化。

国内学者从非传统安全的视角，选取产业竞争力、贸易效益和结构、贸易政策、政治经济关系等方面的相关指标（尹靖华，2015；昝欣、李孟刚，2012），采用单个测度指标（李太平等，2014）、主成分分析法（尹靖华，2015）、DEA-BCC 模型（于谨凯、张颖，2017）、熵值法（刘建和卢波，2016）等方法，对中国不同行业的贸易安全进行评价。

（2）粮食期货投机对粮食安全的影响。世界粮食价格危机的主要原因在于供需基本面。2009 年和 2011 年世界粮食价格危机的根本原因，包括粮食供应和库存不足（Geman，2014）、粮食需求上升（Stichele & Tilburg，2011）、生物燃料的作物使用量增加（宋承国，2009）、气候变化、高油价（Robles, Miguel & von Braun，2009）和政府放松管制（Marquina，2013）。粮食市场失灵是粮食价格危机的结果，但它又进一步加剧了危机。

粮食市场失灵的表现包括出口限制、零售价格控制、投机价格飙升、过度监管、谷物所交易暂停、粮食援助行为遭到破坏、发展中国家紧急重建粮食储备（Pies et al，2013）及过度投机（Stichele & Tilburg，2011；Marquina，2013）。由于市场失灵阻碍了粮食向最需要的地方自由流动，阻碍了价格信号对农民的引导作用；这给全球粮食系统造成了巨大的效率损失，对最贫穷国家的打击最为沉重。

期货投机对粮食危机推波助澜。对消费者而言，高粮价对最脆弱的人群产生了毁灭性的影响（Stichele & Tilburg，2011），数亿贫困人口的贫困和营养不良加剧（Kunhibava et al，2015）。对生产者而言，高度波动的农产品价格会降低农民的利润，阻碍投资、创新和追求更高的农业生产率（Marquina，2013）。过度投机导致了农民和食品加工商对冲风险的成本上升，农民在面临粮食价格上涨时，没有动机增加粮食供应量（Marquina，2013；Stichele，邱雁，2010）。

（3）粮食期货投机对食品价格的影响。首先，供需因素是长期粮食价格的主要决定因素。以实体经济为主导的传统影响因素仍然对国际农产品价格产生重大影响。但能源价格、投机因素和政策干预等新因素的作用近年也在增长（顾国达、方晨靓，2012）。投机者的行为可能会导致商品价值的暂时过高或过低（刘璐等，2018；Czech & Katarzyna，2015），但由于市场理性预期的存在，期货市场金融化与投机诱导对商品期货的长期价格形成不存在显著影响，商品期货的长期价格仍然受实际供需关系的支配（钱煜昊等，2017；谢飞、韩立岩，2012）。其次，一些研究表明，金融投机对农产品价格没有负面影响。现有研究关注的因变量包括现货或期货价格水平、期货合同的实际回报、期货合同的风险溢价、期货合同间的价格差异、现货或期货价格波动以及金融市场对其他商品市场价格的溢出效应（Haase et al，2016）。哈斯等（Haase et al，2016）评估了100篇实证研究，发现支持和反对"金融投机促使价格水平和波动性上升"的研究数量大致相同；但如果使用直接测度"投机"的指标（交易头寸数据或交易员分类），投机行为并未给期货市场带来负面效应。格劳本等（Glauben et al，2012）对35篇关于金融投机对农产品市场影响的研究论文进行评估，结果发现，大多数研究没有发现金融投机影响农产品价格波动水平的证据；相反，这些发展是由实体经济的基本因素造成的。

关于金融投机对农产品价格和波动性的影响研究是非常有成效的，但总是得出不同的结论。使用计量经济学的调查既不能证明投机对价格的影响，也不能证明相反（Conrad，2014），很难将非对冲者在农产品中使用期货合约与发展中国家日益增加的粮食不安全联系起来（Huchet & Fam，2016）。有关金融投机对粮食安全影响的相关研究侧重于金融投机对粮食危机的影响。金融投机对粮食的生产、流通和储备等环节的影响的相关研究并不系统，较为零散。金融投机对粮食贸易安全的影响甚至更为罕见。那么，国际金融投机对中国粮食贸易安全的影响是什么？我国粮食贸易安全的风险，更多地来源于投机因素，还是实际供需因素？这些都是需要进一步研究的重要问题。本章的创新之处在于深入分析金融投机对中国粮食贸易安全的影响机制，并进行实证研究。

3.2.1 国际农产品期货投机现状

3.2.1.1 农产品期货的功能

期货市场具有风险转移和价格发现功能，可弥补原有市场信息和市场结构的不足，提高经济运转效率。

农产品期货市场具有风险转移功能。国内粮食期货价格与现货价格相互传递，当排除其他干扰因素时，两者同向变化。期货价格可以减缓现货价格和均衡产量的波动（何蒲明，2009）。因此，农民、粮食企业、消费者等交易者可以通过期货合约进行套期保值，部分避免价格急剧变化的风险。

农产品期货市场具有价格发现功能。在一个开放、公平、高效和有竞争力的期货市场中，期货价格是真实的、预测性的、连续的和权威的，比较准确、全面地反映了真实的供需情况及变化趋势，有较强的指导作用。短期内期货交易者基于有价值的私人信息调整其期货头寸。期货头寸的调整将导致期货价格的变化，但调整规模不足以继续促进现货市场的长期均衡价格变化（Mcphail & Du，2012）。期货市场在短期内只起到价格发现的作用，而现货市场的实物销售决定了长期均衡价格。

农产品期货市场具有投机功能。由于存在风险程度不同的各种期货合约，投机交易者可以通过买卖农产品期货，从预期的价格变化中牟利。威尔（Will，2015）调查了2010～2012年发表的35篇实证研究，认为价格水平或农产品市场的价格波动上升，并非是金融投机的增加导致的，而是基本因素造成的。

3.2.1.2 测度指标

现有实证研究衡量"投机"指标，包括不明确的指标、间接指标、代理指标和直接指标。不明确的指标，研究讨论投机者或投机，但没有定义投机。间接指标采用经验观察，如结构性断裂或相关性的结构性转变，这些间接归因于投机行为，但没有证实这种关系。代理指标包括特定的变量，这些变量代表投机活动，如股票或石油价格。当然，使用间接指标和代理指标时，这些措施是否真的与投机有关是值得怀疑的。直接指标采用明确的投机措施，根据监管当局或交易所的头寸数据和交易员分类（Haase et al，2016）。

美国商品期货交易委员会（CFTC）公布的传统的芝加哥期货交易所（CBOT）报告将期货交易者分为"商业"和"非商业"两大类。"商业"交易员包括通过对冲来管理业务风险的实体商品的生产者、商人、加工者和用户；还包括在场外市场（OTC）产生风险的掉期交易商，他们在期货市场上对冲场外交易风险。"非商业性"类别的交易者包括专业的投资经理和大量的其他非商业交易者。美国商品期货交易委员会分类报告了四类交易者的情况。

本章采用期货交易的净头寸（多头和空头头寸的差额绝对值），作为期货投资和投机资本的代表性指标。数据来源于美国商品期货交易委员会公布的 CBOT 分类头寸报告。交易单位是手（每手为 5000 蒲式耳）。

3.2.1.3 现状分析

2006～2020 年，CBOT 粮食期货日均交易净头寸结构中，大豆商业交易和非商业交易为 44% 和 15%；玉米的商业和非商业交易为 18% 和 7%，小麦商业和非商业交易为 14% 和 2%。就变化趋势而言，玉米生产者和掉期交易波动下降，资金经理和其他投机交易基本稳定。大豆生产者交易先呈 M 型，后快速上升；大豆掉期交易基本持平；资金经理交易波动上升，部分年份超过掉期交易；其他投机交易保持稳定。小麦生产者和掉期交易迅速、大幅下降，资金经理和其他投机交易基本稳定。

就净头寸持有量而言，玉米和大豆的生产者交易、掉期交易超过资金经理和其他投机交易,小麦掉期交易和生产者交易超过资金经理和其他投机交易。

3.2.2 模型设定

本章采用面板模型,样本期限为 2006~2020 年,因为 CBOT 的分类交易商报告从 2006 年开始。模型设定如下:

$$\log(100 \times safety) = c + \alpha\log(prod + swap) + \beta\log(money + other) + \varepsilon$$

$$(3.8)$$

所有变量含义和说明见表 3.8 和表 3.9。模型的被解释变量为我国小麦、玉米和大豆的贸易安全水平,数据来源于笔者计算。解释变量包括非投机类交易和投机类交易,分别采用净头寸(张兵、张蓓佳,2014)、总头寸和总头寸比重(李霜等,2014)进行估计,数据来源于美国商品期货交易委员会公布的分类报告。

表 3.8　　　　　　　　　　　变量说明

变量	含义	类别	数据来源	预期符号	预期影响方向
safety	粮食贸易安全水平	因变量	经作者计算		
prod	粮食生产者、加工者交易	非投机交易	CFTC 数据库	不确定	期货交易对粮食贸易安全存在双重影响,综合影响有待验证
swap	掉期交易				
money	基金经理交易	投机交易		不确定	期货投机对粮食贸易安全存在双重影响,综合影响有待验证
other	其他投机交易				

表 3.9　　　　　　　　　解释变量的描述性统计特征

项目	*safety*	*prod*	*swap*	*money*	*other*
平均值	0.081818	209137.3	166922.9	87055.44	33017.14
中位数	0.07	181636.5	139436.7	82129.64	20848.36
最大值	0.22	496995.6	383633.1	277144	120009.4
最小值	0.03	14579.33	28968.42	9694.694	5837.75
Std. Dev.	0.043406	142980.1	94682.4	65323.26	30593.34
偏态	1.35541	0.801906	0.635441	0.89252	1.413869
峰度	4.526142	2.657463	2.583134	3.438786	3.940984
样本数	33				

非商业类（非投机类）交易包括 *prod* 和 *swap*。粮食生产者、交易者、加工者和用户（*prod*）从事粮食实体交易，通过对冲管理业务风险。掉期交易者（*swap*）在场外市场产生风险，在期货市场上对冲场外交易风险。掉期交易商的交易对手可能是投机性交易商，比如对冲基金，或者是传统的商业客户。

商业类（投机类）交易包括 *money* 和 *other*。基金经理交易（*money*）为期货市场基金经理，是注册的商品交易顾问（CTA）、注册产品经理（CPO）或 CFTC 确认的未注册基金，这些交易商代表客户进行有组织的期货交易。其他投机交易（*other*）指所有其他未被归入基金经理交易的交易者，为非商业类（投机）交易。

自变量的系数符号不确定。原因在于期货交易对粮食贸易安全存在双重影响，综合影响有待验证。一方面，粮食期货市场的价格发现和风险转移功能发挥越充分，越有利于实现我国粮食贸易安全；另一方面，过度投机会削弱我国本已薄弱的定价权，可能造成我国粮食进口成本增加，出口利润减少、国内粮食生产资源转向，跌入信息不对称的"粮食陷阱"。

3.2.3　回归结果

从表 3.10 可知，净头寸模型采用面板两阶段最小二乘法，工具变量为各变量滞后一期。修正可决系数 R^2 为 0.33，表明模型拟合较好。F 统计量为 6.3，在 0.05% 的水平上显著，表明投机类和非投机类交易净头寸联合起来，对我国粮食贸易安全具有显著影响。t 统计量表明，投机和非投机类净头寸的系数符号显著，且分别对因变量具有正面和负面影响。非投机类净头寸上升 1%，我国粮食贸易安全水平下降 0.78%；投机类净头寸上升 1%，我国粮食贸易安全水平上升 0.52%。

表 3.10　　　　　　　　　净头寸模型估计结果

变量	系数	标准差	t 统计量	概率
c	6.0355	1.3881	4.3481	0.0002
log（*swap* + *prod*）	−0.7912	0.2247	−3.5209	0.0015
log（*money* + *other*）	0.5216	0.2076	2.5129	0.0183

续表

变量	系数	标准差	t 统计量	概率
修正 R^2	0.3269	Durbin-Watson stat		0.9104
F 统计量	6.3005	Prob（F 统计量）	0.0057	
工具变量	所有变量滞后一期			
观测对象	33			
估计方法	面板两阶段最小二乘法			

从表 3.11 可知，总头寸模型采用固定效应模型。修正可决系数 R^2 为 0.37，表明模型拟合较好。F 统计量为 5.69，在 0.05% 的水平上显著，表明投机类和非投机类交易总头寸联合起来，对我国粮食贸易安全具有显著影响。t 统计量表明，投机和非投机类总头寸分别对因变量具有负面和正面影响，这与采用净头寸进行估计的结果截然不同，原因是二者可能存在共线性。进一步采用头寸比重进行估计。

表 3.11   总头寸模型估计结果

变量	系数	标准差	t 统计量	概率
c	2.4782	3.2419	0.7644	0.4510
log（swap + prod）	1.2577	0.3003	4.1886	0.0003
log（money + other）	−1.2255	0.2918	−4.2002	0.0002
修正 R^2	0.3696	Durbin-Watson stat	1.4327	
F 统计量	5.6907	Prob（F 统计量）	0.0018	
观测对象	33			
估计方法	固定效应面板 OLS			

表 3.12 显示，投机类总头寸比重模型采用面板模型 OLS 估计法，可决系数为 0.28，模型拟合得较好。F 统计量显著，t 检验显著。投机类总头寸比重上升 1%，我国粮食贸易安全水平上升 0.39%。

表 3.12   总头寸比重模型估计结果

变量	系数	标准差	t 统计量	概率
c	−0.0467	0.0355	−1.3151	0.1981
（money + other）/ （money + other + prod + swap）	0.3925	0.1067	3.6793	0.0009

变量	系数	标准差	t 统计量	概率
修正 R^2	0.2815	Durbin-Watson stat	0.9326	
F 统计量	13.5373	Prob（F 统计量）	0.0009	
观测对象		33		
估计方法		面板 OLS		

3.2.4 结果讨论

表 3.13 显示，投机总头寸比重和投机净头寸上升 1%，我国粮食贸易安全水平分别上升 0.52% 和 0.39%。非投机净头寸上升 1%，我国粮食贸易安全水平下降 0.79%。总体上，粮食期货投机和投资因素可以解释我国粮食贸易安全 30% 的变化。这与李晓丽等（Li et al，2015）、李霜等（2014）、郑斌（2013）关于"金融投机影响期货价格，进而推高现货价格"的结论不同。这与尼科利尼等（Nicolini et al，2013）和阿尔吉里（Algieri，2012）关于"金融投机导致农产品价格波动加剧"的结论也不同。

表 3.13 回归结果关键系数和符号

变量名称	对因变量的影响	影响大小
投机净头寸	正面	0.52
非投机净头寸	负面	−0.79
投机总头寸比重	正面	0.39

投机净头寸和总头寸比重对我国农产品贸易安全影响为正，原因包括以下几点。

首先，我国粮食自给率较高，粮食市场受政策干预较大，与国际市场的隔离效应较强。2006～2016 年，小麦进口量占产量比由 0.56% 升至 2.65%，稻米进口量占产量比由 0.48% 上升至 1.62%，谷物进口量占国内产量比由 0.34% 增至 0.94%；只有油料作物大豆进口量占国内产量比重由 187.25% 增加至 2015 年的 693.19%。因此，美国粮食期货市场投机对我国粮食贸易安全的负面影响并未凸显。

其次，美国是我国玉米和大豆的主要进口来源国，若美国粮食产量波动下降，则有利于我国粮食贸易安全的提升。美国期货市场稳定了农民收入，对冲了农业市场风险。美国农民通常使用期货价格来指导生产，并通过套期保值和期权交易等，提前锁定谷物价，转移价格风险，保障粮食收益。通过收入保险、期货、期权等金融工具，美国农民在保障基本收益的同时，促进了收入增加（李建英、张莹莹，2017）。

美国粮食期货市场能够提供流动性，促进商业交易的达成（Stichele & Tilburg, 2011），产生的权威价格有利于我国粮食进口和出口产生示范效应，有利于我国粮食贸易安全水平的提高。

美国粮食期货投机并未对农产品长期价格产生不良影响（Haase et al, 2016；Czech & Katarzyna, 2015）。期货头寸的调整规模不足以持续推动现货市场长期价格变动（McPhail & Du, 2012）。期货市场只在短期内起到价格发现的功能，而现货市场实体商品的买卖决定了长期均衡价格。

非投机净头寸对我国农产品贸易安全影响为负，原因可能是非投机净头寸越大，表明市场预期供需差异越大，国际粮食生产波动越大，这不利于中国粮食贸易的安全。非投机净头寸在一定程度上代表了实际供求面因素，衡量了粮食生产者、加工者、交易者、用户对冲风险的行为。投机者的行为可能会导致商品价值的暂时过高或过低（刘璐等，2018；Czech & Katarzyna, 2015），但由于市场理性预期的存在，期货投机对商品期货的长期价格形成不存在显著影响，商品期货的长期价格仍然受实际供需关系的支配（钱煜昊等，2017；谢飞、韩立岩，2012）。与投机因素相比，中国食品贸易安全的风险更多是由于非投机因素（实际供需水平）。

3.3 中美粮食期货市场的风险转移功能比较

根据 EPS 数据库的资料，2020 年，我国共进口大豆 10333 万吨，首次突破 1 亿吨，比 2019 年增加 1182 万吨，创历史新高；2020 年全年玉米进口 1130 万吨，比上年爆发式增长 135.91%。贸易逆差扩大使国内市场更容易受到国际市场价格波动的影响，影响经济的健康发展。在经济全球化和金融全球化的发展趋势下，粮食期货市场对大宗农产品现货交易的影响很大。虽然我国粮食期货市场经过多年的发展后已具备基本的市场功能，但相对于美国期货市场，我国期货市场的交易量、品种、法律体系等都存在不足，无法满足市场交易者的需求，影响粮食期货市场的功能。国内外市场的对比分析，有利于客观评价我国大豆和玉米期货市场的避险功能，揭示期货市场对冲功能的微观结构。

对冲是交易者利用金融衍生品建立与现货头寸相反的衍生品头寸，防范金融市场现货头寸的价格风险，形成投资组合，将风险降到最低的一种风险管理策略。对冲的基本原理是，随着衍生品的到期日变短，衍生品的价值会收敛到即期价值。

传统的套期保值理论指出，套期保值的目的是通过将期货和现货合约相结合的相互交易来转移价格风险（Keynes，1930；Hicks，1946）。根据基差套期保值理论，远期现货价格的波动导致基差的波动，所以选择预测基差的交易策略来转移风险并获利（Working，1952）。投资组合理论认为，对冲的本质是建立现货和期货的投资组合，以最小的风险实现最大的利润（Johnson，1960），并提出了一种衡量对冲有效性的方法。

对冲有效性的研究是基于"理性投资者"和"市场效率"假设。然而，金融市场并不是完全有效的，使用现有数据获得的最优对冲比率在未来可能不是最优的。因此，套期保值的有效性取决于准确计算最优套期保值比率的能力。估计最优对冲比率参数是现代对冲理论的核心问题。学者们开发了具有各种对冲目标的模型，包括最小风险、最大化效用和风险回报权衡模型，用于分析对冲（赵华等，2013）。但是后两种模型需要刻画主观效用函数，实际应用价值小于最小风险模型。

最小风险对冲模型从静态向动态演化以提高对冲效率（张国胜等，2021）。向量自回归模型（ECM）和向量误差校正模型（VECM）克服了最小二乘（OLS）残差在估计最小方差对冲比率时的低效率。广义自回归条件异方差（GARCH）模型解决了VECM不能反映金融资产收益序列"波动率收敛"的问题。ECM-GARCH模型弥补了GARCH模型没有同时考虑协整和方差的时间变化的缺点。也有学者认为Copla-GARCH模型的套期保值率最低，套期保值效率最高（代军、叶幸伟，2021）。

期货市场价格发现特性为期货的风险转移功能提供了良好的条件。但是，我国期货市场发展缓慢，交易风险高，对冲功能与国外成熟市场还存在较大差距（张婷，2017；邵永同、战雪丽，2014）。既有研究包括玉米（刘晨，2020）、大豆（Yangmin et al，2019）、小麦、豆粕、鸡蛋、苹果（高扬、李雯，2020）等品种。

目前，国内外相关研究成果翔实，但仍存在一些不足。（1）从历史与现实相结合的角度对不同国家期货市场的比较分析不够深入。（2）未能充分讨论贸易摩擦和疫情后期货市场风险转移功能背后的影响因素。（3）没有不同时空的对比分析很难真正确定中国期货市场的套期保值效率的相对位置与发展变化。因此，本章基于已有研究试图回答：中国农产品期货市场的风险转移功能是否得到有效利用？中国农产品期货市场与美国风险转移函数的差距是多大？导致中美期货市场对冲功能差异的主要因素有哪些？

3.3.1 最小风险套期保值模型

3.3.1.1 最优套保比例的确定

套期保值策略实际上是现货和期货投资的结合。投资组合比率也称为套期比率，是指投资者的期货合约头寸与现货资产头寸的比率，即对风险敞口资产进行风险管理所需的期货合约数量。在套期保值期内现货价格 S_t 的变化量为 ΔS_t，期货价格 F_t 的变化量为 ΔF_t，则期内资产组合 V_t 的价格变化量等于现货市场收益与期货市场收益之差。

$$\Delta V_t = \Delta S_t - h\Delta F_t \qquad (3.9)$$

套期保值后的资产风险为：

$$Var(\Delta V_t) = var(\Delta S_t) + h^2 hvar(\Delta F_t) - 2hcov(\Delta S_t, \Delta F_t) \qquad (3.10)$$

式（3.9）和式（3.10）中，h 的值应该使对冲后投资组合的方差最小。

$$\min Var(\Delta V_t) = var(\Delta S_t) + h^2 hvar(\Delta F_t) - 2hcov(\Delta S_t, \Delta F_t) \qquad (3.11)$$

求解以上模型可得最优套保比为：

$$h^* = cov(\Delta S_t, \Delta F_t)/var(\Delta F_t) \qquad (3.12)$$

3.3.1.2 套期保值效率的度量

最小风险对冲的效率 H_E 由以下等式衡量：

$$H_E = \frac{var(\Delta S_t) - var(\Delta V_t)}{var(\Delta S_t)} \tag{3.13}$$

式（3.13）描述了现货对冲后风险降低的相对程度。显然，H_E 取值范围是 $0 \sim 1$。越接近 1 表明减小风险的作用越明显。

3.3.1.3 回归方法的选择

最小风险套期保值的静态模型和动态模型各具优势。当市场大幅度波动、方差风险较高时动态模型的套期保值比例较高，而静态模型的交易费用、保值成本和实际应用简便性优于动态模型。而出现频率最高的静态模型 OLS、ECM、BVAR 和动态模型 BGARCH、ECM-GARCH 的套期保值效率得到一定认可，具有高度一致性、适用性和可比性。本章使用以上五种模型进行估计，以增强稳健性。

下文仅以 ECM-GARCH 方法为例展开详细阐述。关于 OLS、ECM、BVAR 的详细求解方法，参见张国胜等（2021）。ECM-GARCH 和 BGARCH 的详细求解方法，参见克罗纳和苏尔坦（Kroner & Sultan，1993）以及帕克和斯威策（Park & Switzer，1995）。

$R_t^S = \Delta \ln s_t$ 和 $R_t^f = \Delta \ln F_t$ 分别表示 t 时刻现货和期货的收益率。

$$R_t^S = \alpha_{0s} + \beta_{0s} \Delta z_{t-1} + \varepsilon_{st} \tag{3.14}$$

$$R_f^S = \alpha_{0f} + \beta_{0f} \Delta z_{t-1} + \varepsilon_{ft} \tag{3.15}$$

$$\Delta z_{t-1} = S_{t-1} - (\alpha + \beta F_{t-1}) \tag{3.16}$$

$$\varepsilon_t = \begin{pmatrix} \varepsilon_{st} \\ \varepsilon_{ft} \end{pmatrix} \mid \phi_{t-1} \sim N(0, H_t) \tag{3.17}$$

$$h_{st}^2 = C_s + \alpha_s \varepsilon_{s,t-1}^2 + b_s h_{s,t-1}^2 \tag{3.18}$$

$$h_{ft}^2 = C_f + \alpha_f \varepsilon_{f,t-1}^2 + b_f h_{f,t-1}^2 \tag{3.19}$$

那么，ECM-GARCH 方法的时变对冲比率为：

$$h_t = \frac{h_{sf,t}}{h_{ft}^2} = \frac{cov(\varepsilon_{st}, \varepsilon_{ft})}{var(\varepsilon_{ft})} \qquad (3.20)$$

首先对所有的价格收益序列进行稳定性检验和 ARCH 效应检验，看价格序列是否表现出明显的波动聚合特征。然后，将收益序列分别代入式（3.14）和式（3.15），利用 GARCH 模型估计平均收益方程中的残差序列 ε_{st} 和 ε_{ft}。最后通过计算残差序列的协方差和方差，得到时变对冲比率。

3.3.2 实证分析

3.3.2.1 数据来源

以玉米和大豆为例，选取大连商品交易所和芝加哥期货交易所 2011 年 1 月至 2020 年 6 月的数据进行分析。为保证数据的一致性和连续性，每蒲式耳单位美分的价格换算为每吨元，假设节假日价格与前一天相同。数据来自 CSMAR 和 Wind 数据库。C 为我国，A 为美国，S 为现货价格，F 为期货价格，1 为玉米，2 为大豆。图 3.25 表明中美玉米、大豆现货价格的对数收益率在零值附近波动，大波动伴随大波动，小波动伴随小波动，呈

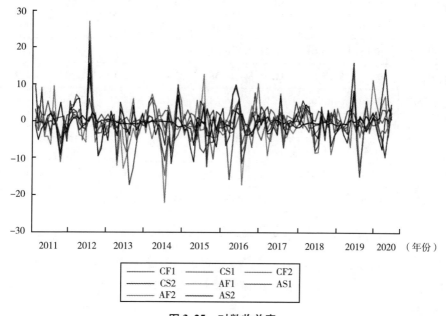

图 3.25 对数收益率

现出较强的波动集聚性。这支持了美国和中国市场之间存在显著上行风险，下行风险传导程度较小的观点；也印证了大豆市场表现出比玉米市场更大的风险分散（Yangmin Ke et al.，2019）。

3.3.2.2 模型检验

表 3.14 显示玉米和大豆平均产量现货价格高于期货价格平均水平，8 列数据的峰度均大于 3，JB 统计显示 P 值为零，表示对数收益率不服从正态分布，呈现不对称的略粗尾，这也符合金融时间序列的基本特征。中美玉米、大豆期货和现货价格的走势和特征基本一致。平均值相近，说明中国和美国的物价水平相近。但是，最高价和最低价之间的巨大差异表明粮食价格波动的风险更大。通过比较标准差的结果，可以发现期货市场大于现货市场，说明期货市场的价格波动大于现货市场，即风险更大。从偏度和峰度来看，现货价格和期货价格均表现出偏度和厚尾特征，JB 正态检验值大于临界值，拒绝正态分布原假设。

表 3.14　　　　　　　　　　　　描述性统计

项目	CF1	CS1	CF2	CS2	AF1	AS1	AF2	AS2
均值	−0.10	0.04	0.03	0.16	−0.58	−0.52	−0.42	−0.40
中位数	0.08	0.04	−0.27	−0.02	−0.39	−0.19	−0.03	−0.63
最大值	8.14	5.64	11.63	14.58	27.44	22.03	12.05	15.90
最小值	−15.59	−10.01	−8.94	−6.58	−17.06	−17.01	−21.86	−11.18
标准差	2.97	2.28	3.34	2.19	5.96	5.56	4.78	4.27
偏度	−1.47	−0.93	0.51	2.57	0.75	0.27	−0.67	0.43
峰态	9.10	5.91	4.39	20.52	6.94	5.67	5.72	4.44
JB	215.50	55.98	13.89	1569.95	83.90	34.85	43.36	13.28
概率	0.00	0.00	0.00	0.00	0.00	0.00	0.00	0.00

在估算套期保值率之前，有必要检查价格的稳定性。表 3.15 显示 8 列收益均为平稳序列，具有良好的统计特性。玉米和大豆期货和现货价格稳定均衡。

表 3.15 平稳性检验

项目	CF1	CS1	CF2	CS2	AF1	AS1	AF2	AS2
ADF t 统计量	−7.26	−6.41	−9.04	−6.47	−8.98	−7.99	−7.97	−8.49
Prob.	0.00	0.00	0.00	0.00	0.00	0.00	0.00	0.00
values	−2.59	−2.59	−2.59	−2.59	−2.59	−2.59	−2.59	−2.59

表 3.16 表明大部分收益序列具有 ARCH 效应，满足 GARCH 估计的先决条件。

表 3.16 ARCH 效应检验

序列	F 统计量	概率	$Obs \times R^2$	概率
CF1	3.154297	0.0172	11.79306	0.0190
CS1	3.160783	0.0009	30.42077	0.0024
CF2	2.194592	0.0162	24.91030	0.0237
CS2	19.04038	0.0000	16.52601	0.0000
AF1	2.484000	0.0091	23.75514	0.0138
AS1	1.564651	0.0917	25.68603	0.1072
AF2	1.988667	0.0283	24.64466	0.0382
AS2	4.122893	0.0447	4.046200	0.0443

3.3.2.3 总体估计

总体套保比例与效率估计结果见表 3.17。

表 3.17 总体套保比例与效率

项目		相关系数	OLS	BVAR	ECM	BGARCH	ECM-GARCH
套保比例 （时变模型 为均值）	美国玉米	0.8504	0.7931	0.7879	0.7819	3.6880	4.6728
	美国大豆	0.6887	0.6152	0.6150	0.6318	0.8043	0.8132
	中国大豆	0.2836	0.1865	0.1727	0.2010	3.3972	0.3718
	中国玉米	0.1232	0.1787	0.1510	0.2712	0.8551	0.2997
套保绩效	美国玉米	—	72.33%	71.55%	72.31%	69.34%	78.08%
	美国大豆	—	47.43%	46.71%	47.40%	51.56%	53.68%
	中国大豆	—	8.04%	9.13%	8.00%	3.03%	9.69%
	中国玉米	—	5.44%	4.55%	3.98%	6.86%	0.36%

大部分模型的套保比例排序为：美国玉米 > 美国大豆 > 中国大豆 > 中国玉米。这表明我国期货套保成本低于美国。以 ECM 模型玉米的估计结果为例，美国市场应建立 0.78 单位的期货头寸对冲 1 单位玉米现货头寸，中国为 0.27 单位，套保成本低于美国市场。

大部分模型的套保效率排序为：美国玉米 > 美国大豆 > 中国大豆 > 中国玉米。我国大豆套保绩效在 3% ~ 10%，玉米在 0.3% ~ 7%，美国大豆在 46% ~ 54%，美国玉米在 69% ~ 79%。这与李圣军（2018）关于"2014 ~ 2016 年美国玉米套保效率降至 75% 左右，中国玉米高套保绩效降至 20% 以下"的结论一致。按照模型均值，美国大豆套保效率是我国大豆的 6.5 倍，美国玉米套保效率是我国玉米的 17 倍。以上发现支持了辛玉莹（2019）和张婷（2017）关于"美国粮食期货市场在风险规避功能上优于我国粮食期货市场"的结论。

美国玉米和大豆期货和现货价格的相关系数较高（0.85 和 0.69），而中国较低（0.12 和 0.28）。更强的相关性意味着持续的价格变动、更紧密的价格联系和更高的对冲效率。因此，美国玉米和大豆的套期保值效率高于中国玉米和大豆。美国玉米套保效率比大豆好。美国的玉米黄金带是世界上最大的玉米产区。美国作为玉米生产和消费大国，拥有成熟的种植和贸易体系，为很好地发挥保值功能奠定了坚实的基础。

中国大豆套期保值效率优于玉米。大豆是中国最早的期货品种之一。中国作为全球最重要的大豆进口国，对现货市场有着合理的预期和监管，大豆价格对国际市场的影响较为重要。大豆期货价格对现货价格的引导作用较强（王时芬、汪喆，2016），而玉米期货价格对现货价格仅有单向引导作用（侯金莉，2014）。

3.3.2.4 分时段估计

动态模型相对静态模型更好地考虑了异方差性和自回归性，因此本章采用动态模型进行分时段估计，进一步考察中美粮食期货套保功能的动态变化，结果见表 3.18。以 2015 年为界，中美两国玉米和大豆的套保比例均下降，套保成本有所下降。除美国大豆之外，美国玉米、中国玉米、中国大豆的套保效率均有所上升。图 3.26 表明，中国粮食期货市场的套保效率增速快于美国。BGARCH 结果显示，美国玉米套保效率上升了 10%，而美国大豆套保效率下降了30%；中国玉米套保效率提升了30倍，大豆套保效率上升了8倍。而ECM-GARCH结果表明，美国玉米套保效率上升了19%，美国大豆套保效率下降了43%，而中国大豆套保效率上升了57%，中国玉米结果不显著。

表3.18　　　　　　　　分时段套期保值比例与效率

项目		BGARCH		ECM-GARCH	
		2011~2015年	2015~2020年	2011~2015年	2015~2020年
套保比例（均值）	美国玉米	4.0422	3.3288	5.9280	3.3790
	美国大豆	0.9494	0.7988	0.9581	0.8052
	中国玉米	0.9253	0.9209	0.3467	0.2880
	中国大豆	2.7365	4.0642	0.6143	0.2548
套保效率	美国玉米	68.50%	75.88%	73.70%	87.87%
	美国大豆	51.29%	35.79%	68.35%	38.62%
	中国玉米	0.38%	11.96%	不显著	不显著
	中国大豆	1.31%	12.26%	9.35%	14.74%

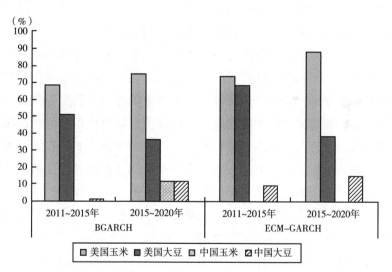

图3.26　中美玉米和大豆套期保值效率

3.3.2.5　我国大豆和玉米期货套保效率低的成因分析

（1）期货合约交易量和流动性不足。较高的流动性对套保效率很关键。

当流动性较差时，期货收益率值波动较小，随机性较低，期货、现货收益率的相关性不强。较低的成交量和持仓量无法保证期货市场流动性充足。我国企业从事套保的数量不多，期货套保头寸较小。而美国 CBOT 玉米和大豆的交易量巨大，流动性较强，期货风险转移功能强大，提高了农场主、粮食加工厂和养殖场的风险对冲意愿（刘晨等，2020）。

（2）期货市场主体是中小散户。期货专业素质不高、经济实力缺乏、风险抵御能力不高、投资品种单一的中小散户构成了我国大豆和玉米期货市场主体。很多企业不熟悉套保交易比率的确定和套保绩效的评价方法，缺乏合理的套期保值策略，套保实际效果不能尽如人意。我国玉米期货市场存在大量的投机因素和机构散户化现象。而美国玉米市场现货企业与农场主参与套期值比例很高。

（3）期货交易品种和市场规模与成熟市场有差别。期货交易品种的数量在一定程度上决定了市场的规模以及市场交易的活跃程度。如果规模较小，套期保值者就很难实现期货市场的风险转移功能。每一个交易品种对于期货市场的参与者来说就是转移市场风险的一个机会。美国粮食期货品种广泛，交易环境成熟，吸引的参与者众多。中国的交易品种依然较少，且许多品种的交易量非常低，限制了期货功能的发挥。

（4）信息传播和政策引导与成熟市场有差距。粮食期货知识和产销信息的传播流畅度影响农户对期货市场的运用。美国农业部门宣传期货市场的功能和投资方法，以期货价格作为宏观政策的参考，鼓励投资者积极进行期货交易，帮助和引导农场主进行套期保值，帮助他们及时获取准确行情。我国的农业信息化提供了农户和专业人士的交流平台，扩大了农民获得专业知识和市场动态的渠道。但农产品市场信息网络还不完善，农户缺乏与加工、物流企业的联系，农业生产跟风严重，粮食价格频繁波动。

（5）标准化制度和法律法规与成熟市场有区别。目前中国并未制定完善的期货法，期货市场缺少制度保障；少数机构投资者操纵价格；最低、最高限价限制了期货市场功能。美国制定了完善的市场交易规则，防止不正当交易；颁布大量法律法规，营造透明的市场环境；严格控制套保者和投机者的比例，保证合理的流动性。

（6）现货市场供求体制导致现货价格随机波动减小。现货市场实体商品的买卖决定了长期均衡价格（尹靖华，2017；McPhail，2012）。套保所选期现货价格要保持一致变化，才能有效转移风险。但若现货价格形成机制不完善，现货价格的内生因素成分低，随机波动减弱，会导致期现货价格相关性不高。美国谷物现货市场交易成熟化和自由化推动了期货市场的发展。而我国现货市场传统的看货议价方式，有失基差定价的科学性，现货价格未反映真实供求关系，导致套期保值效果不佳。例如，除了种植户销售玉米环节之外，我国玉米流通的其他环节的定价为随行就市定价和远期基差定价（李圣军，2019）。

（7）国际价格传导过程信息延迟和衰减。我国大多数粮食期货合约都缺少定价权，深受国外成熟期货市场的影响。国外粮食期货价格一般都是先影响到中国粮食期货价格，再逐渐影响现货价格（Yan，2015）。价格传导过程中的信息延迟和衰减导致期现货价格发生偏差，增加了期货市场交易风险。

（8）基础设施不完善导致市场标准化程度不高。现货市场的标准化程度越高，现货流动性越强，成交量也越大，期货市场价格发现功能就越强，期现货市场的关联度也越高（王辉，2011）。我国物流限制导致产品流通不畅，产销衔接阶段性受阻，价格供需失衡、库存增加等多方面因素导致现货价格波动加剧，弱化了期现货价格的联动关系。

（9）粮食价格保护政策影响套保效率。从 2004 年开始，我国多种粮食价格保护政策意图保护农产品市场的稳定和保障农民的正常收入，但影响了农产品期货市场风险规避功能的发挥。最低保护价制度减少了"谷贱伤农"现象，但在一定程度上扭曲了市场制度。玉米临时收储政策影响了企业利用期货市场进行套期保值的积极性，使期货市场交易流动性不足。

3.4　本章小结

首先，本章从全球视角出发，将中国放在国际对比视野下，评价了发展中国家粮食贸易安全水平，得出结论：（1）影响发展中国家粮食贸易安全水平的因素按照影响程度大小依次为内部产业因素、受控可能性、国内市场行情、国际市场行情以及外部冲击因素。（2）发展中国家的小麦和大豆的粮食贸易安全水平在近几年有小幅度的上升，而玉米和大豆的贸易安全水平则有小幅下降。(3) 2010～2019 年发展中国家的粮食贸易安全状态多为贸易劣态和贸易危态，总体处于不安全状态。小麦、玉米和大豆的粮食贸易安全状态比稻米的贸易安全状态要好。

其次，本章采用面板模型估计了 2006～2020 年国际期货投机活动对我国粮食贸易安全的影响，得出结论：(1) 与投机因素相比，我国粮食贸易安全的风险更多地来源于非投机因素（实际供求层面）。(2) 若投机总头寸比重和投机净头寸上升 1%，则我国粮食贸易安全水平分别上升 0.52% 和 0.39%。原因可能包括：我国粮食自给率较高，与国际市场的隔离效应较强；美国粮食期货投机并未对农产品长期价格产生不良影响；期货交易有利于美国粮食产量波动下降；美国粮食期货市场提供流动性，促进商业交易的达成，产生的权威价格对我国粮食进口和出口产生示范效应。(3) 若非投机净头寸上升 1%，则我国粮食贸易安全水平下降 0.79%。原因可能是非投机净头寸越大，市场预期供求差额越大，国际粮食产量波动越大，对我国粮食贸易安全不利。

最后，本章针对 2010～2020 年中美玉米和大豆价格月度数据，利用 ECM-GARCH 模型等方法，估计了玉米和大豆的期货套保比例和效率。结果表明：我国期货市场确实能够转移部分价格波动的风险，我国大豆和玉米的期货套保成本低于美国；但美国大豆和玉米的套保效率分别为我国大豆和玉米的 6.5 倍和 17 倍；美国玉米套保效果好于大豆，我国大豆套保效率强于玉米，我国粮食期货市场的套保效率增速远远快于美国。

我国大豆和玉米期货套保效率低的原因包括：期货合约交易量和流动性不高；期货市场主体是中小散户；期货交易品种和市场规模、信息传播和政策引导、标准化制度和法律法规等方面均与国际市场有区别；现货市场供求体制导致现货价格随机波动减小；国际价格传导过程信息延迟和衰减；基础设施不完善导致市场标准化程度不高；粮食价格保护政策影响了套保效率。

本章界定了粮食贸易安全的定义，测度了国际比较视野下我国粮食贸易安全的水平，探讨了粮食贸易安全的主要风险来源，比较了我国期货市场与国际市场风险转移功能的效率的差异，为第 4 章分析国际粮价波动对粮食贸易安全的影响机理奠定了理论基础。

4 国际粮价波动对粮食贸易安全的影响机理

本章在方晨靓（2012）的农产品价格波动传导模型和安德森（Anderson，2012）的农产品贸易壁垒模型的基础上，推导出国际粮价波动对粮食贸易安全的影响模型，分析国际粮价波动对粮食贸易安全的具体影响路径。

4.1 国际粮价波动对粮食贸易安全的影响模型

粮食贸易小国，指一国的进口量或出口量不足以改变国际市场上粮食的总供求形势，是国际市场价格的接受者。小国特征体现在该国具有较为陡峭的、需求价格弹性较小的国内需求曲线，以及水平的国际超额供给曲线。对粮食进口小国而言，足够低的国际粮食价格将摧毁其粮食产业，令该国在国际粮价飙升时仍需大量进口高价粮食，粮食安全严重受损。对粮食出口小国而言，国际粮食价格上涨时，该国生产者剩余增加非常有限，而该国消费者福利损失巨大；足够高的国际粮食价格会给该国带来严重的粮食安全问题。

粮食贸易大国，指一国进出口量占国际总供求的比重较大（即使该国进出口量占国内供需总量比重很小），是国际市场价格的共同决定者。大国特征体现为该国具有极其平坦的、需求价格弹性极大的国内需求曲线，以及向上倾斜的国际超额供给曲线。粮食贸易"大国效应"包括正负两种。

正的粮食贸易大国效应，是指贸易大国利用其国际市场势力，能部分控制国际粮价波动的福利效应，并将国内粮价波动转嫁至国际市场，避免本国粮食安全受到严重损害。负的粮食贸易大国效应，是指该国巨大的粮食进（出）口数量引起国际粮价上升（下降），导致贸易条件恶化，甚至引发别国反倾销、反补贴等贸易壁垒上升，使本国粮食贸易安全受到损害。

4.1.1 国际粮价波动下的大国模型

国际粮价波动下的大国进口模型如图 4.1 所示。纵轴代表粮食价格，横轴代表粮食数量。图 4.1（a）为大国国内粮食市场，图 4.1（b）为国际粮食市场。大国在进口市场上拥有较强的市场势力，意味着当国际价格波动加大时，国内福利水平的损失小于国际生产者的福利损失。可以通过在模型中假设大国具有极其平坦的、需求价格弹性极大的国内需求曲线，来体现大国市场势力。

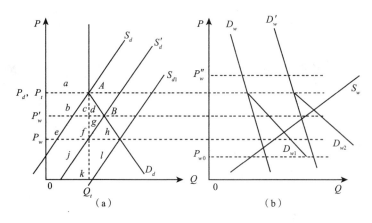

图 4.1　国际粮价波动下大国进口模型

粮食的需求和供给具有一定程度的价格刚性，导致大国国内需求曲线存在一个临界值 Q_t。当需求量下降到该临界值时，消费者不会再降低需求（无论价格如何变化）。国内粮食需求曲线由垂直的需求曲线（位于 Q_t 处）和倾斜的需求曲线叠加而成。在叠加点 A 处，存在一个最高价格 P_t，在该价格水平上消费者需求刚好等于 Q_t。大国参与国际贸易后，国内价格下降至均衡价格 P_w 处，与国际价格一致，如图 4.1（a）所示。假设此时由于生物能源发展导致国际市场上的超额需求数量突然大幅增加,超额供给曲线由 D_w 上移到 D_w',在国际超额供给不变时,均衡价格由 P_w 升至 P_w',如图 4.1(b)所示。

自由贸易带来的进口大国国内价格下降,使得国内生产者剩余 $b+e$ 转移至消费者,同时由于国内粮食供给量上升,国内消费者的福利增加了 $a+c+d+f+g+h$,总体福利水平增加了 $c+d+f+g+h$。

假设因生物能源冲击导致国际超额需求上移到 D_w',国际价格发生波动(均衡价格上升),导致国内生产者剩余增加 e,国内消费者剩余减少 $e+f+g+h$,国内总体福利水平损失为 $f+e+h$。此时,国际生产者剩余增加 $f+g$(因价格提高导致),减少 $k+l$(进口减少导致)。当大国拥有足够的国际市场势力时,国内需求曲线将足够平坦,令国际生产者福利降低(此时有 $f+g \leqslant k+l$)。因生物能源冲击导致的国际价格上升令国外消费者遭受福利损失。

因此,价格波动传导至进口大国,所带来的国内总体福利损失与国外总体福利损失的相对大小关系随 D_d 的变化而发生变化。考虑极端情况,由于生物能源需求冲击,导致国际均衡价格由 P_w 上升为 P_w'',且超过国内临界价格 P_d(见图 4.1)。这一价格波动会导致国内需求下降至临界需求量。此时国内粮食需求完全由国内生产来满足,该大国将停止进口,国内均衡价格处于临界水平 P_d。可见,拥有进口大国地位的国家,能够部分控制国际粮价波动的福利效应,避免本国粮食安全受到严重损害。

粮食出口大国也具有极强的市场势力,国内需求曲线足够平坦,可运用国际市场来吸收国内粮食价格波动,向别国转嫁福利损失。以自然灾害导致的产量冲击为例,该国会减少粮食出口,导致国际粮食超额供给曲线左移。在国际粮食超额需求不变的情况下,国际粮食超额供给减少引起国际均衡价格上升,且该国国内粮食需求曲线足够平坦,令国内总体福利水平上升(生产者福利水平上升超过国内消费者福利下降幅度)、国外总体福利水平下降(国外消费者福利下降幅度超过生产者福利水平上升幅度)。国际均衡价格高于临界值 P_t 时,粮食出口大国为了保障国内粮食供应会停止出口,国内价格恢复到参加贸易前的均衡价格 P_d,而国际价格波动会加剧(因国际粮食超额供给曲线左移而持续上升)。

4.1.2 国际粮价波动下的小国模型

国际粮价波动下的小国进口模型（$P_d > P_w'$）如图 4.2 所示。粮食进口小国的国内供给曲线为 S_d，国内需求曲线为 D_d。由于不具有国际市场势力，国内需求曲线 D_d 与大国模型相比更陡峭。在封闭经济条件下，供需曲线相交于 A 点，此时国内均衡价格为 P_d。

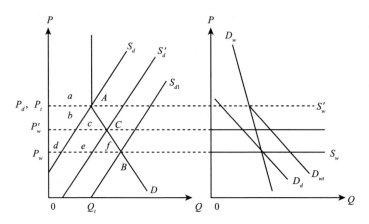

图 4.2　国际粮价波动下小国进口模型（$P_d > P_w'$）

开放条件下，国际粮食价格 P_w 低于国内价格 P_d。小国将进口粮食，形成超额需求 D_d，同时国内消费者面临的供给曲线由 S_d（仅有国内供给）变动至 S_{d1}（既有国内供给又有进口）。小国模型中国际剩余供给曲线 S_w 是水平的，原因在于小国进口量仅使原来的国际剩余供给曲线 D_w 发生微小的变动（移动至 D_{wt}），并不足以改变国际市场价格。假定粮食需求不变、自由贸易且无运输成本，小国国内价格将等于国际价格 P_w。此时，国际市场供给曲线由 S_w 上移至 S_w'，国际市场价格由 P_w 升至 P_w' 但低于 P_d。这一价格波动导致国内粮食市场均衡点由点 B 移动至点 C。在 P_w' 价格水平下，国内粮食缺口由进口满足。

自由贸易使小国福利水平增加，但国际价格波动导致该福利水平减少。自由贸易下国内价格下降使得国内生产者剩余转移 $b + d$ 至消费者，消费者剩余提高 $b + c + d + e + f$，总的福利水平增加 $c + e + f$。

当国际市场价格波动时，国际市场价格由 P_w 变为 P_w'，令国内生产者剩余增加 d，消费者剩余减少 $d+e+f$，导致总的福利水平与自由贸易下相比减少了 $e+f$，但仍高于封闭条件下的福利水平[①]。

自由贸易时国际市场供应对国内粮食供给具有明显的挤出效应。如果国际粮食价格 P_w 足够低，能够使国内粮食生产者愿意提供的粮食数量为 0，将导致该国的粮食安全完全依赖于国际市场。此后即使国际粮食价格 P_w' 再次超过 P_d，由于该国的粮食生产已被摧毁，该国也只能继续进口粮食。

如图 4.3 所示，由封闭条件下转为开放时，如果国际市场价格上升幅度超过了国内价格临界值 P_t，这一波动将致使国内市场均衡点由点 B 移动至点 C。此时小国会退出国际贸易，恢复到封闭经济状态，也可能由于粮食产业已完全萎缩而必须继续进口高价农产品，令本国粮食安全受到严重损害。

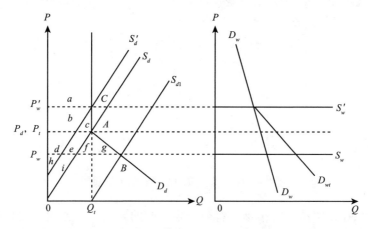

图 4.3　国际粮价波动下小国进口模型（$P_d < P_w'$）

对于粮食出口小国而言，较高的国际粮食价格导致生产者剩余增加非常有限，而国内消费者的福利损失巨大。若国际粮食价格上升超过国内临界价格，则小国可能会面临严重的粮食安全问题。

4.1.3　国际粮价波动下的两国模型

假设在全球粮食库存很低时发生了一次严重的自然灾害，导致了国际

---

① 只要 $P_w' < P_d$，进口就会持续。

粮食价格突然上升。各国政府会通过出口限制和进口补贴等措施，降低本国贫困人口所遭受的损失。但是，如果采取贸易隔离政策的是大国，或是数量足够多的小国，政策结果将会是无效的。如图 4.4 所示，国际粮食市场上正常年份粮食出口国的超额供给曲线是 ES_0，粮食进口国的超额需求曲线是 ED_0，均衡点在 E_0，均衡贸易量为 Q_0，均衡价格为 P_0。当全球性冲击较低时，出口国的自然灾害将导致超额供给曲线移至 ES_1。如果没有政策干预，均衡点将从 E_0 移至 E_1，国际价格和国际贸易量将从 P_0 和 Q_0 移至 P_1 和 Q_1。

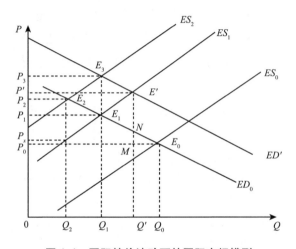

图 4.4　国际粮价波动下的国际市场模型

如果存在贸易政策干预，将会产生不同的影响。一方面，粮食出口国会提高粮食出口税，令超额供给曲线进一步左移至 ES_2，导致均衡点移动至 E_2，国际价格进一步上升至 P_2。但是出口限制国的国内价格将会降至低于 P_1 价格水平的 P_x。此类措施会部分地隔离粮食出口国与国际市场上的外部冲击。国际价格的上升和出口限制国内价格的下降，会共同导致总出口量减少至 Q_2。国际市场上粮食供应的额外减少使得出口限制国的贸易条件改善。但是，这也意味着粮食进口国面临着更高的国际市场价格 P_2（而非较低水平的 P_1）。另一方面，当国际市场价格从 P_0 升至 P_1，粮食进口国会降低其粮食进口壁垒。这会令超额需求曲线向右移至 ED'。此时均衡点将变为 E'，贸易量变为 Q'，国内价格变为 P'。这一变化会部分地隔离粮食净进口国和国际市场上的外部冲击。粮食进口国的国内价格将上升 MN，而非

ME'（见图4.4）。但是，粮食净进口国的措施将令国际贸易条件进一步变化。在粮食出口国和粮食进口国都采取干预政策时，政策效果将相互抵消。如图4.4所示，超额供给曲线和超额需求曲线同时移动至ES_2和ED'，此时将国际市场价格进一步推高至P_3，而各国国内价格将降低E_3E_1。此时政策干预似乎成功了，因为表面看来国际价格比国内价格多上升了E_3E_1，但实际上此时的国内价格（及国际贸易量Q_1）与不采取任何贸易隔离政策的效果是一样的。在此情景下，粮食出口国的贸易条件更好，粮食进口国的贸易条件更差，导致粮食进口国福利向粮食出口国转移了$P_1E_1E_3P_3$，而世界总体福利水平与不采取任何贸易限制措施相比没有变化[①]。因此，提高出口关税和降低进口壁垒都会加剧国际价格的波动性，两类措施对于改善初始价格变化所带来的福利损失收效甚微。

4.1.4　讨论

粮食贸易大国效应有四层含义：（1）"价格波动导出大国效应"，即大国在某年度粮食进出口量巨大，引起国际粮食价格大幅波动；（2）"价格波动导入大国效应"，国际粮食价格波动传入大国，令大国国内粮食生产和粮食价格大幅波动，进而引起该国粮食贸易规模的巨大变化；（3）"价格导出和导入互动效应"，贸易大国间的进口、出口效应相互传导，引起国内外市场价格的巨大波动，导致某一大国实行贸易隔离政策，贸易流量锐减，主要依靠国内市场实现粮食供需平衡；（4）"价格敏感效应"，国际市场对于某一大国的大规模粮食进出口高度关切且非常敏感，根据大国经济形势和行为趋势而先行调整价格，出现大国"买啥啥涨""卖啥啥跌"的价格歧视性、高弹性反应。方晨靓（2012）的分析表明，在农产品价格波动溢出方面，中国已经具备了价格波动导入和导出的大国地位，能够将国内价格波动传导到国际市场以减少波动导致的国内福利损失，也能够抵御国际价格波动导入以降低输入性通货膨胀；但在幅度溢出方面，中国能够防止国内价格波动幅度受到国际价格波动幅度变化的影响，但并不能将自身波

---

① 出于贸易条件改善的原因，粮食出口大国的干预程度也许会超过粮食进口大国。

动幅度的变化传导出去[①]。

范建刚（2007）认为，在粮食生产完全商品化、粮食贸易完全自由化、国际粮食供求变化很小、汇率固定、粮食相对于工业品和非农产品的竞争优势较强、不同国家间的粮食进出口品种替代性很低、年度间大国粮食进出口量变动很大等前提条件下，才会产生粮食贸易的大国效应，而且粮食贸易大国效应在时间序列上具有偶发性，不具有持续性和全面性，只具有品种性和阶段性，向国内传导具有区域性和递进性。因此，经验研究没有得出关于我国粮食贸易大国效应的一致结论（见表4.1）。

表4.1   我国粮食贸易的大国效应相关研究

文献	研究的时间范围	贸易种类	基本结论
李晓钟、张小蒂（2004）	1995～2003年	小麦进口、稻米进口	大国效应未显现
陈凯（2005）	1996～2005年	玉米出口、稻米进口	大国效应明显
		小麦进口	大国效应不明显
		大豆进口	大国效应未显现
杨燕、刘渝琳（2006）	1983～2003年	小麦进口	存在扭曲的大国效应；中国粮食进口量的变动是影响国际市场粮食价格变动的重要原因，国际市场粮食价格的变动却不是影响中国粮食进口量变动的原因
曹春柳（2008）	1985～2006年	小麦进口、玉米进口、大豆进口	富有收入弹性，具有单位价格弹性
		食用植物油进口	存在大国效应的负效应
陈传兴、李静逸（2011）	2000～2008年、1991～1997年、2004～2008年	大豆进口、玉米出口	存在大国效应
马述忠、王军（2012）	1992～2010年	大豆进口	大国效应未显现

---

① 农产品价格波动的国际传导效应包括波动溢出和幅度溢出。一个市场价格的波动既受到自身也受到其他市场前期波动的影响，即"波动溢出效应"；一个市场价格的波动幅度除了受自身过去波动幅度的影响之外，还受到其他市场价格波动幅度的影响即"幅度溢出效应"（方晨靓，2012）。

文献	研究的时间范围	贸易种类	基本结论
王锐（2012）	2003 年 1 月至 2011 年 8 月	稻谷进出口、小麦进出口、玉米进出口	大国效应未显现
李敏（2012）	2003～2011 年	大豆进口	存在大国效应的负效应；中国大豆进口量会随国际价格的上涨而增加，国际价格会随中国大豆进口量的增加而提高
何树全、高旻（2014）	2003～2012 年	大豆出口、稻米出口	大国效应明显
		小麦进口、玉米出口	大国效应不明显

4.2 国际粮价波动对粮食贸易安全的影响路径

据第 3 章分析，粮食贸易安全指一国能随时随地从国际市场上购买到足够的粮食；多个国家通过粮食贸易上的互惠互利，获得可持续发展的生存境况。粮食贸易安全包括粮食贸易安全化、粮食贸易安全性和粮食贸易安全感三个维度。首先，粮食贸易问题从一个非安全问题走入安全领域，成为一个安全问题，我们把它称为粮食贸易问题的安全化。国内粮食危机体现为国内粮食供需失衡、国内粮价飞涨、居民生活受到严重影响，因此，本章选取国内粮食产需缺口和国内粮食价格作为"粮食贸易安全化"的代表性指标。其次，外部冲击因素和内部产业因素共同体现出粮食贸易的安全性。一国粮食贸易安全的风险来源跨越国境和产业。本章将粮食贸易流量的稳定性和国内外的粮食贸易政策，视为"粮食贸易安全性"的直接体现。最后，我国粮食贸易的受控可能性最终取决于国内粮食供需是否平衡、粮食价格是否稳定。因此，本章采用国内粮食缺口和粮价波动作为"粮食贸易安全感"的代表性指标。国际粮价波动通过贸易利得机制影响我国粮食缺口，通过价格传导机制、信息传导机制和成本传导机制影响我国粮食价格，通过贸易流量机制影响粮食贸易流量，通过贸易隔离机制影响国内外粮食贸易政策，进而影响我国粮食贸易安全化、粮食贸易安全性和粮食贸易安全感三方面，最终导致我国粮食贸易安全水平变化（见图 4.5）。

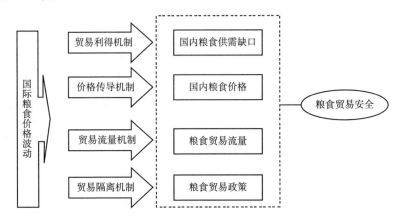

图 4.5　国际粮价波动对粮食贸易安全的影响路径

粮食价格、粮食缺口、粮食贸易流量和粮食贸易政策存在互动关系（见图 4.6）。第一，国内粮食价格的变化，是国际粮价波动影响国内粮食缺口的中心环节。根据需求定理，其他条件不变时粮价与粮食消费数量反向变化；收入不变时，某种粮价上升会导致该种粮食消费减少，其他粮食种类消费增加。在当年粮食产量给定时，国际粮价波动传导至国内粮食价格，引起加工需求和口粮、饲料粮需求的相对变化方向和幅度，决定了粮食缺口的变化方向和大小。

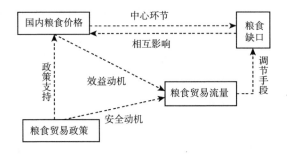

图 4.6　粮食贸易安全主要指标间的互动关系

第二，粮食贸易政策是实现国内粮食支持价格的有力工具。农产品贸易扭曲程度表示一种产品的产出价格被政府政策所扭曲时，国内生产者价格超过自由贸易市场上的价格的百分比（Anderson，2013）。随着贸易扭曲程度的提高，国内生产者价格超过边境价格的比例越大，对本国生产者的保护程度越大。

第三，国内外粮食价格比是粮食贸易流量大小的经济原因。参与粮食贸易的国家福利水平能否改善，取决于各国的粮食贸易条件。如前文分析，当国际粮食价格波动加大时，粮食出口国贸易条件改善，粮食进口国贸易条件恶化，产生了从粮食进口国向粮食出口国的福利转移。

第四，各国政府的贸易政策变化是粮食贸易流量大小的政治原因。各国政府的贸易政策倾向于开放还是隔离，反映出各国捍卫粮食安全的利益动机，影响着世界粮食贸易流量的稳定性。出于改善贸易条件和本国福利状况的目的，粮食出口国的贸易扭曲政策程度往往超过粮食进口国。美国、日本、欧盟等发达国家和地区要求发展中国家开放国内粮食市场，推行贸易自由化，但其自身在过去几十年却对国内农业进行保护，为农产品设置众多的贸易壁垒，同时对本国的农业生产提供大量的补贴，令其农产品能以较低的价格获得更大的世界市场份额。

第五，各国通过粮食贸易流量来弥补本国粮食缺口。但是否拥有大国地位对于各国实现本国粮食安全至关重要。拥有进口大国地位的国家和地区能够削弱国际粮价波动对国内福利水平的影响，避免国际粮价波动危害到国家粮食安全。但小国的粮食产业可能由于国际粮价波动而被摧毁，导致小国必须继续进口高价粮食，令本国粮食安全受到严重损害。

4.2.1 国际粮价波动对粮食缺口的影响：贸易利得机制

国际粮价波动经由贸易路径向国内粮价的传导，主要通过贸易成本和贸易利得的变化，来影响国内粮食缺口。

第一，国际粮价波动影响粮食贸易成本。粮食价格波动造成了对于粮食价格未来路径的不确定性（Shiu-Sheng Chen & Kai-Wei Hsu，2012），导致贸易信息成本和合同履约机会成本增加。在国际粮价剧烈波动时期，各国政府会干预粮食贸易，防范国际贸易对本国粮食产业的冲击。因此价格波动也会增加各国政策壁垒和国内价格管制成本。

第二，国际粮价波动通过市场机制和政策机制影响贸易利得。粮食贸易利得可分为收入贸易条件表示的出口利得，和本国居民能以较低价格消费更多粮食意义上的进口利得。市场机制下，一方面，国际粮价波动加大，不确定性增加，贸易成本增大，出口利得和进口利得都减小；另一方面，国际粮价波动具有暴涨缓跌的非对称特征，令进口利得减少，出口利得增加。政策机制下，在短期内各国所受到的产出冲击不变的情况下，国际粮食价格波动越大，一国对本国粮食出口的限制越大，对粮食进口的补贴越多，与世界市场间的贸易隔离程度越高（Christophe Gouel，2012；Nora Lustig，2009）；若各国都具有类似的偏好，会引发无效的集体行动，导致以邻为壑的囚徒困境，令世界价格更加动荡（Quy-Toan Do，2013；Anderson，2013），从而导致贸易成本更大，贸易利得更小。

第三，国际粮价波动影响贸易利得，会改变贸易利得主体（企业和消费者）的行为，进而影响国内粮食缺口。由于进出口利得对国内粮食缺口的影响机制相似，所以此处以出口利得减少为例进行分析。出口利得减少对粮食缺口的影响途径有三条：（1）出口利得减少—粮油出口企业利润下降—加工需求减少—产量给定时，粮食缺口缩小；（2）出口利得减小—粮油出口企业利润下降—粮食收购量下降—粮食收购价格下跌—粮食销售价格下降—口粮、饲料粮需求增加—产量给定时，粮食缺口扩大；（3）出口利得减少—出口量减少—国内粮食供应量上升—国内粮食销售价格下跌—口粮、饲料粮需求增加—粮食产量给定时，粮食缺口扩大。在路径（1）中，出口利得减少，对粮油出口企业的加工需求的影响机理比较直观。在路径（2）中，"粮食收购价格下跌—粮食销售价格下降"是一个中心环节。该环节的传导是否顺畅、及时，直接决定了贸易利得对口粮及饲料粮需求的影响效果。研究表明1978～2009年国内粮食产业链的销售环节对生产环节的价格传导顺畅，但传导效应随时间衰弱；而生产环节对销售环节的价格传导具有滞后效应，但传导效应随时间增强（许世卫，2010，李圣军等，2010）。分品种来看，籼稻、粳稻、小麦、大豆产业链上中下游之间的传递关系比较明显，市场流通渠道无障碍；而玉米产业链的上中下游之间的传递关系则不显著，市场流通渠道不顺畅（张利庠、张喜才，2011）。因此，不同品种粮食的国际粮价波动对我国粮食缺口的贸易影响途径是否存在，影响效应是否显著，有待实证检验。在路径（3）中，"国内粮食销售价格下跌—口粮、饲料粮需求增加"是个重要环节。根据需求定理，其他条件不变时粮价与粮食消费数量反向变化；收入不变时，某种粮价上升会导致该种粮食消费减少，其他粮食种类消费增加。但口粮的需求价格弹性小于饲料粮和工业用粮（吴乐，2012）。因此，在当年粮食产量给定时，国际粮价波动所引起的加工需求和口粮、饲料粮需求的相对变化方向和幅度，决定了粮食缺口的变化方向和大小。

国际粮食价格波动引起国内粮食缺口变大，粮食贸易大国会通过关税、补贴、进出口限制等贸易政策及国内农业政策等，高度隔离国内外粮食市场，令国内外粮食价格差距更大，将吸收国际粮价波动的负担转移至国际市场，进一步加剧了国际粮食价格的动荡，导致各国步入"囚徒困境"式的粮食贸易劣化状态。

对粮食进口小国而言，如果国际粮食价格足够低，会导致该小国的粮食产业完全萎缩，粮食缺口变大，粮食消费完全依赖进口。当国际粮食价格飞速上升时，该小国仍须继续进口高价粮食，令小国居民的生存境况受到严重威胁。在极端状态下，如果粮食危机大面积波及数量足够多的小国，各国会把粮食安全视为国家最稀缺的资源，最大限度地追求自身粮食安全，为了保障本国粮食安全而破坏其他国家的粮食安全，引起社会动乱和战争。

4.2.2　国际粮价波动对粮食价格的影响：价格传导机制

国际粮食价格、金融资产价格和能源价格的波动，分别通过贸易途径、期货途径、运输成本途径①传导至国内市场，令国内粮食价格波动加剧，粮食贸易成为安全问题的可能性上升，粮食贸易安全水平降低。

4.2.2.1　国内外粮食价格的传导

国际粮食价格波动通过价格直接传导至国内消费品价格（王孝松，谢申祥，2012）、产品成本路径传导至国内工业品价格（洪伟，2009）、贸易替代路径传导至国内农产品价格（罗孝铃，2005；丁守海，2009；贾杉，2011；张明、谢家智，2012）。除了同类粮食品种间的价格传导的途径外，不同种粮食品种间也有价格传导。丁守海（2009）指出，某些战略性粮食品种尤其是小麦和稻米的价格输入主要是通过大豆和玉米等间接贸易实现的。

---

① 国际能源价格波动还会通过生产成本途径和生物能源需求途径传导至国内粮食价格。

4.2.2.2　国内外粮食期货价格的传导

由于各国金融联系加强，规模庞大的机构投资者的行为往往被效仿或追踪，产生多米诺骨牌效应，导致国内外期货市场相互引导，期货价格产生变化。商品指数基金造成了农产品期货市场更多的市场波动，同时使得供求基本面决定的价格水平低于实际市场价格（方晨靓，2012）。资本逐利导致"热钱"迅速流入和流出农产品期货市场，导致农产品价格暴涨暴跌。

华仁海和刘庆富（2007）的研究表明，相对于小麦市场，大豆的国内外期货价格之间和波动性之间的联系更为紧密；国际大豆期货市场对国内大豆期货市场的影响力，要大于国内对国外的影响力；国内小麦期货市场对国际小麦期货市场的影响力，则强于国外对国内的影响。罗锋和牛宝俊（2009）的分析表明，进口价格对国内农产品价格影响的作用时滞为 3 个月，国际期货市场价格对国内价格的影响不存在时滞；与进口价格传递相比，国际期货价格的信息反应机制对国内农产品价格波动的影响更大。王惠平（2011）的研究显示，国内外粮食期货市场存在长期协整关系和双向价格传递关系；短期内国际大豆期货市场、国内小麦、玉米期货市场的反应更灵敏；国内市场处于定价权接受者地位。

4.2.2.3　国内粮食期货和现货价格的传导

宏观上，期货市场价格能减缓现货市场价格和产量围绕均衡点的波动幅度；微观上，排除其他干扰因素，同一商品的期货价格和现货价格应同向变化（何蒲明，2009）。反之，现货市场供求基本面恶化，会引发交易者担忧未来市场行情，导致期货市场价格升高，出现轮动效应（刘喜明，2009）。王川（2009）认为我国大豆和玉米的期货价格对现货价格发挥了一定作用；小麦期货价格对现货价格所起的作用较小，其价格发现功能也较弱。

4.2.3　国际投机对国内价格发现的影响：信息传导机制

除了贸易传导途径外，国际粮食期货市场价格还会通过信息反应机制，传导至国内期货市场，进而影响现货价格。该传导途径正日益被证实。

4.2.3.1　价格发现和价格是"过程"与"结果"的关系

价格发现是"集中信息和解释信息"并"寻求市场均衡价格的过程"（Schreiber & Schwartz, 1986；Baillie, 2002）。价格发现将投资者交易中的隐含信息有效、及时地纳入市场价格中（Lehmann, 2002）。"有效"是指相对没有噪声，"及时"是指价格序列反应资产基础的速度。

期货市场主导短期内的价格发现。期货市场供需双方公开讨价还价，通过激烈竞争，不断更新商品价格，形成一种比较成熟、近似完全竞争的市场机制。而现货市场实体商品的买卖决定了长期均衡价格（McPhail, 2012）。

期货价格与现货价格的引导关系，是期货市场价格发现的前提。然而，现货价格与期货价格的关系并不意味着期货市场具有价格发现功能。由于现货市场和期货市场受基本相同的经济因素影响，期货价格和现货价格的走势是一致的，因此期货价格可以用来衡量相关商品的短期和远期价格的发展趋势。随着交割的临近，期货价格与现货价格高度相关并趋于一致。期货价格和现货价格在理论上是同时决定的，但实际上期货市场和现货市场对新信息的反应速度不同，一个市场先于另一个市场，期货市场具有价格发现功能的实质是期货价格能够比现货价格更快地反映新信息，然后快速传递信息，具体体现为期货价格和现货价格的变化。相关研究采用协整检验、方差分解、脉冲响应等方法发现，期货和现货之间是否存在长期协整关系受产品种类的影响较大（杨惠珍等，2017；宋博等，2018；卜林等，2020）；期货价格和现货价格之间存在单向或双向引导作用（戴鹏等，2019；伊克夫，2020）。

4.2.3.2　在同一市场空间，现货溢价理论认为投机交易有利于价格发现

现货溢价理论认为，期货交易主要是生产者用来套期保值的，套期保值者利用期货市场转移现货价格风险，其套期保值压力往往会推动期货价格相对于现货价格的期望值上下波动，从而对期货价格产生偏移（Chen & Gau, 2016）。套期保值者的交易活动可能导致错误定价。而投机者作为期货合约的一方，承担与知情投资者交易的风险，从其头寸的正预期利润中

获得补偿。投机者的存在导致期货价格逐步修正，最终趋于现货价格的预期值。因此，投机者的交易应有助于提高市场效率。一些实证结果支持了以上观点，它们发现投机可降低期货市场噪声，提高处理新信息的速度（Martin，2019）；其他交易者将期货市场投机的增加，视为关于期货价格的、有价值的私人信息，并基于此信息调整他们的期货头寸（McPhail，2012）；期货市场最终扩大了平均风险敞口，但也使风险敞口有可能可控，投机者通过建立市场头寸（即通过制造风险）来表达对未来的预期，从而促进经济的发展（Alexander，2013）。

4.2.3.3 在同一市场空间，信念分散假设认为投机交易不利于价格发现

基于信念分散假设的实证研究表明，期货市场中的散户很可能是不知情的交易者，往往会对噪声做出非理性反应，对信息做出过度反应；而大型商业银行、跨国公司或商业交易商，具有来自客户订单的信息优势，可从信息收集的规模经济中获益（Wang，2002；Shalen，1993）。信息劣势方不能准确判断另一方交易者的交易性质、资金状况、信用状况等。而信息优势方会营造供需失衡的假象，再做多或做空来赚取差价，加剧了市场信息不对称程度。因此，信息效率随着投机者的交易而下降。

4.2.3.4 在不同市场空间，国际投机的信息传导链条有利于国内期货价格发现

国内期货市场领先于现货市场受到国际市场的信息冲击，有利于价格发现。当投机资本投机于国际粮食市场时，国际粮食期货价格对中国粮食价格的影响路径会演化出两个分支："国际投机资本—国际粮食期货市场—中国粮食期货市场—中国粮食现货市场"和"国际投机资本—国际粮食期货市场—国际粮食现货市场—中国粮食现货市场"（钱煜昊、侯立军，2019）。国内外期货和现货市场的信息传导链条，主要表现为期货价格作为信号影响市场各方的预期。在非对称信息环境与不完全信息环境下，国际粮食期货市场的成熟度高于中国，中国粮食期货市场更多的是充当信息接收者角色（钱煜昊、侯立军，2019）。在"中国期货—中国现货"与"国际期货—国际现货"环节，粮食现货的各交易方会根据所获得的信息对商

品进行定价。由于期货市场的信息先导性，现货市场成交价格受到作为信息出现的期货价格的影响。所以，国际投机对国内期货市场的价格发现有增强效应。

4.2.3.5 金融投机对期货价格的影响具有异质性

哈斯等（Haase et al，2016）评估了 2006～2016 年的 100 篇相关论文后发现：对于食品商品，没有证据表明投机主要是削弱或加强效应；但大豆、咖啡、活牛和瘦肉型猪的强化影响的比例略占优势；关于大多数食品商品的金融回报、风险溢价、利差、波动性和溢出效应，大多数研究没有发现系统性的投机影响；投机主要强化了价格，对回报和波动性的影响不确定（Haase et al，2016）。在完整的研究样本中，使用间接变量衡量投机，大约一半的相关研究报告了强化效应，只有少数研究支持弱化效应；使用直接指标衡量投机，分布会从增强效应转向减弱效应。因此，国际投机对国内期货市场的价格发现有增强效应，但不同的投机测度指标可能带来结果的异质性。

4.2.4 国际能源对国内粮食的价格传导：成本传导机制

由于油价不断飙升，近年来农产品和能源商品价格较低的相关性，发生了根本性改变。既有研究表明，世界能源价格无法影响国内粮食的长期均衡价格（Dillona et al，2013），与粮食价格不存在系统性的因果关系（Zhang et al，2007，2009，2010；Gilbert，2010；Serra et al，2011；Enders & Holt，2012；Zilberman et al，2013）；但可通过影响运输成本对国内粮食价格产生巨大影响（Dillona et al，2013）。胡冰川等（2009）的研究显示，全球生物能源发展提高了全球石油价格对农产品价格的弹性。陈宇峰和薛萧繁（2012）的研究表明，国际油价主要是通过国内通货膨胀率、货币发行量和国际农产品价格等因素间接影响中国农产品价格，其直接影响并不显著。

高企的能源价格影响粮食价格的途径有三条。第一，能源价格上涨推动农业生产成本上升，进而提高了粮食价格。第二，能源价格飙升会刺激燃料乙醇的需求，抬高国际粮食价格，通过贸易途径传导至国内市场。第三,能源价格增加影响到运输成本,进而影响粮食价格。第一个传导渠道被隐含在国际粮食价格的变化中,因为生产成本的变化导致利润和产出水平变化,但不能影响长期均衡价格。任何生产成本上升的直接影响,都会被世界市场粮食价格的变化捕捉到,因此不再单独分析该渠道。第二个传导渠道建立在一个前提之上,即生物燃料生产导致石油价格和粮食价格之间产生结构性的连接。但是最近的文献没有发现有力的经验证据,能够证明石油价格变化对世界市场上的粮食价格影响强烈(Zhang et al,2007,2009,2010;Gilbert,2010;Serra et al,2011;Enders & Holt,2012;Zilberman et al,2013)。

4.2.4.1 国际能源对粮食价格传导的生产成本渠道

本章在查尼扬(Bahela,2013)模型基础上分析能源价格对粮食价格的影响机理。假设一个两部门经济包括农业部门和石油部门。农产品市场上,农民利用土地和能源生产并供应粮食,市场供求决定粮食均衡价格。能源市场上卡特尔开采并供应石油,对石油进行定价。

1. 供给端

卡特尔垄断石油市场。假定石油的存储是均匀的,存储量是确定和已知的。石油被无成本的以 $E_f(t)$ 的速率消耗,则石油存储量的变化 $\dot{S}(t)$ 可表示为:

$$\dot{S}(t) = -E_f(t), \quad \forall t \qquad (4.1)$$

土地总量为 $\bar{L}$。代表性农民将 $L(t)$ 的土地用于种粮,则:

$$0 \leqslant L(t) \leqslant \bar{L} \qquad (4.2)$$

假设 1 单位石油可产生 1 单位能量,则总的能量供给 $E(t)$ 为:

$$E(t) = E_f(t) \qquad (4.3)$$

粮食产量为 $Q(t)$,用 α 和 β 分别表示土地和能源要素的产出弹性,则规模报酬不变的粮食产出函数为:

$$Q(L_a(t)) = AL(t)^\alpha E(t)^\beta, \quad \alpha + \beta = 1 \qquad (4.4)$$

农民生产粮食的总成本 C_0 为：

$$C_0 = rL(t) + P_e E(t) \qquad (4.5)$$

式中，r 为土地 $L(t)$ 的租金，P_e 为能源投入要素的价格。

2. 需求端

能源需求 $E(t)$ 是 t 时期人口 $N(t)$ 和能源价格 $P_e(t)$ 的函数，表示为：

$$E(t) = N(t)(\overline{P_e} - P_e(t)) \qquad (4.6)$$

式中，$\overline{P_e}$ 是截距项，为常数。

由式（4.6）可得能源的反需求函数 $P_e(t)$：

$$P_e(t) = \overline{P_e} - \frac{E(t)}{N(t)} \qquad (4.7)$$

假定人口增长速度 $\gamma \geqslant 0$，则 t 时期人口 $N(t) = N_0 e^{rt}$。

t 时期粮食需求 $Q(t)$ 可表示为：

$$Q(t) = N(t)(\overline{P}_a - P_a(t)) \qquad (4.8)$$

式中，$\overline{P}_a$ 是截距项，为常数。

3. 农民的利润最大化问题

在能源市场上，能源价格 $P_e(t)$ 由卡特尔决定，农民是价格接受者。粮食市场是完全竞争的，粮食价格 $P_a(t)$ 由粮食供求决定，农民仍是价格接受者。

农民的利润最大化问题可表示为：

$$\max_{L(t),E(t)} (P_a(t)AL(t)^{\alpha}E(t)^{\beta} - rL(t) - P_e E(t)) \qquad (4.9)$$
$$\text{s. t.} \quad C_0 = rL(t) + P_e E(t)$$

将 $L(t) = \dfrac{C_0 - P_e E(t)}{r}$ 代入式（4.9），可得农民的利润 π 为：

$$\pi = P_a(t)A\left(\frac{C_0 - P_e E(t)}{r}\right)^{\alpha}E(t)^{\beta} - C_0 \qquad (4.10)$$

对式（4.10）一阶求导有：

$$\frac{\partial \pi}{\partial E} = P_a A \alpha \left(\frac{C_0 - P_e E}{r} \right)^{\alpha-1} \left(-\frac{P_e}{r} \right) E^{\beta} + P_a A \left(\frac{C_0 - P_e E}{r} \right)^{\alpha} \beta E^{\beta-1} = 0$$

解出利润最大化的一阶条件为：

$$EP_e = \frac{\beta}{\alpha} (C_0 - EP_e) \tag{4.11}$$

对式（4.11）解出 E，有：

$$E^* = \frac{\beta}{\alpha + \beta} \times \frac{C_0}{P_e} \tag{4.12}$$

式（4.12）代入 $L(t) = \dfrac{C_0 - P_e E(t)}{r}$，有：

$$L^* = \frac{\alpha}{\alpha + \beta} \times \frac{C_0}{r} \tag{4.13}$$

式（4.12）和式（4.13）代入式（4.4）有：

$$Q(L,E) = A L^{*\alpha} E^{*\beta} = A \left(\frac{\alpha}{\alpha + \beta} \right)^{\alpha} \left(\frac{\beta}{\alpha + \beta} \right)^{\beta} C_0^{\alpha+\beta} r^{-\alpha} P_e^{-\beta} \tag{4.14}$$

$P_e(t)$ 为卡特尔给定。当粮食市场均衡时，粮食需求 = 粮食供给，即：
式（4.8）= 式（4.14），有：

$$N(t)(\bar{P}_a - P_a) = A \left(\frac{\alpha}{\alpha + \beta} \right)^{\alpha} \left(\frac{\beta}{\alpha + \beta} \right)^{\beta} C_0^{\alpha+\beta} r^{-\alpha} P_e^{-\beta}$$

解出 P_a，可得：

$$P_a = \bar{P}_a - \frac{A}{N} \left(\frac{\alpha}{\alpha + \beta} \right)^{\alpha} \left(\frac{\beta}{\alpha + \beta} \right)^{\beta} C_0^{\alpha+\beta} r^{-\alpha} P_e^{-\beta} \tag{4.15}$$

当 $\alpha + \beta = 1$ 时，有：

$$P_a = \bar{P}_a - \frac{A}{N} \alpha^{\alpha} \beta^{\beta} C_0 r^{-\alpha} P_e^{-\beta} \tag{4.16}$$

令 $\theta = \dfrac{A}{N} \alpha^{\alpha} \beta^{\beta} C_0$，有：

$$P_a = \bar{P}_a - \theta r^{-\alpha} P_e^{-\beta} \tag{4.17}$$

对式（4.17）求 $\dfrac{\partial P_a}{\partial P_e}$，有：

$$\frac{\partial P_a}{\partial P_e} = -\theta(-\beta)r^{-\alpha}P_e^{-(\beta+1)} = \theta\beta r^{-\alpha}P_e^{-(\beta+1)} > 0 \qquad (4.18)$$

式（4.18）表明，粮食和能源市场同时均衡时，P_a 随 P_e 递增。不考虑生物能源生产时，能源投入要素通过生产成本途径将粮食和能源价格联系起来。由此可知，其他条件不变时，能源价格波动通过生产成本渠道导致粮食价格发生同向变化。

接着，我们考虑能源对粮食价格的传导弹性 E。在式（4.18）两端同时除以 P_a/P_e，可得能源对粮食的价格传导弹性为：

$$E = \frac{\partial P_a/P_a}{\partial P_e/P_e} = \frac{\theta\beta r^{-\alpha}P_e^{-(\beta+1)}P_e}{P_a} = \frac{\theta\beta r^{-\alpha}P_e^{-\beta}}{\overline{P}_a - \theta r^{-\alpha}P_e^{-\beta}} = \frac{\beta}{\overline{P}_a r^{\alpha}P_e^{\beta}/\theta - 1}$$

$$(4.19)$$

β 表示能源要素在粮食生产函数中的产出弹性，即能源要素在农业生产函数中的重要程度。式（4.19）表明 β 值越大，传导弹性 E 越高。由此得到：能源投入要素在农业生产中的重要性越大，能源对粮食价格的传导弹性越高。

最后，我们考察农业部门能源要素对土地要素的替代弹性 $MRST_{E,L}$。根据式（4.4）有：

$$MRST_{E,L} = \frac{\partial Q}{\partial L} \Big/ \frac{\partial Q}{\partial E} = \frac{\alpha AL^{\alpha-1}E^{\beta}}{\beta AL^{\alpha}E^{\beta-1}} = \frac{\alpha E}{\beta L} \qquad (4.20)$$

将式（4.12）和式（4.13）代入式（4.18）得到：

$$MRST_{E,L} = \frac{\alpha E^*}{\beta L^*} = \frac{\alpha}{\beta} \times \frac{\beta}{\alpha+\beta} \times \frac{C_0}{P_e} \times \frac{\alpha+\beta}{\alpha} \times \frac{r}{C_0} = \frac{r}{P_e} \qquad (4.21)$$

式（4.21）说明，粮食市场均衡时，粮食生产中能源要素对土地要素的替代弹性取决于要素相对价格。将式（4.21）代入式（4.19），可得：

$$E = \frac{\beta}{\overline{P}_a(r/P_e)^{\alpha}P_e^{\beta+\alpha}/\theta - 1} = \frac{\beta}{\overline{P}_a cMRST_{E,L}^{\alpha}P_e/\theta - 1} \qquad (4.22)$$

式（4.22）表明，传导弹性 E 的大小与要素替代弹性 $MRST_{E,L}$ 相关。由此可知，粮食生产要素替代弹性影响能源对粮食价格的传导弹性。

4. 进一步分析

能源要素的产出弹性和要素替代弹性与农业技术进步和农业政策密切相关。粮食生产技术决定了粮食生产要素与能源的相关性。能源型生产要素的价格政策不同，导致能源价格对粮食成本的影响程度和影响方式不同。

（1）技术进步改变了粮食生产成本对能源价格的依赖程度。生物化学技术和机械技术进步分别为"土地节约型"和"劳动节约型"，导致农业生产对能源的依赖程度加大。这两类技术在我国农业生产中已大面积普及和推广。比如，我国粮食生产中大面积使用化肥等化学技术，对粮食产量有较强的正向影响（房丽萍，2013）；但其边际作用呈递减趋势（刘英基，2015），原因在于化肥施用量已超过土地承载能力，对农业生产效率有显著负向作用，使水体环境污染程度加重（周密、徐爱燕，2013）。2000 年我国稻米、小麦、玉米和大豆生产的每亩化肥折纯使用量分别为 20.6kg、22kg、20.5kg 和 5.4kg；至 2014 年已达 21.9kg、27.01kg、24.31kg 和 8.57kg。2014 年每亩化肥费占稻米成本的 12.45%、小麦成本的 18%、玉米成本的 15%、大豆成本的 11.12%。煤炭是我国 70% 左右化肥企业的生产原料，化肥生产成本中 70% 为煤炭支出（刘宁，2012）。煤炭价格波动是导致化肥价格变化的重要因素。2002 年后工业对劳动力的巨大需求导致我国农业劳动资源逐渐稀缺，农业机械与劳动力存在越来越强的明显替代关系（吴丽丽等，2016），而且机械动力对我国粮食生产的边际作用越来越强（刘英基，2015）。2000 年我国农业机械作业费占稻谷、小麦、玉米和大豆每亩成本的 6%、16%、5% 和 7%；至 2014 年已达 17%、16%、12% 和 18%。燃油成本占机械作业费的 50%～60%（刘宁，2012），机械作业费与石油价格密切相关。随着化肥和农业机械投入增多，国际能源价格更顺畅地传导至我国粮食生产成本。

（2）能源价格向粮食生产成本的传导受农资政策的影响。我国政府长期干预农资价格，导致农资价格变动与国际能源价格变动并非完全同步。国内粮食生产成本对国际能源价格变化的响应，存在一定程度的时滞和偏离。这种偏离随着农资政策的调整发生较大变化。国内化肥出厂价由最初的政府定价，1998 年改为指导价，2009 年进一步改为市场调节价①。随着我国政府对化肥价格逐渐放开，能源价格对化肥价格的传递更加直接，对国内粮食生产成本的传导更加畅通。但与此同时，化肥生产和运输中在能源价格和税收方面的优惠政策，则抑制了能源价格对粮食生产成本的传导。1998 年我国成品油价格与国际市场基本实现接轨。2008 年我国成品油实行最高零售价格，并适当缩小流通环节差价；当国际原油价格②连续 22 个工作日涨幅或跌幅超过 4% 时，就考虑对国内成品油价格进行调整。新的成品油定价机制令粮食生产成本对国际原油价格波动的反应更加灵敏。2004 年起我国逐步建立粮食生产补贴制度，包括种粮直补、农机购置补贴、良种补贴、农资综合直补。一方面，农业补贴影响投入要素的价格形成机制，一定程度上改变各要素相对价格和收益，导致生产要素投入结构变化，减缓了能源价格波动对粮食生产成本的冲击。另一方面，农业补贴也会扭曲农产品市场价格（谢枫，2015）。

（3）生产成本向粮食价格正向传导。邹杰和郭世芹（2015）的研究表明，长期内，粮食生产成本和经济发展水平与粮食价格之间正相关；短期内，粮食价格波动的主要原因是粮食生产成本和经济发展水平。其他条件不变时，粮食生产成本对粮食价格具有正向影响。

4.2.4.2 国际能源对粮食价格传导的贸易成本渠道

本章在科萨和谢哈尔（Cosar & Shekhar，2016）模型的基础上，建立了以下模型。一个国家存在两个产业，分别为 X 产业和 M 产业。产业层面存在国际冰山贸易成本，从 $l=0$ 运输的 i 产品的每 1 单位，只有 $e^{-\bar{l}\bar{0}}$ 到达目的地。国内冰山贸易成本单位距离是相等的，i 产业的单位距离冰山贸易成本等于 $e^{r_1^i}$。即 l 地区的 i 产品每单位运到世界其他地区，只有 $e^{-\bar{l}\bar{0}-r_1^i l}$ 单位到达。$l=0$ 地区是贸易港口。当 $r_1^i=0$ 或 $\bar{l}=0$ 时，国内地理消失。

消费者偏好为：

$$u(l) = C_m^b C_x^{1-b} \tag{4.23}$$

---

① 1998 年大型氮肥企业化肥零售价也被放开；2009 年除钾肥外进口化肥港口的交货价格也由指导价改为市场调节价。

② 布伦特、迪拜、辛塔三地加权平均价格。

C_m 和 C_x 是 l 地区代表性消费者对 M 产品和 X 产品的消费。

对于 l 地区的代表性企业，$p_i(l)$ 是产品价格，$q_i(l)$ 是产品产量，$n_i(l)$ 是劳动力投入数量，$t_i(l)$ 是土地投入数量，$w(l)$ 是工人工资，$r(l)$ 是地租。求解 l 地区代表性企业的成本最小化问题。

$$TC_i(l) = \min\{w(l)n_i(l) + r(l)t_i(l)\} \quad \text{s.t.} \quad Q^* = A_i n_i^\alpha t_i^{1-\alpha} \quad (4.24)$$

生产技术为：

$$q_i(l) = A_i n_i(l)^\alpha t_i(l)^{1-\alpha} \quad (4.25)$$

式中，A_i 是生产率参数。

所有区域的相对生产成本：

$$\frac{a_x(l)}{a_m(l)} = a, l \in [0, \bar{l}] \quad (4.26)$$

每个国家的相对生产成本不同，导致国际贸易的产生。

1. 本地均衡

给定 $\{P_x(l), P_m(l)\}$，l 地区的均衡包括劳动力需求 $\{n_i(l)\}$、土地使用 $\{t_i(l)\}$、要素价格 $\{w(l), r(l)\}$，可解决以下问题：

（1）工人效用最大化：

$$u(l) \leqslant u^* \quad (4.27)$$

（2）成本最小化：

$$TC(l) \geqslant 0 \quad (4.28)$$

（3）劳动力市场出清：

$$\sum_{i=x,m} n_i(l) = n(l) \quad (4.29)$$

（4）土地市场出清：

$$\sum_{i=x,m} t_i(l) = t(l) \quad (4.30)$$

贸易平衡 P_A 是自给自足经济的价格，此时地区间无贸易，但有劳动力要素的自由流动。假定所有地区自给自足价格 $P_A = a$。当 $P(l) > P_A$ 时，地区 i 专业化生产 X，当 $P(l) < P_A$ 时，地区 i 专业化生产 M。只有在自给自

足时才有不完全的分工。

2. 开放经济下的一般均衡

假定该国是小国，接受国际价格 $\{P_x^*, P_m^*\}$，则世界相对价格为：

$$P^* = \frac{P_x^*}{P_m^*}$$

不同区域的部门 i 的相对价格为：

$$\frac{P_i(l')}{P_i(l)} \leqslant \mathrm{e}^{r_i\delta}, i = x, m \tag{4.31}$$

产品从 l 运到 l' 时，式（4.31）成立。

在同样的相对价格下，所有的 $l = 0$ 地区可以直接与世界进行直接贸易。

$$\mathrm{e}^{-2r_0} \leqslant P(0)/P^* \leqslant \mathrm{e}^{2r_0} \tag{4.32}$$

式（4.32）左侧等式成立时，$C = 0$ 区出口 X 产品，右侧等式成立时 $C = 0$ 区进口 X 产品。

$$\mathrm{e}^{-2r_1l} \leqslant P(l)/P(0) \leqslant \mathrm{e}^{2r_1l} \tag{4.33}$$

式（4.33）左侧等式成立时，$l = 1$ 区出口 X 产品，右侧等式成立时 $l = 1$ 区进口 X 产品。

假定本国出口产品 X，有：

$$\mathrm{e}^{-2r_0} = P(0)/P^* \tag{4.34}$$

$$\mathrm{e}^{-2r_1l} = P(l)/P(0) \tag{4.35}$$

则有：

$$P(l)/P^* = \mathrm{e}^{-2(r_0+r_1l)} \tag{4.36}$$

给定国际价格 $\{P_x^*, P_m^*\}$、真实工资 u^*、本地结果 $n(l)$、劳动力需求、土地投入比例、工资、地租、产品价格，可以得出本国均衡。

给定 $\{P_x(l), P_m(l)\}$ 和真实工资 u^*，对于 $l \in [d, \bar{l}]$，可求出本地均衡。

对于所有的 l，l'，相对价格 $p(l)$ 满足非套利条件式（4.32）和式

(4.33)。

真实工资 u^* 调整至本国劳动力市场出清。

$$\int_0^{\bar{l}} n(l)\,\mathrm{d}l = N \qquad (4.37)$$

$l \in (d, \bar{l}]$ 地区都是自给自足的，求解本地均衡可知，X 相对价格上升，导致 X 产品相对消费减少，X 行业的相对劳动力投入数量增加，X 行业的相对土地投入数量下降。

$l \in (0, d]$ 地区完全专业化分工，假设其相对价格 $P(l) > a$，是 X 商品的纯出口者。

此时，l 地区的均衡结果为：

$$\begin{cases} C_x = \left(\dfrac{b}{1-b} \times p(l)\right)^{-b} u^* \\[2mm] C_m = \left(\dfrac{b}{1-b} \times p(l)\right)^{1-b} u^* \end{cases} \qquad (4.38)$$

$$\begin{cases} n_x(l) = \dfrac{u^*}{A_x}\left(\dfrac{b}{1-b} \times p(l)\right)^{-b}\left(\dfrac{\alpha}{1-\alpha} \times \dfrac{r}{w}\right)^{-\alpha} = n(l) \\[2mm] t_x(l) = \dfrac{u^*}{A_x}\left(\dfrac{b}{1-b} \times p(l)\right)^{-b}\left(\dfrac{\alpha}{1-\alpha} \times \dfrac{r}{w}\right)^{1-\alpha} = t(l) \end{cases} \qquad (4.39)$$

由式 (4.38) 和式 (4.39) 有：

$$\begin{cases} C(l) = \dfrac{C_x}{C_m} = p(l)^{-1} \\[2mm] \dfrac{n(l)}{t(l)} = \dfrac{1-\alpha}{\alpha} \times \dfrac{w}{r} \end{cases} \qquad (4.40)$$

由非套利条件，有：

$$\frac{P(l)}{P^*} = \mathrm{e}^{-2(r_0 + r_1 l)} \qquad (4.41)$$

由式 (4.41) 有：

$$\frac{\partial p(l)}{\partial(r_0)} = p^* \mathrm{e}^{-2(r_0 + r_1 l)}(-2) < 0 \qquad (4.42)$$

$$\frac{\partial p(l)}{\partial(r_1)} = p^* e^{-2(r_0+r_1l)}(-2l) < 0 \qquad (4.43)$$

$$\frac{\partial p(l)}{\partial(l)} = p^* e^{-2(r_0+r_1l)}(-2r_0) < 0 \qquad (4.44)$$

由式（4.38）有：

$$\frac{\partial C(l)}{\partial(p(l))} < 0 \qquad (4.45)$$

当国内外贸易成本下降时，出口商品相对价格上升（即进口商品相对价格下降），X 的相对消费下降（即进口商品的相对消费上升）；该地区单位土地上的人口密度，随着相对工资上升。而距离越遥远，国外价格对国内价格的传导效应越小。

为了应对国际粮食价格波动和金融、能源因素对国内粮食安全的不利影响，多数国家相互依赖，通过贸易联盟、贸易合作和多边贸易合作组织，实现粮食安全的集体防御、推进和协作；强调粮食安全的"安危与共、进退同步"，粮食贸易安全处于一种"结盟协作式"的弱化状态。当粮食贸易合作机制不够完善而外部冲击足够大时，粮食贸易安全的弱化状态会遭到破坏，转化为劣化状态和危险状态。

4.2.5 国际粮价波动对粮食贸易的影响：贸易流量机制

随着国际粮食价格、金融资产价格和能源价格波动加剧，国际粮食贸易流量稳定性变差，粮食进口国的总体福利水平下降，粮食贸易安全程度降低。

国际粮价波动通过粮食价格比较机制直接改变粮食对外贸易量；通过进口需求机制，影响本国对国外产品的需求，间接影响粮食贸易流量。（1）价格比较机制。国际粮价波动，会改变一国粮食的比较优势，进而影响该国粮食贸易量。在其他条件不变的情况下，同一市场上的同类产品价格越低竞争力越强；而粮食差异小，生产环节垄断程度低，价格是粮食竞争力的重要影响因素。由于粮食价格波动的非对称效应，粮食价格上涨更引人注目。在没有政府干预时，国际粮食价格上涨，本国粮食价格不变时，本国粮食国际竞争力增强，粮食进口额减少，出口额增加；外国粮食进口额增加，出口额减少。存在政府干预时，国际粮价波动对粮食贸易的影响不确定，是各国粮食贸易政策的动态博弈后果。一些粮食出口国趁国际粮价飙升大量出口以获得高额利润，另一些粮食出口国运用配额、关税和出口限制干预粮食出口；而粮食进口国则减少进口关税，增加粮食进口。（2）进口需求机制。国外粮食价格上涨时，本国农民可支配收入、城市居民支出、企业生产成本和国内通货膨胀预期都相对下降，导致本国对外国粮食需求减少，进口额下降，出口额上升。国外粮食价格上涨时，外国农民可支配收入、城市居民支出、企业生产成本和通货膨胀预期都相对上升，则导致外国对本国粮食需求减少，进口额上升，出口额下降。

金融资产价格波动对贸易流量的影响途径有两条。途径一是财富效应。国外金融资产价格上升，导致外国居民的财富增加，消费扩大，导致外国出口额减少，进口额增加，本国出口额增加，进口额减少。途径二是汇率波动的价格效应。国外金融资产价格上升，外国通货膨胀率上升，利率提高，外币升值，本国货币贬值，导致外国出口额减少，进口额增加；本国出口额增加，进口额减少。我国金融资产价格的财富效应不明显，其对贸易变动也没有显著影响（杨煦，2011）；相反，国际金融资产价格的波动对我国的对外贸易流量影响很大（陈学彬、徐明东，2010）。

国际能源价格波动影响粮食贸易的途径有三条。（1）收入转移效应。石油价格上涨会导致石油进口国收入向石油出口国转移，粮食净进口和石油净出口的国家的粮食进口量将上升；而部分粮食和石油净进口国的粮食产业受到冲击，粮食产量下降，导致粮食进口额增加。（2）供给冲击效应。石油价格冲击增加了高能耗行业的投入成本而导致其减少投入。不同国家的农业生产成本上涨程度不同。部分粮食净进口国农业生产率较低，粮食生产成本相对上升，导致粮食产量下降，进口额增加。部分粮食净出口国的农业生产力先进，粮食生产成本相对下降，粮食产量相对上升，出口额增加。（3）实际余额效应。其一，油价的上涨导致货币需求的提高，在货币供应量一定时，导致利率提高，投资需求降低，导致农业产出减少，粮食进口额增加，出口额减少。其二，在货币供应量一定时，油价上涨带动其他商品价格上涨，令经济体的实际余额降低，消费支出减少，引起经济衰退，导致农业产出下降，粮食进口额增加，出口额减少。其三，油价上涨带动普遍的价格上涨，若农产品价格上涨幅度超过农资上涨幅度，且货币供应量充足，则农业产出增加，粮食产量上升，粮食进口额减少，出口额增加。

当国际粮食价格、金融资产价格和能源价格波动相互交织、共同作用达到一定程度时，即使粮食供求基本面因素没有发生变化，也会减少粮食贸易流量，严重削弱世界粮食市场，令粮食进口国居民的基本生活无法得到保障，造成危险和贫困。

4.2.6 国际粮价波动对粮食贸易政策的影响：贸易隔离机制

面对国际粮价波动，一国可选择的价格稳定政策，包括食品安全网、储备政策、反周期的贸易政策、储备与贸易政策的组合等，但都有局限性：食品安全网难以扩展，储备政策实行起来成本高昂，反周期的贸易政策的实行会带来无效的集体行动，贸易和储备政策结合会导致政策效果间的冲突（Jean et al，2012）。当国际粮食价格飙升时，发展中国家政府面临政策困境和挑战：若调整国内价格以完全反映国际价格的变化会引发通货膨胀压力；若升值本国货币应对国际价格上升，会阻碍经济发展；若采用粮食补贴或贸易限制稳定国内价格，会造成以邻为壑的囚徒困境（Nora，2009）。

现行的贸易限制政策，被各国视为当前国际环境下的最优选择，主要基于四点。（1）贸易限制对单个国家而言有利于增进福利。为了最大化经济福利有必要让粮食价格在每月波动，甚至每日波动，从而更有效地配置资源，前提是农民的投资成本为零。可是农民投资成本并非为零，所以价格波动长期来看并不能最大化总福利。（2）与其他价格稳定政策相比，贸易限制政策成本较低。虽然该政策使得贫困人口获益的同时，对非贫困阶层具有溢出效应，但是应以政策本身的成本效益来评判政策的好坏。（3）若目标价格随着世界价格趋势缓慢调整，那么价格稳定政策的成本是可控的，国内价格可以与世界价格长期趋势一致，并且不会剧烈波动。只有在目标价格每年都不变的前提下，长期的价格稳定政策才会带来巨大的财政成本。（4）与储备、安全网、消费者和生产者福利等途径相比，世界价格作为波动的吸收器，成本更低。当世界粮食供给或需求外生变化时，不稳定性必定会被传导并被吸收。

本章在安德森等（Anderson et al，2013）模型的基础上，推导出一个国际粮食价格波动对贸易隔离政策影响机理的简单模型。

全球粮食市场均衡时的等式如下：

$$\sum\nolimits_{i}(s_i(p_s) + v_i) - \sum\nolimits_{i}(D_i(p_d)) = 0 \qquad (4.46)$$

式中，s_i 是区域 i 的供给，p_s 是该区域的生产者价格，v_i 是该区域的随机生产性冲击，D_i 是区域 i 的需求，p_d 是该区域的消费者价格，并假定需求不受年度间的冲击。$p_s = (1 + t_p) \times p^*$，$t_p$ 是生产者价格和国际价格间的扭曲度。$p_d = (1 + t_c) \times p^*$，$t_c$ 是消费者价格和国际价格间的扭曲度。

为了测度边境价格的变化，采用一个单变量代表贸易税，$T = 1 + t$，$t = t_p = t_c$。

对方程式（4.46）中的区域 i 进行全微分，可得：

$$\mathrm{d}s_i((1 + t_p)\mathrm{d}p^* + p \times \mathrm{d}t_p) + \mathrm{d}V_i - \mathrm{d}D_i((1 + t_c)\mathrm{d}p^* + p^*\mathrm{d}t_c) = 0$$

整理并移项可得：

$$(1 + t_p)(\mathrm{d}s_i - \mathrm{d}D_i)\mathrm{d}p^* + \mathrm{d}v_i = p \times (\mathrm{d}D_i - \mathrm{d}s_i)\mathrm{d}(1 + t_c)$$

将 $T = 1 + t$，$t = t_p = t_c$ 代入，有：

$$(\mathrm{d}s_i - \mathrm{d}D_i)\frac{\mathrm{d}p^*}{p^*} = (\mathrm{d}D_i - \mathrm{d}s_i)\frac{\mathrm{d}T}{T}$$

当均衡时 $s_i = D_i = s_E$，等式两边同时除以 s_E，有：

$$(\eta_i - \tau_i)\frac{\mathrm{d}p^*}{p^*} = (\tau_i - \eta_i)\frac{\mathrm{d}T}{T} - \frac{\mathrm{d}v_i}{s_i D_i T_i \mathrm{d}p^*}$$

为使问题简化，将 $\dfrac{\mathrm{d}v_i}{s_i D_i T_i \mathrm{d}p^*}$ 表示为 $\dfrac{\mathrm{d}v_i}{v_i}$，则对于全球市场而言，将各区域 i 的等式相加，并将结果以百分比变化的形式表示，可得：

$$\hat{T}_i = \frac{\sum\nolimits_{i}(G_i\eta_i - H_i r_i)\hat{p}^* - \sum\nolimits_{i}H_i\hat{v}_i}{\sum\nolimits_{i}(H_i r_i - G_i\eta_i)} \qquad (4.47)$$

式中，$\hat{p}^*$ 是国际价格的百分比变化，$\hat{v}_i$ 是外生产出冲击变化，η_i 是需求弹性，

r_i 是产出弹性，G_i 是全球需求中国家 i 的份额，H_i 是全球生产中国家 i 的份额。换而言之，世界价格波动 $\hat{p}^*$ 引发的国家 i 的贸易扭曲的变化 $\hat{T}$，取决于该国在全球供给和需求中的重要程度，以及其国内生产价格弹性和消费价格弹性。假定在短期内供给弹性为 0，全球各国需求弹性相同，则有：

$$-\hat{T}_i = \hat{p}^* + \frac{\sum_i H_i \hat{v}_i}{\eta} \tag{4.48}$$

式（4.48）表明，在短期内，各国所受到的产出冲击不变的情况下，国际粮食价格波动越大，国家 i 的粮食贸易扭曲程度就越小；在短期内随着国际粮食价格波动的加剧，一国对本国粮食出口的限制越大，对粮食进口的补贴越多，与世界市场间的贸易隔离程度就越高。

可见，随着国际粮食价格波动加剧，各国的贸易隔离程度增强，一国从国际市场上能够随时购买到所需要的粮食的可能性降低，各国之间无法继续进行互惠互利的粮食贸易，各自的生存境况降低，粮食贸易安全水平变差。

4.3 本章小结

4.1 节分析了国际粮价波动对粮食贸易安全的影响机理。4.2 节阐述了国际粮价波动对粮食贸易安全的四类影响机制，即贸易利得机制、价格传导机制、贸易流量机制和贸易隔离机制。研究发现：

（1）是否拥有大国地位对于实现本国粮食安全至关重要。拥有进口大国地位的国家和地区能够部分削弱国际粮价波动对国内福利水平的影响，可尽量避免国际粮价波动危害到国家粮食安全。但小国的粮食产业可能由于国际粮价波动而被摧毁，导致必须继续进口高价粮食，令本国粮食安全受到严重损害。但是粮食进出口大国或众多小国同时降低进口壁垒和提高出口关税时，不但对于改善本国福利于事无补，反而令国际粮食价格更加动荡，粮食贸易安全状态更加恶化。

（2）国际粮价波动对粮食贸易安全的影响路径是：通过贸易利得机制影响我国粮食缺口，通过价格传导机制影响我国粮食价格，通过贸易流量机制影响粮食贸易流量，通过贸易隔离机制影响国内外粮食贸易政策；进而导致我国粮食贸易安全水平变化。而粮食缺口、粮食价格、粮食贸易流量和粮食贸易政策之间又存在互动关系。国内粮食价格的变化，是国际粮价波动影响国内粮食缺口的中心环节。粮食贸易政策是实现国内粮食支持价格的有力工具。国内外粮食价格比是粮食贸易流量大小的经济原因。各国政府的贸易政策变化是粮食贸易流量大小的政治原因。各国通过粮食贸易流量来弥补本国粮食缺口。

（3）国际粮价波动通过贸易利得机制影响我国粮食缺口。国际粮价波动经由贸易路径向国内粮价的传导，主要通过贸易成本和贸易利得的变化，改变贸易利得主体（企业和消费者）的行为，影响粮食加工需求和口粮、饲料粮需求的相对变化方向和幅度，影响粮食缺口的变化方向和大小。如果国际粮食价格足够低，会导致粮食进口小国的粮食产业完全萎缩，粮食缺口变大，粮食消费完全依赖进口。在极端状态下，如果粮食危机大面积波及数量足够多的小国，各国会为了保障本国粮食安全而破坏其他国家的粮食安全，粮食贸易安全将陷入危险境地。

（4）国际粮食价格波动通过价格传导机制影响我国粮食价格。国际粮食价格波动通过价格直接传导路径至国内消费品价格、产品成本传导路径至国内工业品价格、贸易替代路径传导至国内农产品价格，不同种粮食品种间也有价格传导。国际粮食期货市场价格通过信息反应机制，传导至国内期货市场，进而影响现货价格。国际能源价格通过推动农业生产成本渠道、刺激燃料乙醇需求渠道、增加运输成本渠道影响国内粮食价格。当粮食贸易合作机制不够完善而国际粮价波动、金融冲击和能源冲击足够大时，现有的"结盟协作式"的粮食贸易安全状态会遭到破坏，转化为劣化状态和危险状态。

（5）国际粮价波动通过贸易流量机制影响粮食贸易。国际粮价波动通过粮食价格比较机制直接改变粮食对外贸易量，通过进口需求机制影响本国对国外产品的需求，间接影响粮食贸易流量。国际金融资产波动通过财富效应和汇率波动的价格效应影响粮食贸易流量。国际能源价格波动通过收入转移效应、供给冲击效应和实际余额效应影响粮食贸易流量。当国际粮价波动和金融、能源冲击相互交织、共同作用达到一定程度时，即使粮食供求基本面因素没有发生变化，也会减少粮食贸易流量，严重削弱世界粮食市场，令粮食进口国的福利水平下降，粮食贸易安全程度降低。

（6）国际粮价波动通过贸易隔离机制影响粮食贸易政策。在短期内，各国所受到的产出冲击不变的情况下，国际粮食价格波动越大，一国的粮食贸易扭曲程度就越小，对本国粮食出口的限制越大，对粮食进口的补贴越多，与世界市场间的贸易隔离程度越高，导致该国从国际市场上能够随时购买到所需要的粮食的可能性降低，而各国间互惠互利粮食贸易政策转变为"以邻为壑"的贸易政策，粮食贸易安全水平变差。

5 国际粮价波动对我国粮食缺口的影响：贸易利得机制

如第4章分析，粮食价格波动造成了对于粮食价格未来路径的不确定性，导致贸易信息成本、合同履约机会成本、政策壁垒成本和国内价格管制成本增加。而贸易成本增大，又使得出口利得和进口利得减小①。此外，国际粮价波动会增加各国粮食贸易隔离程度，进而增大贸易成本，减少贸易利得。最后，贸易利得变化会改变粮食贸易企业和消费者的行为，进而影响粮食缺口。如果国际粮食价格足够低，会导致粮食进口小国的粮食产业完全萎缩，粮食缺口变大，粮食消费完全依赖进口。在极端状态下，如果粮食危机大面积波及数量足够多的小国，各国会为了保障本国粮食安全而破坏其他国家的粮食安全，粮食贸易安全将陷入危险境地。本章将对"国际粮价波动—粮食贸易成本—粮食贸易利得—国内粮食缺口"的影响机制进行实证检验。

5.1 模型设定

为了验证"国际粮价波动—粮食贸易成本—粮食贸易利得—国内粮食缺口"的传导机制，本章将粮食贸易成本、贸易利得和国内粮食缺口的若干重要影响因素作为控制变量，采取联立方程模型，研究国际粮价波动、

---

① 国际粮价的暴涨缓跌特征会导致进口利得减少，出口利得增加。

粮食贸易成本、贸易利得和国内粮食缺口的整体关系。联立方程模型如式（5.1）、式（5.2）和式（5.3）所示。各变量含义及统计性描述见表5.1和表5.2。

$$\begin{cases} Cost = \alpha_1 + \beta_1 \times OV_t + \delta_1 \times NRA + \varphi_1 \times Penergy + \eta_1 \times Moneytory & (5.1) \\ \log(ITT) = \alpha_2 + \beta_2 \times Cost + \delta_2 \times Openc + \varphi_2 \times Share + \eta_2 \times RCA & (5.2) \\ Gap = \alpha_3 + \beta_3 \times \log(ITT) + \delta_3 \times S + \varphi_3 \times Town & (5.3) \end{cases}$$

表5.1 变量含义

变量	含义
$Cost$	贸易成本
OV、$Garch$、R	国际粮食价格波动程度
NRA	我国农产品贸易扭曲程度
$Penergy$	国际能源价格指数
$Moneytory$	美联邦基金基准利率
ITT	出口贸易利得
IG	进口贸易利得
$Openc$	贸易开放度
$Share$	国际市场份额
RCA	比较优势指数
Gap	粮食缺口
S	粮食种植面积
$Town$	城镇化比率

表5.2 变量统计性描述

变量	含义	均值	标准差	预期符号
$Gap1$	小麦产需缺口	3922089	8812530	
$Gap2$	玉米产需缺口	-12942182	14547151	
$Gap3$	稻米产需缺口	-876056	6801179	
$Gap4$	大豆产需缺口	19937051	17840033	
$\log(ITT1)$	小麦出口利得	17.1800	3.2538	不确定
$\log(ITT2)$	玉米出口利得	17.9681	2.0199	不确定
$\log(ITT3)$	稻米出口利得	20.4475	0.7392	不确定

变量	含义	均值	标准差	预期符号
log（ITT4）	大豆出口利得	19.7909	0.3751	不确定
log（IG4）	大豆进口利得	9.8729	1.0152	不确定
S1	小麦种植面积	105229	10011	－
S2	玉米种植面积	107073	4495	－
S3	稻米种植面积	62513	2508	－
S4	大豆种植面积	16978	1166	－
Town	城镇化比率	38	8	＋
Cost1	小麦贸易成本	1.0495	0.7916	－
Cost2	玉米贸易成本	1.3391	0.6802	－
Cost3	稻米贸易成本	1.6365	0.2678	－
Cost4	大豆贸易成本	1.0023	0.3410	－
Openc	贸易开放度	48.4216	12.3273	＋
Share3	稻米市场份额	0.0537	0.0356	＋
RCA4	大豆比较优势	0.2810	0.3379	＋
Garch1	国际小麦价格波动	0.0007	0.0004	＋
OV2	国际玉米价格波动	0.0810	0.0315	＋
Garch3	国际稻米价格波动	0.0009	0.0012	＋
Garch4	国际大豆价格波动	0.0006	0.0003	＋
NRA	我国农产品贸易扭曲	0.0134	0.0896	＋
Penergy	国际能源价格指数	67.1104	39.1778	＋
Moneytory	美联邦基金基准利率	3.2060	2.1812	＋

5.2 变量说明和数据分析

贸易成本（Cost）。贸易成本是除了生产成本外，因获得该产品而发生的所有成本，包括运费和时间成本、关税和非关税壁垒、信息成本、合同履约成本、汇率成本、法律和管制成本、批发和零售成本。本章采用诺维（Novy，2011）的贸易成本模型对我国粮食贸易成本进行测度。

$$Cost_{ij} \equiv \left(\frac{t_{ij}t_{ji}}{t_{ii}t_{jj}}\right)^{\frac{1}{2}} - 1 = \left(\frac{x_{ii}x_{jj}}{x_{ij}x_{ji}}\right)^{\frac{1}{2(\sigma-1)}} - 1 \qquad (5.4)$$

如果两国之间的贸易流量（$x_{ij}x_{ji}$）相对于国内贸易流量（$x_{ii}x_{jj}$）增加了，那么，两国之间贸易相对于国内贸易就更加容易，即贸易成本下降。对于稻米和大豆，本章选取 10 个主要贸易伙伴来计算其贸易成本；而小麦和玉米的贸易伙伴较少，分别选取主要的 8 个和 5 个贸易伙伴来计算其贸易成本。粮食进出口数据来自联合国的 Comtrade 数据库和 FAO Stat 数据库。对于无法直接获取的国内贸易 x_{ii}，以中国和贸易伙伴国的粮食总产出减去各自对世界总出口来代替。粮食产出数据来自 FAO Stat 数据库。本章参照许统生等（2011）的做法，将 σ 值取为 8[①]。1992 ~ 2011 年小麦和玉米的贸易成本呈现上升趋势，稻米的贸易成本保持平稳，而大豆的贸易成本呈现下降趋势。

价格波动（OV）。本章采用月度粮食价格的标准差 OV、实际价格波动率 R 和 GARCH（1，1）模型条件方差测度国际粮价波动性。国际粮价月度数据来自 IMF 的 WEO 数据库，样本期间为 1992 年 1 月至 2011 年 12 月。小麦价格为 1 号硬红冬麦（普通蛋白质）FOB 墨西哥湾每吨美元价；玉米价格为 2 号美国黄玉米 FOB 墨西哥湾每吨美元价；稻米价格为 5% 破损率精白米泰国名义每吨美元价；大豆价格为美国大豆芝加哥大豆期货合约 2 号黄豆票面每吨美元价。三种测度方法所反映的同类粮食品种价格波动轨迹相似。稻米的价格波动幅度明显大于其他三类粮食。

贸易利得（ITT）。贸易条件指数是衡量一国在一定时期内相对于进口的出口盈利能力或贸易利得的重要指标（张淑荣，2010）。采取 1992 ~ 2011 年我国粮食收入贸易条件指数测度我国粮食出口利得；仿照收入贸易条件的构造方法，采用"国内粮食价格 ÷ 粮食进口价格 × 粮食进口数量"作为进口利得指数（IG），数值越大表明获得的进口利得越多。数据来源于 UN Comtrade 数据库和中国粮食发展报告。相对而言总体上我国稻米出口利得指数最高，大豆进口利得指数最高。

---

① 较高的替代弹性意味着商品更具有同质性，消费者对价格更敏感。在两国商品贸易流量给定的情况下，商品的替代弹性越高，两国的贸易成本越低。安德森等（Anderson et al, 2004）认为替代弹性一般介于 5 ~ 10 之间。不同的替代弹性对粮食贸易成本关税当量的绝对值影响较大，但无论 σ 取为 5、8 或 10，中国粮食贸易成本关税当量的波动趋势一致，替代弹性的变化并不影响本书对我国粮食贸易成本变动趋势的判断。

国内粮食缺口（*Gap*）。常用的计算方法为：产需缺口 = 国内粮食需求[①] - 国内粮食产量。粮食产量和需求数据来自 FAO 的作物平衡表和 USDA 数据库。1992 ~ 2011 年我国粮食缺口和产需盈余年份各占一半，但盈余量最多为 2.2 千万吨，缺口量最高达 5.7 千万吨。

控制变量。本研究控制变量包括我国农产品贸易扭曲程度 *NRA*、国际能源价格指数 *Penergy*、美联邦基金基准利率 *Moneytory*、我国贸易开放度 *Openc*、我国粮食国际市场份额 *Share*、我国粮食比较优势指数 *RCA*、我国粮食种植面积 *S* 及我国城镇化率 *Town*。

首先，农产品贸易扭曲程度、国际能源价格水平、国际金融资产价格水平是我国粮食贸易成本的重要影响因素。农产品贸易扭曲程度表示一种产品的产出价格被政府政策所扭曲时，国内生产者价格超过自由贸易市场上的价格的百分比（Anderson，2013）[②]。随着贸易扭曲程度的提高，贸易成本相应增加。高帆和龚芳（2011）认为 2000 ~ 2010 年金融和能源成为影响国际粮价波动的主要方面。狄龙等（Dillon et al，2013）提出国际石油价格通过增加生产成本、刺激生物能源需求和增加运输成本影响全球玉米价格。国际能源价格波动增加，令粮食运输成本、信息成本和合同履约成本增加；国际金融资产价格波动传导至国际粮食期货价格，令粮食贸易履约成本和国内价格管制成本增大。

其次，除粮食贸易成本之外，我国粮食贸易利得与我国粮食国际市场份额、比较优势指数、我国贸易开放度密切相关。一般情况下，一国的粮食产业比较优势越强，国际市场份额越大，贸易开放度越高，贸易成本越小，所获贸易利得越大。

最后，国内粮食缺口受国内粮食产量和需求的影响。供给方面，在给定技术水平下，稀缺的耕地资源是我国粮食产量增加的瓶颈，粮食播种面积每减少 1%，粮食就会减产约 1.2%（张锦华、许庆，2012）。需求方面，我国城镇化率已经突破了 50%，农村人口转移进城后其饮食结构、消费结构逐步与城镇居民趋同，对加工食品、动物性食品的消费需求增长，引起

---

① 粮食需求包括口粮需求、饲料用粮、工业用粮和种子用粮需求及损耗。

② 模型中采用 NRA_COVT 代表我国农产品贸易扭曲程度，它是加权平均的农产品样本的产出名义支持率和投入的名义支持率之和。

粮食需求结构的变动和需求总量的扩张。我国口粮需求总量将会从 2010 年的 2.12 亿吨降至 2020 年的 1.77 亿吨（肖海峰、王娇，2007），饲料用粮将成为我国粮食首要用途，占总需求量的 49%（胡小平、胡晓慧，2010）。因此，在其他条件不变时，更高的城镇化率意味着更大的粮食缺口。

我国农产品贸易扭曲程度数据来源于安德森和内尔根（Anderson & Nelgen，2013）更新的世界银行农业激励扭曲 DAI 数据库，国际能源价格指数（原油、天然气和煤炭能源的加权价格指数）来源于来自世界银行数据库，我国贸易开放度来源于 Penn World Table，我国粮食比较优势指数和国际市场份额经计算得出，原始数据来自 FAO Stat，我国粮食种植面积来自 FAO Stat，我国城镇化率来自国家统计局数据库。

5.3 实证结果及分析

5.3.1 回归结果

本章采取三阶段最小二乘法对联立方程模型进行估计。小麦模型中选用 $Garch1$ 作价格波动指标，国际能源价格指数 $Penergy$ 取一阶差分。玉米模型中选用 $OV2$ 作价格波动指标，玉米种植面积 $S2$ 取以 10 为底的对数且滞后一期，NRA 滞后一期。稻米模型中选用 $Garch3$ 作价格波动指标且滞后一期，NRA 滞后一期。大豆模型中选用 $Garch4$ 作价格波动指标。结果如表 5.3 所示[①]。

表 5.3　　　　国际粮价波动对我国粮食缺口影响的估计结果

参数	小麦	玉米	稻米	大豆（1）	大豆（2）
截距项 1			1.5438 (25.255)***	1.2944 (12.2040)***	1.4291 (14.2325)***
OV	1547.716 (10.9398)***	14.6245 (13.1745)***	98.1151 (2.4742)**	−673.0037 (−5.8778)***	−709.0464 (−4.8918)***

---

① 由于 1992～2011 年我国小麦、玉米和稻米的进口量占国内产量比重较小，小麦、玉米和稻米的贸易成本对其各自进口贸易利得 log（IG）的影响不显著，故不再列出相关结果。

续表

参数	小麦	玉米	稻米	大豆（1）	大豆（2）
NRA		4.9184 (3.8128)***	1.6608 (2.8831)***		−0.9289① (−1.6561)**
Penergy	−0.0199 (−9.7708E−5)***				
Monetory				0.036125 (2.2934)**	
截距项2	13.12703 (7.9387)***	18.2072 (16.7326)***	23.3605 (31.8000)***	20.51059 (100.7697)***	2.4932 (142.3552)***
Cost	−2.599996 (−5.3120)***	−2.1418 (−4.1593)***	−1.9203 (−5.0477)***	−1.05953 (−4.5045)***	−0.14545 (−6.9490)***
Openc	0.1405 (4.9049)***	0.0549 (2.3584)**			
Share			4.7995 (1.7891)*		
RCA				1.2178 (5.5766)**	−0.2471 (−10.1789)***
截距项3	1.29E+08 (10.3519)***	2.29E+08 (2.9684)***		−1.90E+08 (−2.8203)***	
log（ITT）	−1031793 (−3.4854)***	−4773274 (−1.8225)*	1.3258E+09 (3.9441)***	6192475 (1.8257)*	−37162402 (−16.3127)***
S	−1032.107 (−12.7715)***	−3068.218 (−3.7389)***	−2199.8010 (−4.1270)***		
Town			5.0241E+05 (2.5928)**	2280501 (16.1661)***	2721331 (20.6513)***
方程（1）R^2	0.6446	0.5898	0.2575	0.6813	0.6560
方程（2）R^2	0.7713	0.5997	0.7860	0.5618	0.9696
方程（3）R^2	0.9133	0.2787	0.2028	0.9163	0.9633

注：***、**和*分别表示1%、5%和10%显著水平，大豆（1）和大豆（2）分别表示采用了两阶段最小二乘法和似不相关回归法。

---

① NRA对大豆贸易成本的影响为负，可能是因为我国政府对大豆进口采取支持和鼓励性措施。

方程式（5.1）除大豆外，其余模型 OV 系数全为正，符合理论预期。方程式（5.2）*Cost* 系数全为负，符合预期。方程式（5.3）中小麦和玉米 log（*ITT*）系数为负，稻米和大豆 log（*ITT*）系数为正，大豆 log（*IG*）系数为负。

粮食种植面积 S 对国内粮食缺口 Gap 影响为负，城镇化比率 Town 对国内粮食缺口 *Gap* 影响为正，符合预期。

我国农产品贸易扭曲程度 NRA 对玉米和稻米贸易成本 Cost 影响为正，国际金融资产价格 *Monetory* 对大豆贸易成本影响为正，符合预期。贸易开放度 Openc 和市场份额 Share 对出口利得 log（*ITT*）影响为正，符合预期。比较优势指数 RCA 对出口利得 log（*ITT*）影响为正，对进口利得 log（*IG*）影响为负，符合预期。[①]

5.3.2 稳健性检验

对回归结果进行稳健性检验（见表5.4）[②] 的步骤如下：首先，采取三阶段最小二乘法、两阶段最小二乘法、似不相关回归法，保持所有变量不变进行估计；其次，替换月度价格标准差 OV，实际价格波动率 R 和价格条件方差 Garch，利用同一方法进行估计；最后，替换部分控制变量，保持解释变量不变，利用同一方法进行估计。

表 5.4 模型稳健性检验

模型	替换估计方法	替换解释变量	替换控制变量	结果
小麦	三阶段最小二乘	*OV1/Garch1*		稳健
	两阶段最小二乘	*R1/Garch1*		
	似不相关回归法	*OV1/Garch1/R1*		
玉米	三阶段最小二乘	*OV2/Garch2/R2*	*NRA/Penergy*	不稳健
	似不相关回归法			

① 对联立方程模型进行系统估计后，可决系数及 F 统计量的统计意义不同于 OLS，故不再讨论。

② 因篇幅所限，未列出详细检验结果。

续表

模型	替换估计方法	替换解释变量	替换控制变量	结果
稻米	三阶段最小二乘	OV3/Garch3/R3		稳健
	两阶段最小二乘	Garch3/OV3		
大豆（1）	三阶段最小二乘	Garch4/OV4		稳健
	两阶段最小二乘	Garch4/OV4		
大豆（2）	三阶段最小二乘		Moneytory/NRA	稳健
	似不相关回归法			

　　结果表明，与小米、稻米和大豆不同，对玉米而言不存在显著的"国际粮价波动—粮食贸易成本—粮食贸易利得—国内粮食缺口"的传导机制。原因可能有两个。首先，国内玉米市场整合程度不高，上中下游之间的价格传递关系不明显（张利庠、张喜才，2011）；国际玉米波动通过贸易途径传导至国内玉米收购价格，进一步向销售价格的传导不顺畅，无法对粮食缺口产生显著影响。其次，近年来国内玉米产量增速迅猛，平抑了国际玉米价格波动对国内玉米缺口的冲击。1992~2000年，我国玉米产量由9538万吨增至10600万吨，年均增速1.39%，占四类粮食总产量比例由28.25%增至30.06%。2001~2011年，玉米产量由11408.8万吨增至21700万吨，年均增速6.27%，占四类粮食总产量比例由32.81%增至44.04%。国内玉米产量增速加快，占粮食总产量比例增加，较好地平抑了国际玉米价格波动对国内玉米缺口的冲击。

5.3.3　影响效应分析

　　为了量化分析价格波动 OV 对国内粮食缺口 Gap 的影响，采取以下处理方法：（1）将价格波动 OV 和各控制变量的均值代入回归方程，得出贸易成本 Cost、贸易利益 log（ITT）和粮食缺口 Gap 的均衡值；（2）计算出价格波动程度 OV 在均值基础上增大1%时，贸易成本 Cost、贸易利益 log（ITT）和粮食缺口 Gap 各自的增量；（3）根据增量与均衡值的比值，得出在其他条件不变时，价格波动程度 OV 增加1%时，贸易成本、贸易利益和粮食缺口的变化比例（见表5.5）。

表 5.5 国际粮价波动对我国粮食缺口的影响效应分析 单位:%

模型	价格波动	贸易成本	贸易利得	粮食缺口
小麦	+1	+0.6996	-0.9945	+0.2465
稻米	+1	+0.0537	-0.0019	-0.0068
大豆 (1)	+1	-0.4012	+0.0216	+0.1279
大豆 (2)	+1	-0.4292	+0.0278	-0.1111

从表 5.5 可知，在其他条件不变的情况下，国际小麦价格波动每增加
1%，则小麦贸易成本上升 0.6996%，出口利得下降 0.9945%，导致粮
食缺口扩大 0.2465%；国际稻米价格波动每增加 1%，则稻米贸易成本
上升 0.0537%，出口利得下降 0.0019%，导致稻米缺口缩小 0.0068%。
国际大豆价格波动每增加 1%，导致大豆贸易成本下降 0.4% 左右，致使
出口利得增加 0.0216%，令国内大豆缺口扩大 0.1279%；致使进口利得
增加 0.0278%，令国内大豆缺口缩小 0.1111%；总体上令大豆缺口扩大
0.0168%。相对而言，基于贸易途径，国际小麦价格波动对我国小麦缺口
的影响效应最大，国际大豆价格波动对我国大豆缺口的影响次之，国际稻
米价格波动对国内稻米缺口的影响较小，而国际玉米价格波动对国内玉米
缺口的贸易传导途径和效应不显著。

关于小麦模型，有两个值得注意的现象。第一，国际小麦价格波动加
大导致我国小麦产需缺口扩大。1% 的国际小麦价格波动导致国内小麦缺口
扩大 0.2465%，影响效应较大。虽然 1992 ~ 2011 年我国小麦进口（0.07%）
和出口（0.36%）依存度并不高[①]，但丁守海（2009）的研究表明，小麦
的价格输入除了来自直接贸易因素，还通过大豆和玉米等间接贸易实现。
1992 ~ 2009 年我国小麦的口粮需求占比都在 83% 以上，饲料粮需求在 7%
以下，加工需求在 0.05% 以下。国际小麦价格波动主要通过影响口粮需求
导致小麦缺口增加。第二，国际能源价格变动 *Penergy* 对我国小麦贸易成本
影响为负，与预期相反。这有两个可能的原因。一是与现今交易最活跃且
能源属性最强的粮食品种大豆、玉米相比，小麦仍然以商品属性为主（高
帆、龚芳，2011）；二是小麦主要产地在亚洲，亚洲国家在国际市场中较低

---

① 利用小麦进出口额与小麦产值计算得出，数据来源于中国粮食发展报告和中国农业发展
报告。

的议价能力使得能源成本向国际传导的能力较弱，更多传导到本国（龚芳，2012）。

不同于小麦，国际稻米价格波动加大，反而令国内稻米缺口变小。但1%的价格波动仅导致0.0068%的稻米缺口变化，可能由于两点：（1）我国稻米生产效率较高，抗冲击能力较强。采用 C–D 生产函数估计我国和美国的单位面积的粮食全要素生产率之比（见图 5.1）[①]，发现我国稻米的相对全要素生产率高于小麦、玉米和大豆。（2）1992～2009 年我国稻米口粮需求占稻米总需求的比例都在 80% 左右，而口粮的需求弹性小于饲料粮和油料作物。吴乐（2011）的研究表明，我国城镇居民的稻米口粮需求弹性（–0.084）低于玉米饲料需求弹性（–0.217）和大豆油需求弹性（–0.089），农村居民的稻米口粮需求弹性（–0.277）低于大豆油需求弹性（–0.319）。因此，产量既定时，价格波动引起的稻米缺口变化比例小于小麦和大豆。

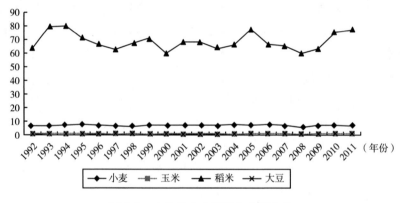

图 5.1　中美粮食全要素生产率之比

关于大豆模型，有两点值得探讨。第一，国际大豆价格波动令大豆出口利得和进口利得都增加，对国内大豆缺口产生双向影响。我国大豆口粮需求比例从 1992 年的 38% 降至 2009 年的 8%，饲料粮需求在 2%～9% 之间波动，而大豆加工需求比例从 1992 年的 46% 升至 2009 年的 74%。大豆出口利得上升时，粮油出口企业的加工需求增量超过口粮及饲料粮需求减

---

① 利用中国农业发展报告、全国农产品成本收益资料汇编、USDA 数据库相关数据。

少量，导致当年产量给定时国内大豆缺口扩大。大豆进口利得增加时，国内粮油企业的加工需求减少量超过口粮及饲料粮需求增量，导致当年大豆产量给定时国内大豆缺口减少。第二，大豆价格波动增加导致大豆贸易成本下降，与理论预期相反。这种反常现象原因或许与我国进口大豆"供需两头在外，中间垄断定价，期货影响现货"的定价机制有关（张鹏，2012）。随着我国大豆进口依存度由 1992～1995 年的低于 2% 上升至 2001～2011 年的 195%，国内大豆压榨企业被外资兼并或控股程度加深。国际四大粮商控制了中国 80% 的大豆进口货源和整条产业链，在国际大豆价格飙升时，出口大量大豆至我国攫取巨额利润，导致我国大豆贸易额增加，进而致使建立在国内外贸易流量比基础上的贸易成本指标变小。

1992～2011 年，国际小麦价格波动增加 1%，导致小麦缺口扩大 0.2465%，稻米缺口缩小 0.0068%，对国内玉米缺口的贸易传导途径和效应不显著，大豆缺口扩大 0.0168%。根据 4.1.4 节的讨论可知，除大豆进口外，我国在小麦、玉米和稻米贸易中均处于小国地位[①]。足够低的国际粮食价格令粮食进口小国粮食安全严重受损，足够高的国际粮食价格会给粮食出口小国带来严重的粮食安全问题。因此，国际价格波动加剧令我国粮食贸易安全水平降低。

5.4　本章小结

本章在 5.1 节理论分析的基础上，实证检验国际粮价波动对国内粮食缺口的贸易利得传导机制。5.1 节介绍了包括贸易成本方程、贸易利得方程、粮食缺口方程在内的联立方程模型。5.2 节对变量进行说明，对数据进行了初步分析。5.3 节展示了联立方程模型的估计结果，进行了稳健性检验和影响效应分析。研究发现：

（1）国际小麦价格波动对我国小麦缺口的贸易传导效应较大。国际小

[①]　2006 年前我国粮食进口大国效应未显现（李晓钟、张小蒂，2004；陈凯，2005），2000～2012 年我国大豆进口存在负的大国效应（陈传兴、李静逸，2011；李敏，2012），2003～2011 年，小麦进出口、稻米进口和玉米进出口的大国效应未显现（王锐，2012；何树全、高旻，2014）。

麦价格波动每增加 1%，则小麦贸易成本上升 0.6996%，出口利得下降 0.9945%，导致粮食缺口扩大 0.2465%。原因可能是国际小麦、大豆和玉米贸易都为国际小麦价格输入提供了渠道；国际粮价波动主要通过贸易途径影响小麦口粮需求，进而影响小麦缺口。

（2）国际稻米价格波动对我国稻米缺口的贸易传导效应较小。国际稻米价格波动每增加 1%，则稻米贸易成本上升 0.0537%，出口利得下降 0.0019%，导致稻米缺口缩小 0.0068%。可能由于我国稻米生产抗冲击能力较强及稻米的口粮需求弹性较小。

（3）国际大豆价格波动对国内大豆缺口产生双向的贸易传导效应。国际大豆价格波动每增加 1%，导致大豆贸易成本下降 0.4% 左右，令出口和进口利得分别增加 0.0216% 和 0.0278%，致使国内大豆缺口扩大 0.1279% 和缩小 0.1111%，总体上令大豆缺口扩大 0.0168%。原因在于国际大豆价格波动通过贸易途径，引起我国大豆加工需求和口粮及饲料粮需求变化方向不一致，进而对大豆缺口产生双向影响。

（4）国际玉米价格波动对国内玉米缺口的贸易传导途径和效应不显著，可能源于：国内玉米市场整合程度不高，国际玉米波动通过贸易途径传导至国内玉米收购价格，进一步向销售价格的传导不顺畅，无法对玉米缺口产生显著影响；国内玉米增产迅速，占粮食总产量比例上升，较好地平抑了国际玉米价格波动对国内玉米缺口的冲击。

（5）除大豆进口外，我国在小麦、玉米和稻米贸易中均处于小国地位。足够低的国际粮食价格令我国粮食安全严重受损，足够高的国际粮食价格也会给我国带来严重的粮食安全问题。国际价格波动加剧，将导致我国粮食缺口扩大，粮食贸易安全水平降低。

国际粮价波动对国内粮食缺口产生影响的中心环节是国内价格传导；国内价格传导是否顺畅、及时，直接决定了贸易成本、贸易利得和粮食贸易主体行为的变化。因此，很有必要深入剖析国际粮食价格、金融资产价格和能源价格对我国粮食价格的传导机制。第 6～9 章将对此展开研究。

6 国际粮价波动对我国粮食价格的影响：价格传导机制

第 5 章的分析表明，国际粮食价格波动通过价格直接传导至国内消费品价格，通过产品成本路径传导至国内工业品价格，通过贸易替代路径传导至国内农产品价格，不同粮食品种间也有价格传导。国内外粮食期货市场价格联动，进而传导至国内现货价格。但关于国际能源和粮食价格波动对国内粮价的共同影响则缺乏深入研究。因此，本章将国际能源价格和粮食价格纳入同一分析框架，针对国际能源和粮食价格对我国粮食价格的整体传导途径和效应进行实证研究。

高企的能源价格通过生产成本传导、生物燃料需求传导和运输成本传导 3 条途径影响粮食价格。国际能源价格对国内粮食价格的生产成本传导渠道被隐含在国际粮食价格的变化中，而生物燃料需求传导渠道未发现有力的经验证据支持[1]。本章将聚焦于国际能源价格对国内粮食价格的运输成本传导渠道。因为我国城市居民的食品供应，有赖于从国内产粮地区和粮食入境口岸的粮食运输。国际石油价格通过对影响运输燃料价格，传导至国内粮食价格。

6.1 数据来源和估计方法

本章采用月度数据，样本期 2000 年 1 月至 2014 年 12 月。世界石油和

---

[1] 本章关于世界市场上石油和粮食价格的研究，也没有发现系统性的因果联系，因此没有强调第二个传导机制。但是，在解释结果时，考虑了世界石油和粮食价格的相关性。

粮食价格来自世界银行 GEM 数据库。国际粮价月度数据单位为美元/吨。小麦价格为 1 号硬红冬麦（普通蛋白质）FOB 墨西哥湾每吨美元价；玉米价格为 2 号美国黄玉米 FOB 墨西哥湾每吨美元价；稻米价格为 5% 破损率精白米泰国每吨美元价；大豆价格为美国大豆芝加哥大豆期货合约 2 号黄豆票面每吨美元价。用原油现货价格代表国际能源价格，为国际三大原油市场布伦特、西得克萨斯、迪拜法塔赫的美元现货价格均值。我国石油和粮食月度进口价格来自《中国经济景气月报》和国研网对外贸易数据库，石油进口价格单位为元/桶，粮食进口价格单位为元/吨。国内粮食集贸市场价格来自《中国经济景气月报》，单位为元/吨。国内汽油现货价格，来自凤凰财经网，单位调整为元/吨。在世界和我国价格的回归中，我们采用月度 CPI 和 US 汇率，数据来自 IMF 的 IFS 数据库。书中所有的价格序列都是一阶单整的。实证方法包括逐步估计的 ECM 模型和 VEC 模型，将较大市场的价格作为较小市场的价格的弱外生变量。

本章估计了世界石油和粮食价格对国内粮食价格变化的传导效应。实证方法，涉及逐步估计的误差修正模型。首先估计世界石油价格和粮食价格的关系（第 1 步）。然后估计世界市场价格的变化对我国每个粮食进口价格的影响，并分别将世界价格作为弱外生变量（第 2 步）。世界石油价格的变化被包括在粮食进口价格方程内，是考虑到运输成本影响粮食进出口利润。接着估计汽油进口价格和国内汽油价格的联系（第 3 步）。最后估计粮食进口价格向国内价格的传导率，允许国内燃料价格的变化影响粮食价格差额（第 4 步）。按照伯伦斯坦等（Borenstein et al，1997）的方法，对所有的步骤本章均考虑到价格上升和下降的非对称调整的可能性。

这个实证策略依赖于四个关键假设。第一，我国是世界市场的价格接受者；第二，入境口岸市场价格对于内部市场价格具有弱外生性；第三，国内燃料价格对国内粮食价格具有弱外生性；第四并且是最脆弱的假设，汇率变化至少对世界石油和粮食价格具有弱外生性。同时我们认为这是一个长期的严格（但必要）的假设。

最后，关于多步骤的估计过程，第 1 步估计进口价格和世界价格的联系是很重要的，因为这让我们能够测度国别层面的关税和进口政策的效应。然后，联系进口价格和国内价格的方程，可能会由于距离、基础设施差别，以及可能的当地市场效应，导致国内市场的世界价格传导弹性不同。

6.2 模型设定

6.2.1 世界石油对世界粮价的传导

Johansen 检验显示（见表 6.1），世界粮食价格和石油价格不存在协整关系。在协整方程中包含趋势变量或提出常数，结果没有任何改变。

表 6.1 世界粮食价格和石油价格的 Johansen 检验

项目	H_0	迹	最大值
小麦/石油	0	22.0198	16.0224
	≤1	5.9974	5.9974
玉米/石油	0	12.8903	10.1406
	≤1	2.7497	2.7497
稻米/石油	0	14.4523	11.5921
	≤1	2.8602	2.8602
大豆/石油	0	12.7120	10.3511
	≤1	2.3609	2.3609

注：表中迹和最大值分别代表迹统计量和最大特征根统计量。

虽然世界石油和粮食价格的趋势很相似，但并不存在显著的引导关系或固定的比例关系。因此，为了验证世界石油和粮食价格之间的共同变动，而不强加一个未经证实的长期固定关系，本章估计了一个简化的 VAR 模型，所有数据采取对数形式，并采用美国 CPI 进行平减（见表 6.2）。

表 6.2 世界粮食价格和石油价格的 VAR 模型

项目	估计结果	可决系数
小麦/石油	$D(Woil) = 0.2265 \times D(Woil(-1)) + 0.1479 \times D(Wprice1(-1)) + 0.0025$	0.0765
	$D(Wprice1) = -0.0610 \times D(Woil(-1)) + 0.2539 \times D(Wprice1(-1)) + 0.0026$	0.0631

项目	估计结果	可决系数
玉米/石油	D（Woil）= 0.2112 × D（Woil（−1））+ 0.2600 × D（Wprice2（−1））+ 0.0026	0.1030
	D（Wprice2）= − 0.1182 × D（Woil（−1））+ 0.2854 × D（Wprice2（−1））+ 0.0019	0.0871
稻米/石油	D（Woil）= 0.2356 × D（Woil（−1））+ 0.1845 × D（Wprice3（−1））+ 0.0026	0.0799
	D（Wprice3）= 0.0435 × D（Woil（−1））+ 0.4846 × D（Wprice3（−1））+ 0.0004	0.2434
大豆/石油	D（Woil）= 0.1945 × D（Woil（−1））+ 0.2650 × D（Wprice4（−1））+ 0.0025	0.1054
	D（Wprice4）= − 0.1583 × D（Woil（−1））+ 0.3877 × D（Wprice4（−1））+ 0.0022	0.1496

6.2.2　世界价格对进口价格的传导

6.2.2.1　世界石油对我国石油进口价格的传导

Johansen 检验显示在世界石油价格、我国石油进口价格和汇率间存在两个协整关系。VAR 滞后期检验显示最优滞后期为滞后二期。因此，本章对以上价格序列，采用以下非对称 VEC 模型进行估计：

$$Impoil_t = \alpha + \beta_1 Woil_t + \beta_2 ER_t + \varepsilon_t \tag{6.1}$$

$$\Delta Impoil_t = \delta_0 ECT^{neg} + \delta_1 ECT^{pos} + \delta_2 \Delta Woil(-1)_t + \delta_3 \Delta Impoil(-1)_t + v_t \tag{6.2}$$

式中，$Impoil_t$ 是第 t 月的石油进口价格，$Woil_t$ 是世界石油价格，ER_t 是人民币兑美元汇率，ε_t 和 v_t 是随机扰动项。在验证协整关系后，通过 OLS 对式（6.1）和式（6.2）进行两步估计，产生超相容的 $\hat{\beta}$ 估计量。

式（6.1）代表了协整向量，表明变量间的长期均衡关系。一般而言，价格 $\bar{p}_i$ 对 $\bar{p}_j$ 的平均弹性为 $\eta_{ji} = \hat{\beta}_i \bar{p}_i / \bar{p}_j$，$\bar{p}_k$ 是回归中所使用的价格观测值的均值，$k \in \{i, j\}$，$\hat{\beta}_i$ 是回归中相关的价格 i 的估计系数。因此，可以估计出我国原油进口价格对世界石油价格的长期弹性。式（6.2）描绘了短期动

态。误差调整项 $ECT = Impoil_{t-1} - \hat{\alpha} - \hat{\beta}_1 Woil_{t-1} - \hat{\beta}_2 ER_{t-1}$ 是式（6.1）的残差，测度 $t-1$ 期对于长期均衡关系的偏离。上标 *neg* 和 *pos* 表示残差的符号，如果 $ECT < 0$，变量 $ECT_t^{neg} = ECT_t$，否则等于 0，并对 ECT^{pos} 有类似定义。δ_0 和 δ_1 分别代表对长期均衡负的和正的偏离速度的调整参数，预期为负；而 $|\delta_0|$ 和 $|\delta_1|$ 则表示对长期均衡的偏离份额，该份额逐月衰减。对长期均衡的调整预期是非对称的。式（6.1）和式（6.2）的关系反映出原油投入品向成品油转化时的价格的部分传导以及燃料替代可能性所导致的垂直价格传导的非对称性（Borenstein et al，1997；Dillona & Barrettb，2013）。非对称调整还可能源于公司市场势力、不统一的分销体系、政府的政策干预，或港口基础设施能力有限（Meyer & von Cramon-Taubadel，2004）。

6.2.2.2　世界粮价对我国粮食进口价格的传导

运输和交易成本、市场势力、规模报酬、产品的同质和异质性、汇率变动、国内价格支持、出口补贴和限制贸易政策是影响粮食价格传导的主要因素（Conforti，2004；Meyer & Cramon，2004），可能会使不同地域粮食价格之间的关系偏离"一价定律"，存在非线性、非对称性的特征（章辉达，2012）。为此，我们对粮食价格的传导也建立了非对称的 ECM 模型，并将世界石油价格包含在粮食价格的 ECM 系统内，以观察燃料成本变化如何影响粮食价格的传导。模型表达式为：

$$Imprice_t = \alpha + \beta_1 Wprice_t + \beta_2 Woil_t + \beta_3 ER_t + \varepsilon_t \qquad (6.3)$$

$$\Delta Imprice_t = \delta_0 ECT^{neg} + \delta_1 ECT^{pos} + \delta_2 \Delta CPI + \sum_{K=1}^{K} \{ \delta_{5K-2} \Delta Imprice_{t-k} +$$

$$\delta_{5K-1} \Delta Wprice_{t-1} + \delta_{5k} \Delta Woil_{t-1} + \delta_{5k+1} \Delta ER_{t-K} + \delta_{5k+2} \Delta CPI_{t-K} \} + v_t$$

$$(6.4)$$

其中，$Imprice_t$ 是第 t 月我国的粮食进口价格，$Wprice_t$ 是第 t 月世界的粮食价格，其他变量同式（6.1）和式（6.2）。

6.2.3　石油进口价格对国内汽油价格的传导

我们预期：国内燃料价格 = 燃料进口价格 + 国内运输成本。由于供应链断裂、季节性燃料需求冲击及其他原因所导致的对该等式的偏离，在合理的竞争市场条件下应该不会持续很久。Johansen 检验表明，石油进口价格和国内汽油价格间存在一个协整关系。在所有情况下，施瓦兹贝叶斯准则最优的滞后期是 2 个月（因此差分是 1 个月）。相应地，对每个进口价格/国内价格，我们估计了下列 ECM 模型：

$$Chpetrol_t = \alpha + \beta_1 Impoil_t + \varepsilon_t \tag{6.5}$$

$$\Delta Chpetrol_t = \delta_0 ECT + \delta_1 \Delta Chpetrol_{t-1} + \delta_2 \Delta Impoil_{t-1} + w_t \tag{6.6}$$

式中，$Chpetrol$ 是国内汽油价格，其他所有变量同式（6.1）~式（6.4）。

6.2.4 粮食进口价格对国内粮食价格的传导

最后要验证的是粮食进口价格和国内粮食价格的关系。我们假定燃料价格影响粮食进口价格和国内市场价格的差额。如表 6.3 所示，除小麦外，玉米、稻米和大豆的进口价格、国内价格和国内汽油价格间各存在一个协整关系，最优滞后期分别是 1 期、2 期和 2 期；但小麦的进口价格、国内价格和石油进口价格间存在 0 个协整关系。因此，采用非对称 ECM 模型对玉米、稻米和大豆进行估计，采用 VAR 模型对小麦进行估计①。所有变量取对数形式。

表6.3　国内粮食价格、粮食进口价格和国内汽油价格的协整检验

项目	协整关系	最优滞后期
国内小麦集贸市场价格、小麦进口价格、国内汽油价格	0 个协整关系	1 期
国内玉米集贸市场价格、玉米出口价格、国内汽油价格	1 个协整关系	1 期
国内稻米集贸市场价格、稻米进口价格、国内汽油价格	1 个协整关系	2 期
国内大豆集贸市场价格、大豆进口价格、国内汽油价格	1 个协整关系	2 期

非对称 ECM 模型形式如下：

$$Chprice_t = \alpha + \beta_1 Imprice_t + \beta_2 Chpetrol_t + \varepsilon_t \tag{6.7}$$

---

① 小麦模型中取一阶差分形式。

$$\Delta Chprice_t = \delta_0 ECT^{neg} + \delta_1 ECT^{pos} + \delta_2 \Delta Imprice_{t-1} +$$

$$\delta_3 \Delta Chpetrol_{t-1} + \delta_4 \Delta Chprice_{t-1} + w_t \qquad (6.8)$$

假设 $H_0 : \beta_2 > 0$，描绘了燃料价格对于长期粮食价格差的预期效应。

6.3 实证结果和分析

6.3.1 世界石油对我国石油进口价格的传导

表 6.4 显示了式（6.1）的估计结果，表的最后一列显示样本期间的平均进口石油价格。如同预期，进口石油价格随着世界石油价格上涨，随着人民币升值而下跌。表 6.4 中还列出了世界石油价格变化和汇率变化的平均传导弹性。平均 1% 的世界石油价格上涨和人民币汇率升值，导致我国石油进口价格上涨 0.58% 和 0.11%。

表 6.4   世界石油和石油进口价格：非对称 ECM 第 1 步

变量	系数
世界石油价格（美元/桶）	0.8701 (18.6263) ***
汇率（人民币/美元）	0.3490 (1.5792)
常数	1.8290 (3.0013) ***
R^2	0.8701
样本数	179
传导弹性（石油）	0.5819
传导弹性（汇率）	0.1152
因变量的均值	6.0386

注：所有变量取对数形式；*** 表示 1% 显著水平。

表 6.5 显示了式（6.2）的估计结果，所有显著的系数符号符合预期。向长期均衡的恢复很迅速，月度调整率为 79% ~ 107%。非对称调整的 F 检

验显示出统计上的显著差异。与价格下跌相比，世界石油价格上升对我国石油进口价格传导更快。

表 6.5   世界石油和石油进口价格：非对称 ECM 第二步

变量	系数
ECT^{pos}	-1.0779 (-10.2884) ***
ECT^{neg}	-0.7934 (-2.79360) ***
D ($Impoil$ (-1))	0.0603 (0.8301)
D ($Woil$ (-1))	-0.1558 (-0.7492)
D (ER (-1))	-1.1146 (-0.3337)
R^2	0.5194
样本数	176
因变量的均值	0.0053

注：所有变量取对数形式；*** 表示 1% 显著水平。

6.3.2   世界粮价对我国粮食进口价格的传导

表 6.6 列出了式（6.3）的估计结果。首先，我国粮食进口价格随世界粮食价格、石油价格及汇率而上涨，玉米出口价格随汇率上升而下跌，符合预期[①]。其次，世界粮食价格对我国粮食进口价格的传导弹性在 0.11 ~ 0.51 之间，小于世界石油价格对我国石油进口价格的传导弹性 0.58，这与我国政府对粮食市场和石油市场的干涉程度不同有关。最后，燃料价格的传导弹性为 0.05 ~ 0.09，汇率的传导弹性为 0.01 ~ 0.58。

---

    ① 稻米进口价格模型中国际石油价格系数为负，是由于国际稻米价格和石油价格间存在共线性。

表 6.6   世界粮食和我国粮食进口价格：非对称 ECM 第 1 步

项目	小麦	玉米△	稻米	大豆
常数	5.7951 (8.8119) ***	9.9309 (12.6263) **	4.1141 (5.2802) ***	1.8493 (4.1954) ***
世界粮价 （美元/吨）	0.2277 (3.0788) ***	0.1682 (2.4439) **	0.5523 (7.9820) ***	0.7081 (18.0767) ***
世界石油价格 （美元/桶）	0.0916 (2.1398) **	0.1597 (3.7642) ***	-0.1265 (-2.2308) **	0.1411 (5.9257) ***
汇率 （人民币/美元）	0.0532 (0.2887)	-2.1393 (-9.3042) ***	0.6414 (2.6376) ***	0.7186 (5.6117) ***
R²	0.4751	0.8830	0.3982	0.9228
样本数	150	160	167	165
传导弹性（粮食）	0.1621	0.1163	0.4006	0.5143
传导弹性（石油）	0.0496	0.0891	-0.0637	0.0726
传导弹性（汇率）	0.0141	-0.5840	0.1567	0.1800
自变量均值	5.4974	5.2999	6.1390	5.9454

注：（1）△我国玉米进口价格模型的回归结果不显著，采取玉米出口价格进行估计。
（2）所有变量取对数形式；*** 和 ** 分别表示 1% 和 5% 显著水平。

对我国粮食进口价格、世界粮食价格、世界石油价格和人民币汇率建立 VAR 模型，进行 Johansen 检验和滞后期检验。结果表明，小麦、玉米和大豆模型各存在 1 个协整关系，稻米模型存在 2 个协整关系；最佳滞后期均为 2 期。表 6.7 显示了式（6.4）的估计结果。

表 6.7   世界粮食和粮食进口价格：非对称 ECM 第 2 步

变量	小麦	玉米△	稻米	大豆
ECT^{pos}	-0.4859 (-4.5705) ***	-0.4677 (-5.1270) ***	-0.2366 (-2.6645) ***	-0.2285 (-4.7467) ***
ECT^{neg}	-0.3266 (-3.1695) **	-0.4829 (-3.2929) ***	-0.3147 (-3.7431) ***	-0.2048 (-3.5655) ***

变量	小麦	玉米△	稻米	大豆
D（Imprice（-1））	-0.3331 （-4.7469）***	-0.0348 （-0.4187）	-0.1659 （-2.1185）**	0.3237 （5.3904）***
D（Wprice（-1））	-0.2215 （-1.6825）*	-0.4348 （-2.2625）**	0.0913 （0.5236）	0.1535 （3.1208）***
D（Woil（-1））	0.0680 （0.5318）	0.0706 （0.5234）	-0.1699 （-1.3290）	0.0269 （0.7422）
D（ER（-1））	-1.4092 （-0.6004）	-1.3168 （-0.4951）	-3.1594 （-1.19041）	-0.7351 （-1.1336）
R^2	0.4720	0.2651	0.2028	0.5411
样本数	135	140	165	159
因变量的均值	-0.0018	0.0129	0.0011	0.0034

注：（1）△我国玉米进口价格模型的回归结果不显著，采取玉米出口价格进行估计。

（2）所有变量取对数形式；***、**和*分别表示1%、5%和10%显著水平。

误差修正项 ECT^{pos} 和 ECT^{neg} 都很显著，且世界小麦和大豆价格上升对进口价格的影响大于下降的影响，世界玉米和稻米价格上升对进口价格的影响小于下降的影响。国际粮食价格传导的非对称性反映出两点：一是由于港口排队、监管障碍、期货合约的不足和储备瓶颈等，使得国内粮食出口套利较难实现；二是粮食危机时期粮食出口禁令和粮食储备的释放，令国内外价格不能充分传递。式（6.3）中世界石油价格的系数显著，而式（6.4）中的世界石油价格滞后一期的系数不显著，表明运输成本的变化对长期均衡的影响大于对短期价格动态的影响。

6.3.3　石油进口价格对国内汽油价格的传导

表6.8报告了式（6.5）和式（6.6）的结果。长期内我国汽油价格随石油进口价格上升，平均石油进口价格每上升1%，则国内汽油价格上升1.02%。误差修正方程中石油进口价格的系数不显著，表明石油进口价格对于国内汽油价格的短期动态的影响相当有限。

表6.8　　　　　　国内汽油和石油进口价格：ECM 模型

ECM 第 1 步		ECM 第 2 步	
变量	系数	变量	系数
进口石油价格（元/桶）	1.0419 (30.4225)***	ECT	0.0315 (4.6112)***
常数	−2.1150 (−10.1941)***	D（Chpetrol（−1））	0.1334 (1.8591)*
D（Impoil（−1））			0.0197 (0.7168)
R²	0.8395	R²	0.1459
样本数	179	样本数	177
传导弹性（石油）		1.0197	
因变量的均值	4.1764	因变量的均值	0.0060

注：所有变量取对数形式；*** 和 * 分别表示 1% 和 10% 显著水平。

6.3.4　粮食进口价格对国内粮食价格的传导

表6.9 和表6.11 的第 2~5 行给出了式（6.7）的估计结果。β_1 的点估计和粮食进口价格传导弹性非常接近。玉米和大豆进口价格的传导弹性（0.47 和 0.71）低于稻米进口价格的传导弹性（1.72），国内汽油价格对玉米和大豆的传导弹性（0.14 和 0.13）低于其对稻米的传导弹性（0.95）。β_2 的系数为正，说明燃料价格上升增加了从沿海口岸到国内市场的粮食运输成本，导致粮食进口价格和集贸市场价格差额扩大。

表6.9　　国内粮食价格、粮食进口价格和国内汽油价格：非对称 ECM 第 1 步

变量	玉米	大豆
常数	3.0707 (23.5272)***	1.4042 (5.8573)***
粮食进口价格 （元/吨）	0.5298 (17.9040)***	0.8112 (17.1950)***
国内汽油价格（元/桶）	0.1858 (6.8847)***	0.1932 (6.2620)***

变量	玉米	大豆
R^2	0.9088	0.9127
样本数	158	163
传导弹性（粮食）	0.4774	0.7120
传导弹性（汽油）	0.1425	0.1327
自变量均值	8.0795	9.0354

注：所有变量取对数形式；*** 表示1%显著水平。

表6.10和表6.11的第5~14行报告了式（6.8）的估计结果。所有统计上显著的误差修正项的系数为负，符合预期。

表6.10　国内粮食价格、粮食进口价格和国内汽油价格：非对称 ECM 第2步

变量	玉米	大豆
C	0.0116 (2.2722)**	
ECT^{pos}	− 0.1392 （− 1.7459）*	− 0.0380 （− 0.9451）
ECT^{neg}	0.0365 (0.5588)	− 0.1893 （− 4.5194）***
$D（Chprice（−1））$	− 0.2769 （− 3.1674）***	− 0.4081 （− 5.8394）***
$D（Imprice（−1））$	0.0026 (0.0981)	0.2604 (4.0162)**
$D（Chpetrol（−1））$	0.0191 (0.5810)	0.0471 (1.7086)*
$D（CPI）$	0.9406 (1.8588)**	1.2966 (3.0255)***
R^2	0.1130	0.3719
样本数	159	159
因变量的均值	0.0068	0.0059

注：所有变量取对数形式；***、** 和 * 分别表示1%、5%和10%显著水平。

表6.11   国内稻米价格、稻米进口价格和国内汽油价格 VEC 模型[△]

项目	方程或数值
协整方程	$Chprice3_t = 14.6598 - 1.7455 Imprice3_t + 1.2485 Chpetrol_t$
传导弹性（粮食）	-1.7225
传导弹性（汽油）	0.9542
误差修正方程	D（Chprice3）
ECT	0.0107 $[1.5429]^{***}$
D（Chprice3（-1））	-0.4905 $[-6.8358]^{*}$
D（Chpetrol（-1））	0.0386 $[1.2668]^{**}$
D（Imprice3（-1））	-0.0038 $[-0.1797]^{**}$
C	0.0084 $[2.9166]^{***}$
R^2	0.2328
样本数	177
Akaike AIC	-3.7479
Schwarz SC	-3.6530

注：（1）[△]此处进口稻米价格和国内汽油价格的误差修正方程并非本文关注的重点，所以省略。
（2）所有变量取对数形式；***、** 和 * 分别表示1%、5%和10%显著水平。

表 6.12 显示了国内小麦价格、小麦进口价格和国内汽油价格 VAR 模型的估计结果。国内小麦价格方程表明，短期内，上一期小麦进口价格、国内汽油价格和通货膨胀率上升，导致本期小麦集贸市场价格上升，符合预期。

表6.12   国内小麦价格、小麦进口价格和国内汽油价格的 VAR 模型

项目	方程	R^2
国内小麦价格方程	$D（Chprice1）= -0.2812 \times D（Chprice1（-1））+ 0.0179 \times D（Chpetrol（-1））+ 0.0202 \times D（Imprice1（-1））+ 0.0004 + 0.0014 \times（CPI）$	0.0714

续表

项目	方程	R^2
小麦进口价格方程	D ($Imprice1$) $= 0.1156 \times D$ ($Chprice1$ (-1)) $- 0.1935 \times D$ ($Chpetrol$ (-1)) $- 0.5555 \times D$ ($Imprice10$ (-1)) $+ 0.0503 - 0.0104 \times$ (cpi)	0.3868
国内汽油价格方程	D ($Chpetrol$) $= -0.3347 \times D$ ($Chprice1$ (-1)) $+ 0.0906 \times D$ ($Chpetrol$ (-1)) $+ 0.1800 \times D$ (($Imprice1$ (-1)) $+ 0.1281 - 0.0260 \times$ (cpi)	0.0924

前文分析所得出的传导弹性描绘了每对价格之间的关系，但要估计出世界石油价格上升对国内粮食均衡价格的全部影响，需要整合所有价格之间的长期均衡关系的协整向量。需要注意的是，前文分析表明，世界石油价格对世界粮食价格没有显著影响，我们仍然假定该渠道没有发挥作用。

表6.13报告了在表6.3、表6.5、表6.7、表6.9和表6.11的基础上所估计的关于世界粮食价格、世界石油价格和汇率上升对国内粮食价格的累积传导弹性[①]。表6.13表明，世界石油价格和粮食价格波动对国内小麦价格传导途径不畅通，对国内稻米价格影响不显著；对大豆而言，世界石油价格比世界粮食价格的累积传导弹性更大；对玉米来说，世界粮食价格的累积传导弹性高于世界石油价格。这表明我国政府为绝对保障口粮安全，对口粮市场的直接干涉更大（与饲料粮相比），采用国内价格支持、生产补贴和贸易政策，令国内外口粮市场隔离程度更高。世界大豆价格的传导弹性（0.37）高于国际玉米价格的指导弹性。汇率波动对国内粮食价格的累积传导弹性较小。

表6.13 累积传导弹性

项目	世界石油价格传导弹性	世界粮食价格传导弹性	汇率传导弹性
小麦	传导途径不畅通，传导效应不显著		
稻米			
玉米	0.1270	0.0555	-0.0665
大豆	0.1304	0.3662	0.0395

注：表中数据是在表6.3、表6.5、表6.7、表6.9和表6.11的基础上计算所得。

---

① 国际石油价格传导至国内粮食价格的路径有两条："国际石油—石油进口—国内汽油—国内粮食"和"国际石油—粮食进口—国内粮食"。国内外粮食价格的传导途径为"国际粮食—粮食进口—国内粮食价格"。汇率通过影响粮食进口价格和石油进口价格，进而影响国内粮食价格。

表 6.14 显示了四类价格变化情景下国内粮食价格的全部效应。情景 1 和情景 2 为世界石油价格和世界粮食价格分别上升 1%，情景 3 假定汇率不变时，石油和粮食价格都上涨 1%，情景 4 则对应石油价格、粮食价格和汇率同时上涨 1%。情景 3 和情景 4 分别规定了汇率调整的上下限（0 和 1）。因为世界相关商品价格同时变动更常见，因此情景 3 和情景 4 更符合实际。完全相关的世界粮食和石油价格冲击对国内粮食价格的传导效应很大，大豆是 0.49%，玉米是 0.18%。情景 4 显示当人民币汇率也贬值 1% 时，国内玉米价格上升 0.12%，而大豆价格变化幅度高达 0.54%。

表 6.14　世界市场价格和汇率变化的累积效应下国内粮食价格变化　　单位:%

粮食	情景 1	情景 2	情景 3	情景 4
玉米	0.127	0.0555	0.1825	0.1160
大豆	0.1304	0.3662	0.4966	0.5361

注：情景 1 表示只有世界石油价格上升 1%；情景 2 表示只有世界粮食价格上升 1%；情景 3 表示世界石油和粮食价格都上升 1%；情景 4 表示世界石油、粮食价格和汇率都上升 1%。

可见，国际石油价格通过运输成本传导渠道对我国玉米和大豆价格具有重要影响，国际粮价的贸易传导途径和国际能源价格的运输成本传导途径同时发挥作用，对国内粮食价格存在叠加效应。除大豆进口外，我国在国际粮食市场上处于小国地位。当今世界粮食贸易多边合作机制并不完善，我国参与的区域性粮食贸易联盟制度的安排也存在很大缺陷，国际粮食价格波动和金融、能源因素的共同冲击，导致我国粮食贸易安全的状态遭到破坏，转化为劣化和危险状态。

6.4　本章小结

本章旨在实证检验国际能源和粮食价格对我国粮食价格的整体传导途径和效应。6.1 节介绍了数据来源和估计方法。6.2 节阐述了模型的设计思路，即"世界石油—世界粮食""世界价格—进口价格""石油进口价格—国内汽油价格""粮食进口价格—国内粮食价格"四个估计步骤。6.3 节展示了各步骤的估计结果，并计算出世界石油价格和粮食价格的累积传导弹性，讨论了世界石油和粮食价格对我国粮食价格的整体传导效应。研究发现：

（1）国际能源价格对国内粮食价格具有重要影响。国际石油价格对我国玉米和大豆价格的累积传导弹性为0.13左右，证实了"国际能源价格—进口能源价格—运输成本—国内玉米和大豆价格"传导渠道的存在。但世界石油价格对我国小麦和稻米价格的运输成本传导渠道不畅通。

（2）世界大豆价格的传导弹性（0.37）高于国际玉米价格（0.05），表明我国大豆市场的开放程度高于玉米市场，我国政府对饲料和工业用粮更倾向于利用国际市场平抑国内粮食缺口。而国内外小麦和稻米价格的传导不畅通，表明我国政府为保障口粮绝对安全，对口粮市场的直接干涉更大，高度隔离国内外口粮市场。

（3）世界石油价格冲击向国内玉米价格的传导速度快于世界玉米价格，而世界大豆价格冲击向国内大豆价格的传导速度则快于世界石油价格。这表明国际粮价的贸易传导途径和国际能源价格的运输成本传导途径同时发挥作用，对国内粮食价格存在叠加效应。

（4）国际粮价的贸易传导途径和国际能源价格的运输成本传导途径对我国粮食价格存在叠加效应。国际粮食价格波动和金融、能源因素的共同冲击，将导致我国粮食价格波动加剧，粮食贸易安全水平降低。

国际粮食价格和金融、能源等因素影响国内粮食缺口和粮食价格，致使粮食贸易安全化程度加深，粮食贸易流量稳定性变差。第7~8章将针对国际期货投机行为和能源价格水平对国内粮食价格发现功能和粮食价格水平的影响机制展开实证研究。第9章将针对国际金融资产价格和能源价格波动对粮食贸易流量的影响机制展开实证研究。

7 国际期货投机对国内价格发现的影响：信息传导机制

2020 年中国共进口大豆 10033 万吨，首次突破 1 亿吨，比 2019 年增加 1182 万吨，再创历史新高；进口 838 万吨小麦，比上年提高 140.2%，进口量相当于全年配额 964 万吨的 87%。[①] 进口量剧增意味着国际价格波动风险更易传导至国内市场，影响中国经济健康发展。在经济和金融全球化趋势下，粮食期货市场对大宗农产品现货交易有着深远的影响。

期货市场具有价格发现和套期保值两大功能。在过去的十几年里，投机者在大宗商品期货市场中的作用一直备受争议。投机者向市场提供流动性，并帮助套期保值者找到合适的交易方来转移价格风险。但是如果期货市场的投机性太强，使得期货价格波动太大甚至不受基本供求关系的影响，那么，期货市场将会失去其基本功能，增加交易风险，扭曲现货价格，误导生产者、加工者、消费者的行为。

有学者认为投机者将市场波动推高到了异常高的水平（钱煜昊等，2017），也有学者认为投机并不能破坏市场稳定性（Boyd，2018；Haase & Huss，2018）。有研究认为投机影响期货市场价格（Awan，2019；田成志，2019），也有研究提出投机不能影响期货价格（Thomas，2020）；有观点认为投机者的交易活动削弱了期货市场的价格发现功能（Wang，2002），也有观点看法相反（Chen & Gau，2016）。

既有文献成果丰硕，提供了很好的借鉴，但仍有几点不足：缺乏对投

[①] 资料来自《中国海关统计年鉴 2020》。

机行为和价格发现功能的系统分析；对国际投机行为和国内价格发现的关系不够重视；未能厘清不同投机指标对价格发现功能异质性影响的原因。因此，本章从价格发现的概念出发，基于市场行为和市场信息的角度，尝试提供一个解读"国际期货投机和国内期货价格发现"关系的新视角，丰富现有文献，提供更多经验证据。

7.1　价格发现功能的测度

7.1.1　一个简单的持有成本模型

在持有成本模型中，S_t 代表 t 时期的即期价格，F_t^T 表示 T 时期交割的期货合同价格。从 t 时期至 T 时期持有商品的成本为 $(r+c-y) \times (T-t)$。其中，r 是利息率，c 表示存储和运输费用，而 y 代表存货的便捷收益（Martin，2020）。商品的现货和期货市场被套利联系在一起。若所有的套利机会都被完全发掘，必然有：

$$F_t^T = S_t e^{(r+c-y)(T-t)} \tag{7.1}$$

在等式的两边取对数得到：

$$F_t^T = S_t + \theta \tag{7.2}$$

式（7.2）中，F_t^T 和 S_t 表示期货价格和现货价格的对数，参数 θ 表示持有成本率。

为了从经验上研究这种关系，我们考虑一个连续的期货价格时间序列，并估计式（7.3）：

$$F_t = \theta + \xi S_t + \varepsilon_t \tag{7.3}$$

在此方程中，ε_t 近似于白噪声，而 ξ 值则度量 F_t 与 S_t 的密切程度。无偏性假设（Engle & Granger，1987）表明 ξ 值等于 1。因此，与协整向量（1，−1）的协整关系如下：

$$ec_{t-1} = F_{t-1} - \theta - \xi S_t \tag{7.4}$$

根据格兰杰定理（Engle Granger，1987），期货和现货价格之间的关系可用向量误差修正（VEC）模型表示，其中 Δ 表示一阶差分：

$$\Delta F_t = \gamma_f + \alpha_f ec_{t-1} + \sum_{k=1}^{k} \gamma_{fs,k}\Delta s_{t-k} + \sum_{q=1}^{Q} \gamma_{ff,q}\Delta f_{t-q} + \varepsilon_{f,t} \tag{7.5}$$

$$\Delta S_t = \gamma_s + \alpha_s ec_{t-1} + \sum_{k=1}^{k} \gamma_{ss,k}\Delta s_{t-k} + \sum_{q=1}^{Q} \gamma_{ss,q}\Delta f_{t-q} + \varepsilon_{s,t} \tag{7.6}$$

式（7.5）和式（7.6）中，参数 γ_f 和 γ_s 是方程的截距。误差修正系数 α_f 和 α_s 反映了两个价格时间序列针对系统的短期偏差向长期价格均衡调整的速度。参数 γ_{ij} 反映了模型的短期动态，即市场 j 以前的变化如何影响市场 i 的当前变化。

式（7.5）和式（7.6）的 VEC 模型具有以下矢量移动平均（VMA）方程：

$$\Delta p_t = \Psi(L)e_t = e_t + \Psi_1 e_{t-1} + \Psi_2 e_{t-2} + \cdots \tag{7.7}$$

其中，$\Psi(L) = \sum \Psi_k L^k, \Psi_0 = I_2$，且 $E[e_t] = 0$ 和 $E[e_t e_t'] = \begin{pmatrix} 0 & t \neq s \\ \Omega & t = s \end{pmatrix}$。

进而，价格矢量 P 可表示为期初价格 P_0 和累计残差 $\sum e_j$ 的线性函数式（7.8）：

$$p_t = p_0 + \Psi(1)\sum_{1}^{t} e_j + S_t \tag{7.8}$$

其中，累计残差 $\sum e_j$ 的系数 $\Psi(1)$ 代表了累计残差在当期及之后无限期对系统形成的影响，代表残差 e_i 对价格形成的长期冲击。

7.1.2 静态 IS 模型

哈斯布鲁克（Hasbrouck，1995）认为，由于两个市场交易同一资产，价格存在协整关系可以将长期冲击表示为两个市场的当期残差的线性组合。

$$\eta_t^p = \Psi e_t = \Psi_1 e_{1,t} + \Psi_2 e_{2,t} \tag{7.9}$$

式中，η_t^p 表示 t 时刻的长期冲击，p 为长期冲击的缩写。残差项 $e_{1,t}$ 和

$e_{2,t}$ 都内含长期冲击的成分。某一市场的价格发现能力可定义为，该市场对于资产价格的长期波动的方差能解释的比例越大则该市场的价格发现能力越强（吴蕾等，2013）。可采用 IS 指标衡量两个市场在资产价格长期波动方差中的信息份额。

如果 $t-1$ 时期的信息条件矩阵 Ω 为对角矩阵，则 IS 指标为：

$$IS_i = \frac{\varphi_i^2 \sigma_i^2}{\varphi_1^2 \sigma_1^2 + \varphi_2^2 \sigma_2^2}, \quad i = 1,2 \tag{7.10}$$

其中，σ_i^2 为对角矩阵 Ω 的第 i 个对角元素。

如果 $t-1$ 时期的信息条件矩阵 Ω 为非对角矩阵，则通过 Cholesky 分解使下三角矩阵 M 满足 $\Omega = MM'$。则 IS 指标为：

$$IS_i = \frac{[\Psi F]_i^2}{\Psi \Omega \Psi}, \quad i = 1,2 \tag{7.11}$$

其中，$[\Psi F]_i$ 为行向量 $[\Psi F]$ 的第 i 个元素。

令 $IS_1 + IS_2 = 1$，则指标较大的市场价格发现能力较强。IS 指标依赖于两个市场的排列顺序，因此需要交换市场的顺序得出 IS 指标的上下限。

7.1.3 动态 IS 模型

哈斯布鲁克（Hasbrouck，1995）的 IS 模型只能计算一段时间内的静态贡献度，见式（7.9）和式（7.10）。阿米诺（Avino，2015）利用多元 GARCH 模型扩展 IS 模型，得到了随时间变化的信息份额。燕志鹏等（2020）用时变 IS 模型测算了焦煤期货价格发现功能的动态变化。本章在阿米诺（Avino，2015）和燕志鹏等（2020）的基础上，采用 BEKK-GARCH 计算 IS 的动态变化。

对价格序列建立 VECM 模型，估计出式（7.12）的残差序列 ε_t。

$$\Delta Y_t = \Lambda CE_{t-1} + \sum_{k=1}^{p} \alpha_k \Delta Y_{t-k} + \varepsilon_t \tag{7.12}$$

式中，Y_t 为由期货价格和现货价格组成的矢量，CE_{t-1} 为误差修正项，p 为滞后阶数，$k = 1, \cdots, p, \varepsilon_t$ 为误差项。

建立 Diagonal BEKK-GARCH 模型。

我们将一个 4 变量的 GARCH 模型应用于 VECM 模型：

$$\varepsilon \mid \Omega_{t-1} \sim N(0, H_t)$$

其含义是 t 时期的 VECM 模型的残差 e_t，在 $t-1$ 时期的信息 Ω 条件下，服从均值为 0，方差为 H_t 的正态分布。H_t 满足关系式（7.13）：

$$H_t = M + A\varepsilon_{t-1}\varepsilon'_{t-1}A' + BH_{t-1}B' \tag{7.13}$$

其中：

$$H_t = \begin{pmatrix} h_{11} & h_{12} \\ h_{21} & h_{22} \end{pmatrix}, \quad M = \begin{pmatrix} m_{11} & m_{12} \\ m_{21} & m_{22} \end{pmatrix}, \quad A = \begin{pmatrix} a_{11} & a_{12} \\ a_{21} & a_{22} \end{pmatrix}, \quad B = \begin{pmatrix} b_{11} & b_{12} \\ b_{21} & b_{22} \end{pmatrix}$$

$$\tag{7.14}$$

期货和现货市场构成了一个 2×2 矩阵，H_t 是 t 时期 VECM 残差向量的协方差矩阵。矩阵元素中 h_{11} 和 h_{22} 分别是 t 时期残差 ε_1 和 ε_2 的方差，而 h_{12} 和 h_{21} 是 t 时期残差 ε_1 和 ε_2 的协方差。$(\varepsilon_{t-1}\ \varepsilon'_{t-1})$ 是 $t-1$ 时期的残差向量。M 矩阵、A 矩阵和 B 矩阵为待估参数矩阵。矩阵 M 的元素 $m_{12} = m_{21}$。

计算期货市场和现货市场时变价格发现功能指标 IS。

$$IS(U)_k = \frac{\left[\sum_{i=1}^{n} \lambda_i h_{i1}\right]^2}{\left[\sum_{i=1}^{n} \lambda_i h_{i1}\right]^2 + \left[\sum_{i}^{n} \lambda_{i=2} h_{i1}\right]^2 + \cdots + \left[\lambda_n h_{nn}\right]^2} \tag{7.15}$$

$$IS(L)_k = \frac{\left[\lambda_n h_{nn}\right]^2}{\left[\sum_{i=1}^{n} \lambda_i h_{i1}\right]^2 + \left[\sum_{i}^{n} \lambda_{i=2} h_{i1}\right]^2 + \cdots + \left[\lambda_n h_{nn}\right]^2} \tag{7.16}$$

式（7.15）和式（7.16）中，$1 \leqslant k \leqslant n$，$\lambda_i$ 为 VECM 模型误差修正项系数的正交矢量。h_{ij} 是根据式（7.15）和式（7.16）进行估计和矩阵运算得出的时变方差和时变协方差。当 VECM 中市场 k 是第一个市场时，使用 $IS(U)_k$ 公式；当市场 k 为最后一个市场时，使用公式 $IS(L)_k$。最终使用上下限的均值作为每个市场的价格发现功能估计值。

7.2 国际期货投机的测度

7.2.1 净头寸指标

第一个指标来自美国 CFTC 报告中的净头寸（Etienne，2018）。CFTC 报告将净头寸为非商业持仓量和商业持仓量。其中，商业持仓指的是在期货市场中趋向于套期保值的主体，非商业持仓常常被认为是投机者。其中我们研究的主要对象是商业持仓，套期保值交易者的非商业持仓数据将作为补充数据来辅助分析。本章对期货价格进行对数化，利用持仓的净头寸作为衡量，净头寸为持仓多头与空头之差。公式为：

$$T_t = (NCL_t + NCS_t + \alpha \cdot (NRL_t + NRS_t)) / (2 \cdot MOI_t) \quad (7.17)$$

其中，NCL_t、NRL_t、NCS_t、NRS_t 分别是非商业交易者和未报告交易者的多头头寸和空头头寸；MOI_t 为市场未平仓量；α 为未报告头寸中投机头寸的比例。将非报告头寸根据商业头寸和非商业头寸在总报告头寸中的比例分配给商业头寸和非商业头寸。

7.2.2 过度投机指标

Working T 是一个衡量期货市场"过度"投机行为的指标，它考虑了套期保值者和投机者之间的平衡（Working，1960）。因此，使用 Working T 来测试投机影响，就相当于测试相对于套期保值活动的过度投机是否推动了期货价格的波动。表达式如下：

$$T = \begin{cases} 1 + \dfrac{SS_t}{HS_t + HL_t}, & HS_t \geq HL_t \\ 1 + \dfrac{SL_t}{HS_t + HL_t}, & HS_t < HL_t \end{cases} \quad (7.18)$$

其中，SL 和 SS 是投机者持有的多头和空头头寸，而 HL 和 HS 是套期保值者的多头和空头头寸。

7.2.3 投资者情绪指标

投资者情绪指标控制了经济基本面因素的影响，将投资者情绪进行标准化。该指标研究投资者对未来期货价格的倾向性对于期货价格的影响，考虑了未平仓合约数和市场中多空头头寸影响（Tadesse et al，2014）。其中未平仓合约数是指一个交易日结束时仍未清算的合约数量，它是流动性的最主要指标。其表达式为：

$$ESV = 2(NCL - NCS) + (NRL - NRS) \tag{7.19}$$

其中，ESV 表示在 t 时投资者情绪，NCL、NRL 分别是非商业和未报告交易员的多头头寸，NCS、NRS 分别是非商业和未报告交易员的空头头寸。由于非报告头寸与非商业头寸相比要小得多，ESV 主要衡量非商业交易者持有的大量净多头头寸。

7.3 国际投机对国内期货价格发现的影响

笔者在马丁（Martin，2020）的基础上建立回归方程式（7.20）：

$$IS_t = \alpha + \beta \times spec + \theta \times basis + \gamma \times \log(vol) + IS_{t-1} + \mu_t \tag{7.20}$$

IS 衡量了动态的价格发现功能。$spec$ 分别为净头寸 T 指标、过度投机 W 指标和投机者情绪 ESV 指标。$basis$ 为基差（现货价 – 期货价）。$\log(vol)$ 为对数化的交易量。IS_{t-1} 是上一期的期货信息贡献度。μ_t 为随机扰动项。在调查投机对信息份额 IS 的影响时，β 的正值表示投机者增加了新信息和减少了市场噪声，增强了期货市场处理新信息的能力。由于时区不同，国内期货交易所与芝加哥期货交易所的开盘时间相差 14.5 小时，所以对投机指标滞后一期。

7.3.1 模型检验

要研究国际期货投机对国内期货价格发现功能的影响，需要考虑国内外粮食价格传导是否通畅，需要检验国际粮食期货价格和国内粮食期现货价格是否协整。因此，后面的平稳性检验和协整检验对象，除了国内粮价之外，还包括 CBOT 粮食期货价。CBOT 稻谷交易头寸远远小于小麦、玉米和大豆。所以本章仅研究了小麦、玉米和大豆三类作物。

在经典的回归假设中，若序列非平稳，有可能出现"伪回归"的现象。本章采用 ADF 检验法检验数据的平稳性，原假设为有一个单位根。

表7.1 　　　　　　　　　　　　ADF 检验结果

变量	原序列				一阶差分			
	ADF 值	5% 临界值	P 值	结果	ADF 值	5% 临界值	P 值	结果
国内大豆期货价格	− 1.4947	− 2.8627	0.5364	不平稳	− 47.5511	− 2.8627	0.0001	平稳
国内大豆现货价格	− 0.4957	− 2.8627	0.8896	不平稳	− 44.9592	− 3.4331	0.0001	平稳
CBOT 大豆期货价格	− 1.5392	− 2.8628	0.5136	不平稳	− 31.6650	− 2.8628	0.0000	平稳
国内小麦期货价格	− 2.8554	− 2.8628	0.0509	不平稳	− 22.9177	− 3.4121	0.0000	平稳
国内小麦现货价格	1.1595	− 1.9410	0.9370	不平稳	− 15.1276	− 2.8627	0.0000	平稳
CBOT 小麦期货价格	− 2.7206	− 3.4120	0.2282	不平稳	− 46.7023	− 3.4120	0.0000	平稳
国内玉米期货价格	− 2.1793	− 2.8627	0.2141	不平稳	− 28.0164	− 2.8627	0.0000	平稳
国内玉米现货价格	− 2.4054	− 2.8627	0.1403	不平稳	− 51.9722	− 2.8627	0.0001	平稳
CBOT 玉米期货价格	− 2.5187	− 2.8627	0.1111	不平稳	− 39.6661	− 2.8627	0.0000	平稳

从表7.1可见，原始序列 ADF 检验结果 P 值大于5%，存在一个单位根，表明对数序列不平稳。一阶差分的对数序列 ADF 检验结果表明 P 值小于5%，价格对数序列的一阶差分平稳；可进一步进行协整检验。

通过差分的方式将不平稳的原序列变成了平稳的一阶差分序列，有利于之后的建模过程。但是差分序列可能失去一定的经济意义，不能很好地解释模型结果。而协整理论认为通过协整方程对非平稳的序列进行线性组合也可以使其成为平稳序列。为了检验协整性，本章采用 Johansen 的迹和特征值检验，原假设为序列不含有协整关系。表7.2显示，除了大豆外，小麦和玉米的国外期货价格和国内期现货价格都存在协整关系。小麦、玉米和大豆的国内期现货价格协整。而大豆的国外期货价格和国内期货、现货价格均不存在协整关系。后面继续保留大豆，是为了与小麦和玉米进行对比。

表 7.2　　　　　　　　　　Johansen 协整检验结果

变量名称		数据趋势	无	无	线性	线性	二次的	检验结论
		检验类型	无截距且无趋势	截距且无趋势	截距且无趋势	截距且有趋势	截距且有趋势	
小麦	CBOT 期货价和国内期货价	Trace	0	1	2	1	1	协整
		Max-Eig	0	1	2	1	1	
	国内期货价和现货价	Trace	1	2	2	2	2	协整
		Max-Eig	1	2	2	2	2	
	CBOT 期货价和国内现货价	Trace	1	1	1	1	1	协整
		Max-Eig	1	1	1	1	1	
玉米	CBOT 期货价和国内期货价	Trace	0	0	0	0	2	协整
		Max-Eig	0	0	0	0	0	
	国内期货价和现货价	Trace	1	1	2	1	2	协整
		Max-Eig	1	1	2	1	2	
	CBOT 期货价和国内现货价	Trace	0	0	0	0	2	协整
		Max-Eig	0	1	1	0	2	
大豆	国内期货价和CBOT 期货价	Trace	0	0	0	0	0	不协整
		Max-Eig	0	0	0	0	0	
	国内现货价和期货价	Trace	1	1	1	1	1	协整
		Max-Eig	1	1	1	1	1	
	CBOT 期货价和国内现货价	Trace	0	0	0	0	0	不协整
		Max-Eig	0	0	0	0	0	

　　小麦和玉米的国内期货价格和国内期现货价格存在协整关系，而大豆国外期货价格和国内期货、现货价格均不存在协整关系。ADF 检验和协整检验的结果表明，所有粮食的国内现货和期货价格都是协整的，正如持有成本模型式（7.4）所表明的那样。

7.3.2　模型结果

7.3.2.1　基于 BEKK-GARCH 模型的 IS 指标测度

选取大连商品交易所的黄大豆 1 号期货合约、玉米合约和郑州商品交易所的强麦合约。期货价格为各合约的每日结算价，节假日沿用上一交易日结算价。现货价格为中国现货平均价。样本期限为 2011 年 1 月至 2021 年 7 月。数据来源于国泰安数据库和 Wind 数据库。

使用 VECM 模型要求时间序列是协整的，这反过来又要求它们一阶单整。而所有商品的对数价格序列满足这个要求。模型结果显示，所有系数显著，ACI 和 SC 的数值较小，方程总体效果较好。BEKK-GARCH 模型结果显示，小麦、玉米和大豆的均值方程的拟合优度很高，除了小麦期货方程外，其余模型 R^2 在 98% 以上；均值方程的系数接近于 1，说明随机游走假设可以认为是正确的；转换后的方差系数在 1% 置信水平下显著。根据 BEKK-GARCH 模型可估计出条件方差 H_t，结合前文中估计出的 λ，进而可计算出 IS 指标。

图 7.1 ~ 图 7.3 显示了期货市场的信息领导份额是如何随时间演变的。当份额在 50% 以上时，期货市场在价格发现过程中占主导地位。在这种情况下，期货市场比现货市场处理新信息的速度更快。所有的价格优势交替出现在期货或现货市场上。然而，期货市场通常更经常地占据主导地位。期货市场的强大和持续的主导地位在大多数时候是可见的，但小麦和玉米市场期货信息领导份额波动剧烈，大豆市场波动较小。这说明中国小麦和玉米期货价格发现功能没有大豆市场成熟。

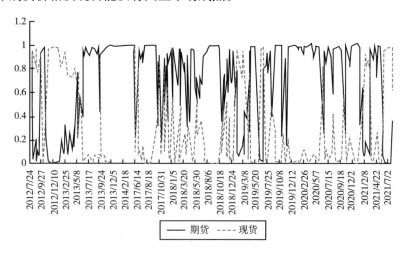

图 7.1　中国小麦市场价格发现功能

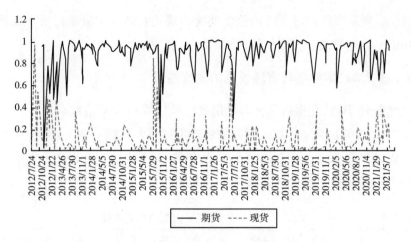

图 7.2 中国玉米市场价格发现功能

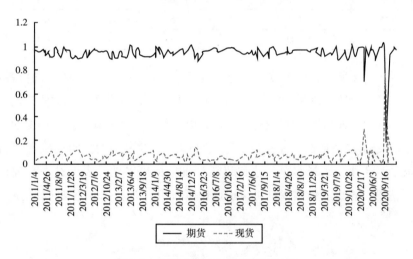

图 7.3 中国大豆市场价格发现功能

小麦、玉米和大豆期现货贡献度的时变波动性，内部根源在于金融时间序列的随机扰动项具有波动集群性，体现为 VECM 模型的残差序列的高阶 ARCH 效应。外部因素在于 t 时期的外部冲击（如政策变化、疫情防控、贸易摩擦等因素）会对当期及以后若干期的期货市场信息产生干扰。例如，2017 年 8 月到 2018 年 4 月，中国小麦和玉米的期货贡献度明显下降而现货贡献度显著上升（见图 7.1 和图 7.2）。这是因为 2017 年 8 月中美贸易摩擦爆发，美国第一批征税清单涉及大豆等农产品，中国的进口谷物到港量明显减少；贸易摩擦冲击了两国粮食期货市场运行效率，极端行情下期现货市场的主导地位改变（刘晨等，2020）。

7.3.2.2　国际期货市场投机的测度结果

根据 CFTC 持仓报告计算出 T 指数、W 指数和 ESV 指数。

2011～2021 年，三类粮食期货的 T 指数和 W 指数高度正相关，T 指数和 ESV 指数负相关；小麦和玉米的 W 指数与 ESV 指数负相关，大豆的 W 指数与 ESV 指数正相关（见表 7.3）。

表 7.3　　　　T 指数、W 指数和 ESV 指数的相关系数

粮食种类	Tt 和 Wt 的相关系数	Wt 和 ESV 的相关系数	Tt 和 ESV 的相关系数
小麦	0.8188	− 0.5009	− 0.5912
玉米	0.8560	− 0.2521	− 0.5692
大豆	0.8024	0.3564	− 0.1447

如图 7.4 所示，小麦市场的总体投机 Tt 和过度投机 Wt 的平均值最高，玉米市场的总体投机 Tt 和过度投机 Wt 居中，而大豆市场的平均值最低。如图 7.5 所示，玉米的情绪性投机 ESV 的均值最高，且波动剧烈，小麦的情绪性投机 ESV 均值最低，且较为平稳。总体上，玉米和大豆的投机者情绪指标波动强于小麦市场。净头寸和超额投机指标更多地代表了过去与现在的市场信息，投机者情绪指标更多地反映了投机者对未来市场风向的把握。

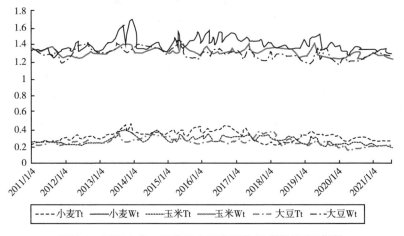

图 7.4　国际小麦、玉米和大豆市场的 T 指数和 W 指数

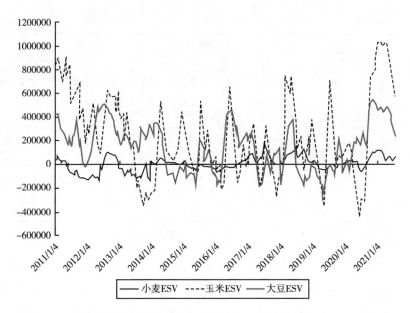

图 7.5　国际小麦、玉米和大豆市场的 ESV 指数

　　结合表 7.3、图 7.4 和图 7.5 可知，小麦、玉米和大豆投机者具有不同的行为特征。（1）小麦和玉米投机者倾向根据市场过去和现在的信息对未来做出相反的预期。（2）大豆投机者对大豆市场未来市场走势的判断与已有的市场信息方向一致。（3）小麦投机者基于既有信息的投机程度高于玉米和大豆投机者。（4）玉米和大豆投机者基于未来市场动向的投机程度高于小麦投机者。

7.3.2.3　国际投机与国内市场价格发现的关系估计

　　所有价格序列平稳，可进行线性回归。结果见表 7.4。

表 7.4　　　　　国际投机与国内期货市场价格发现关系的回归结果

解释变量	被解释变量								
	小麦 IS			玉米 IS			大豆 IS		
	T	W	ESV	T	W	ESV	T	W	ESV
C	0.0998 *** (1.1556)	−0.8347 (−3.1193)	0.7924 *** (20.1820)	0.0796 *** (5.2064)		0.0940 *** (7.6473)	0.0729 *** (5.9584)	0.0677 *** (4.2094)	0.0821 *** (7.2814)
spec (−1)	2.3916 *** (8.4057)	1.2023 *** (6.0395)	−5.39E−07 ** (−2.1066)	0.0437 (1.1800)	0.0649 *** (7.2315)	−9.84E−09 * (−1.7793)	0.0253 ** (1.9618)	0.0105 (1.2764)	−2.02E−09 (−0.7571)

续表

解释变量	被解释变量								
	小麦 IS			玉米 IS			大豆 IS		
	T	W	ESV	T	W	ESV	T	W	ESV
basis	−0.8333 *** (−3.0367)	−0.9986 (−3.5170)	−1.3865 *** (−4.7533)	0.0000202 *** (1.7005)	1.15E−05 ** (1.9449)	1.66E−05 (1.3665)			
log (vol)	−0.0259 *** (−4.8296)	−0.0202 *** (−3.5300)	−0.0147 *** (−2.4298)				0.0026 *** (3.8027)	0.0023 *** (3.5381)	0.0022 *** (3.4310)
IS_{t-1}				0.9024 *** (67.5133)	0.9099 *** (70.7859)	0.9019 *** (67.6364)	0.8829 *** (89.2532)	89.5854 *** (−0.468)	0.8844 *** (89.6388)
R^2	0.1813	0.1202	0.0557	0.9141	0.9133	0.9145	0.7917	0.7915	0.7914

注：*** 、** 和 * 分别表示在 1% 、5% 和 10% 置信度水平显著，括号内数值为 t 统计量。

结果表明：T 指标和 W 指标的系数显著为正，这表明在所有市场中，基于历史信息的国际投机降低了噪声水平，促进了这些市场对新信息的处理。其中，小麦的 T 系数高于大豆，小麦的 W 系数高于玉米，这说明基于历史信息的国际投机对小麦期货信息领导的净效应（从信息份额中去除噪声回避成分）高于对玉米和大豆的影响。ESV 的系数显著为负，这说明基于投资者情绪的国际投机提高了噪声水平，抑制了这些市场对新信息的处理。其中，小麦的 ESV 系数绝对值高于玉米，表明基于投资者情绪的国际投机对小麦期货信息领导的抑制效应高于对玉米的影响。大豆 ESV 系数不显著，表明基于投资者情绪的国际投机对中国大豆期货价格发现影响不显著。

基于历史信息的国际投机增强了中国小麦、玉米和大豆的期货价格发现功能。该发现与博曼等（Bohmann et al，2020）"国际大豆期货价格发现功能和投机之间存在着显著正向关系"的结论，以及马丁等（Martin et al，2020）"国际投机对芝加哥商品期货交易所的大豆的期货价格发现功能有积极影响"的发现一致。原因是：（1）投机者承担与知情投资者交易的风险，导致期货价格逐步修正，最终趋于现货价格的预期值；（2）中国粮食期货市场是国际期货价格的信息接收者，而粮食现货的各交易方会根据所获得的信息对商品进行定价；（3）国内期货市场领先于现货市场受到国际投机的信息冲击，增强了期货市场价格发现；（4）基于历史信息的投机活动对国内小麦和玉米市场的信息传导很充分，这表现在国外期货价格和国内期现货价格存在长期协整关系（见表 7.3）。

国际投资者情绪性投机削弱了中国小麦和玉米的期货价格发现功能。这与包晓钟（2020）"玉米期货价格发现功能随着市场情绪的高涨而减弱"、燕志鹏等（2020）的"投机行为一定程度上降低了中国期货价格发现的效率"结论一致。这表明投资者情绪性投机干扰了中国粮食期货市场对新信息的处理，增加了中国粮食市场上的噪声。原因在于：（1）投资者情绪投机指标的波动程度很高，国际期货市场中的散户对信息的过度反应和非理性投机抵消了理性投机对市场的贡献；（2）国际小麦和玉米投机者倾向于根据既有信息对未来市场走向做出相反的判断，可能导致市场交易更嘈杂，推动价格远离基本价值；（3）跨国公司或商业交易商作为信息优势方，营造供需失衡的假象，加剧了市场信息不对称程度，降低了期货市场的信息效率；（4）中小散户构成了中国粮食期货市场主体，期货专业素质不高、经济实力缺乏，风险抵御能力较差，投资品种单一（李圣军，2018），处于信息劣势；（5）中国小麦和玉米期货价格发现功能不够完善，无力抵御国际投机的负面影响（见图 7.1 和图 7.2）。

投资者情绪性投机对中国大豆期货价格发现影响不显著。原因在于：（1）情绪性投机对国内大豆市场的信息传导不充分，这体现为大豆的国外期货价格和国内期货、现货价格均不存在协整关系（见表 7.2）；（2）国际大豆投机者对大豆市场未来市场走势的判断与已有的市场信息的相关性不强（见表 7.3）；（3）中国大豆期货市场的价格发现功能较成熟，大豆期货价格对现货价格的引导作用较强（见图 7.3），能够较好地抵御国际投机带来的噪声。

7.4　本章小结

本章实证分析了国际粮食期货投机对中国粮食期货市场价格发现功能的影响，得出结论：（1）基于历史信息的国际投机增强了中国小麦和玉米的期货价格发现功能。原因包括：投机者承担交易风险导致期货价格逐步趋于现货价格预期值，国内期货市场领先于现货市场受到国际投机的信息冲击，基于历史信息的投机活动对国内市场的信息传导途径很畅通。（2）国际投资者情绪性投机削弱了中国小麦和玉米的期货价格发现功能。原因在于国际投机对信息的过度反应和非理性，信息优势方营造供需失衡的假象，中国小麦和玉米期货价格发现功能不完善，国内中小散户处于信息劣势。

为了规避国际投机的不良影响，促进中国期货市场健康发展，应加强价格监测和预警，利用大数据技术实时监控国际粮食期货市场的波动；充分利用基于历史信息的国际投机的有利影响，增强国内粮食期货价格发现的功能；警惕非理性的、反应过度的情绪性投机对国内期货市场参与者的不良诱导；建立和健全中介组织，鼓励和引导农户参与期货市场的交易，增强期货价格和现货生产的关联性；提高市场透明度，改进交易机制，完善期现货市场制度，维持市场稳定，保障市场参与者权益；在确保无风险或风险可控的前提下，逐步对商业银行、保险公司、基金公司等合法经营企业开放入市资格，提高期货交易主体的专业素质。

8 国际能源对粮食的价格传导：成本传导机制

新形势下的粮食安全问题是党中央和各级地方政府一贯非常关切和重视的问题。我国稻米、小麦、玉米和大豆集贸市场价格指数从 2001 年 1 月的 104.84、112、122 和 97.16 持续上升到 2015 年 1 月的 262、264、271 和 258[①]。与此同时，国际能源和国内粮食价格的"同向波动"引人注目[②]：2001 年 1 月至 2005 年 12 月二者都呈现小幅震荡，2006 年 1 月至 2010 年 12 月都呈上升趋势，2010 年 1 月至 2015 年 12 月都呈下降趋势。不少学者认为，粮食价格的普遍上涨不仅与传统粮食市场的供需关系、生产成本等因素相关，而且与近年来国际能源价格的剧烈震荡密不可分。因此，理清国际能源价格对粮食价格的影响机制和路径，具有较高的理论价值和实际意义。

能源和粮食相对价格影响能源作物和粮食作物之间的耕地分配。能源价格上升时，粮食种植成本和生物能源需求同时上升，导致能源型作物对粮食作物存在挤出效应。部分研究表明，生物能源发展对能源型作物的需求，导致耕地资源约束下能源型作物和粮食作物的竞争性关系，令能源价格和粮食价格产生联系。

很多学者将"能源型作物和粮食存在竞争性"作为"种植成本渠道"

---

① 我国粮食集贸市场价格来自《经济景气月报》；所有数据以 2000 年 1 月为 100 调整为指数形式，以剔除通货膨胀因素的影响。

② 国际能源价格来源于 IMF 跨国宏观经济统计数据库，采用西欧市场煤炭基准价格和 WTI、纽伦特和杜拜原油均价；所有数据均以上年同期水平为 100，以突出价格波动的周期性特征。

和"生物能源渠道"的共同理论基础,在同一理论框架内探讨了能源对粮食的两类价格传导渠道(Gardner, 2007; Gorter & Just, 2009; Ciaiant & Kancs, 2011)。其中,多数研究假设能源价格外生变化,分析了能源价格对粮食价格影响机制,得出以下结论:(1)无生物能源生产时,能源投入要素在农业生产中的重要性越高,能源对农产品的价格传导弹性越高;(2)有生物能源生产时,能源对农产品的价格传导弹性随着食品需求弹性和土地供应弹性降低,随能源投入要素在农业生产中的重要性而上升。

少数学者假设能源价格内生变化,研究了人口和能源价格内生变化时,粮食价格和能源价格的时间路径(Bahel, Marrouch, Gaudet, 2013),得出以下结论:(1)石油开采路径呈抛物线形,达到顶点后逐渐下降,到 T 时石油耗竭后为 0;(2)粮食市场均衡时,粮食价格是人口、成本参数和能源价格的函数;其他条件不变时,粮食价格是能源价格的增函数;(3)能源价格是时间的增函数,在 T 时石油耗竭之后,能源价格逐渐逼近生物能源的保留价格;(4)无论人口是否增长,粮价将随着石油储量减少而上升;在石油耗竭之后若人口继续增长,粮价将继续增长,并逐渐接近粮食的保留价格。

还有学者强调了能源政策在价格传导中的关键作用(Hertel & Beckman, 2010),提出:(1)玉米市场的随机供需冲击,导致玉米价格的较大波动;(2)全球能源价格上升,将会提高玉米价格;(3)美国的生物能源政策对玉米价格产生重大影响。严格的混合墙(按照汽油体积的10%添加乙醇)和可再生能源标准(renewable fuel standard)制度,部分地切断了能源价格和玉米价格的联系,加强了玉米市场供需冲击对玉米价格的影响。

国内外文献从不同视角研究了国际能源价格对粮食价格的冲击和传导,成果丰硕。但也有几点值得思考。(1)国外学者对"粮食价格和能源价格的竞争性"研究较为深入,且重视能源政策对能源与农产品价格传导的影响;但未能将种植成本渠道和生物能源需求渠道区别开来,单独建立不同的理论模型,分析两类渠道价格传导的不同特征和动态。(2)国内学者侧重于"能源价格—生产成本/物能源需求/运输成本"传导环节的研究,缺乏针对"能源价格—生产成本/生物能源需求/运输成本—粮食价格"的整体传导机制分析。

　　因此，本章可能的创新在于：（1）将种植成本渠道和生物能源需求渠道区别开来，建立单独的理论模型分析种植成本渠道的价格传导；（2）在局部均衡模型的基础上，针对"能源价格—生产成本—粮食价格"的整体传导机制进行实证分析。

8.1　国际能源对粮食价格传导的生产成本渠道

8.1.1　国际能源和我国粮食价格的波动现状

8.1.1.1　国际能源和国内粮食价格"同向波动"

　　选取 2001 年 1 月至 2015 年 12 月国际能源和国内粮食价格进行分析。国际能源价格采用原油、煤炭价格指数；我国粮食价格采用国内粮食集贸市场价格指数；均以上年同期水平为 100 进行指数化处理。一般相关系数绝对值为 0.5～0.8 之间为显著线性相关，大于 0.8 为高度线性相关。四种粮食价格与原油价格高度相关，与煤炭价格显著相关（稻米为高度相关）。图 8.1 显示，2001 年 1 月以来，尽管能源与粮食价格在波幅、波峰和波谷时点有差异，但整体呈"同向波动"趋势：2005 年 1 月前都出现短期小幅

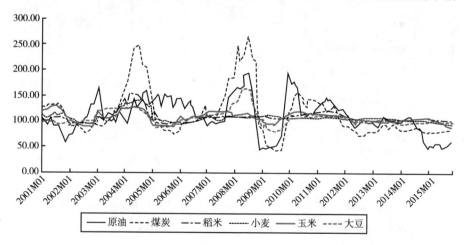

图 8.1　2001～2015 年国际能源和我国粮食价格指数波动趋势

资料来源：《全国农产品成本收益资料汇编》、IMF 宏观经济统计数据库。

震荡，2006 年 1 月至 2010 年 1 月大豆与能源价格波动较大，稻米、小麦和玉米价格较平缓，2010 年 1 月至 2015 年 12 月都呈下降趋势。

8.1.1.2 粮食生产能源要素占比与能源价格关系密切

国内粮食生产能源要素①占比与国际能源价格关系密切。2000 ~ 2008 年国际原油价格由 28.2 美元/桶急剧升至 92.4 美元/桶，国际煤炭价格由 26.2 美元/吨迅速升至 135.1 美元/吨，带动能源要素在我国粮食生产成本的比重迅速上升（稻米为 27% ~ 45%，小麦为 39% ~ 49%，玉米为 28% ~ 42%，大豆为 19% ~ 44%）。2008 ~ 2010 年国际原油价格由 92.4 美元/桶下降至 90.6 美元/桶，煤炭价格由 135.1 美元/吨下降至 109.2 美元/吨，带动能源投入要素在我国粮食生产成本的比重下降（稻米为 45% ~ 41%，小麦为 49% ~ 45%，玉米为 42% ~ 36%，大豆为 44% ~ 36%）。2011 ~ 2014 年国际原油和煤炭价格小幅攀升后逐步下跌（105.5 ~ 91 美元/桶，128.7 ~ 73.4 美元/吨），带动能源型投入要素在我国粮食生产成本的比重下降（稻米为 41% ~ 36%，小麦为 42% ~ 37%，玉米为 36% ~ 30%，大豆为 42% ~ 33%）。

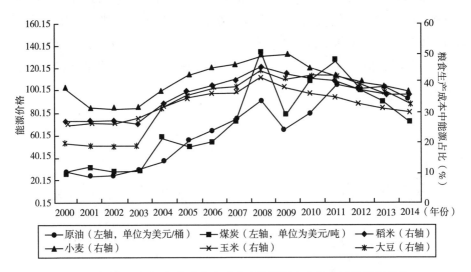

图 8.2　2000 ~ 2014 年粮食生产成本中能源要素占比和国际能源价格

资料来源：《全国农产品成本收益资料汇编》、IMF 宏观经济统计数据库。

---

① 粮食生产中的能源要素成本包括化肥、农药、农膜、机械作业、燃料动力等费用。

8.1.2　模型设定和变量说明

基于数据的统计性质建立的向量自回归（VAR）模型，将系统中的每个内生变量都作为所有内生变量滞后值的函数，模型表达式为：

$$Y_t = A_1 Y_{t-1} + A_2 Y_{t-2} + \cdots + C + u_t \tag{8.1}$$

其中，Y_t 是 k 维内生变量列向量，C 是常数列向量，u_t 是随机误差列向量，A_i 是需要估计的系数矩阵。在本研究中，Y_t 的各向量分别为国内粮食价格、国内能源型农业投入要素（化肥、农用汽油、农用柴油）价格、国际能源价格（见表8.1）。模型的样本期为 2003 年 1 月至 2015 年 12 月。表8.2 显示了变量间的格兰杰因果关系。

表8.1　　　　　　　　　　　　变量含义

变量	含义	指标选取	数据来源	均值	标准差
wheat	国内小麦价格	国内集贸市场价格	经济景气月报	2.2942	0.1255
corn	国内玉米价格	国内集贸市场价格		2.2288	0.1065
rice	国内稻米价格	国内集贸市场价格		2.2357	0.1128
soy	国内大豆价格	国内集贸市场价格		2.2481	0.1080
N	氮肥价格	尿素（≥46%）	国研网重点行业数据库	2.1574	0.0599
P	磷肥价格	普通过磷酸钙（12%）		2.2448	0.1173
k	钾肥价格	氯化钾（国产60%）		2.1316	0.1343
gasoline	国内柴油价格	0#柴油价格		2.2691	0.1297
diesel	国内汽油价格	90#汽油价格		2.2660	0.1316
coal	国际煤炭价格	西欧市场基准价格	IMF跨国宏观经济统计数据库	2.3453	0.1824
oil	国际原油价格	WTI、纽伦特和杜拜原油均价		2.4416	0.1867

注：所有数据以 2003 年 1 月为基期调整为指数并取对数形式。

表8.2 变量的格兰杰检验结果

双向格兰杰因果关系	单向格兰杰因果关系
玉米和氮肥、钾肥价格、煤炭价格、原油价格；小麦和柴油、汽油、石油、氮肥价格；稻米和氮肥价格；大豆和柴油、氮肥价格；柴油和氮肥、磷肥、钾肥价格；石油和氮肥、钾肥价格	稻米和柴油、汽油、钾肥、石油价格；大豆和钾肥、石油价格；小麦和钾肥价格；磷肥和玉米、稻米、大豆、小麦、石油、煤炭、价格；氮肥和煤炭价格；钾肥和煤炭价格；柴油和煤炭、石油价格；汽油和煤炭、石油、大豆价格；煤炭和稻米、小麦价格

8.1.3 变量检验

由表8.3的检验结果可知，国际能源价格、国内能源型农业投入要素价格和国内粮食价格是相互影响、相互制约的，可以考虑建立向量自回归模型。在对VAR模型估计前，首先对各变量的协整关系及平稳性进行检验（见表8.4）。平稳性检验的目的是为了防止伪回归现象的出现。本章采取ADF单位根检验。

表8.3 变量的平稳性检验结果

变量	检验形式（C，T，L）	ADF 值	是否平稳
corn	（1，1，0）	－2.6980	
wheat	（1，1，1）	－2.1912	
rice	（1，1，12）	－1.6711	
soy	（1，1，2）	－2.3789	
gasoline	（1，1，1）	－0.6205	
diesel	（1，1，1）	－0.5387	
oil	（1，1，1）	－1.1830	否
N	（1，1，1）	－2.7351	
P	（1，1，1）	－1.5799	
K	（1，1，2）	－1.6494	
coal	（1，1，1）	－1.8502	
d（*corn*）	（1，1，0）	－15.6851	
d（*wheat*）	（1，1，0）	－21.5070	是
d（*rice*）	（1，1，0）	－16.6616	
d（*soy*）	（1，1，1）	－7.1604	

变量	检验形式（C，T，L）	ADF 值	是否平稳
d（N）	（1，1，0）	− 8.3562	
d（P）	（1，1，0）	− 14.9146	
d（K）	（1，1，1）	− 10.2023	
d（$gasoline$）	（1，1，0）	− 9.1249	是
d（$diesel$）	（1，1，0）	− 8.8181	
d（oil）	（1，1，0）	− 8.4723	

注：C、T、L 代表截距、趋势项和滞后项；ADF 检验 1% 临界值为 − 4.0191，5% 临界值为 − 3.4394，10% 临界值为 − 3.1441。

表 8.4　　　　　　　　　**变量之间的 Johansen 协整检验结果**

原假设	特征值	迹统计量	5% 临界值	P 值
0 个协整关系 *	0.4739	598.0284	239.2354	0
至多 1 个协整关系 *	0.4556	501.6854	197.3709	0.0001
至多 2 个协整关系 *	0.4293	410.4761	159.5297	0
至多 3 个协整关系 *	0.4150	326.3345	125.6154	0
至多 4 个协整关系 *	0.3486	245.9046	95.7537	0
至多 5 个协整关系 *	0.3012	181.6066	69.8189	0
至多 6 个协整关系 *	0.2547	127.8522	47.8561	0
至多 7 个协整关系 *	0.2216	83.7504	29.7971	0
至多 8 个协整关系 *	0.1538	46.1678	15.4947	0
至多 9 个协整关系 *	0.1314	21.1267	3.8415	0

注：* 表示在 0.05% 水平上拒绝原假设。

表 8.3 显示各变量皆平稳，但其一阶差分在 1% 水平上平稳，因此可以在此基础上对各序列进行协整检验，以判断变量之间是否具有长期均衡关系。运用 Johansen 检验可以得表 8.4 的结果。根据表 8.4 的迹统计量判断，变量之间存在长期协整关系。

8.1.4　VAR 模型的估计

所有序列采用一阶差分形式，进行 VAR 估计。在模型估计前要确定合理的滞后期。按照 LR 统计量、FPE 值、AIC 信息准则、SC 信息准则、HQ

信息准则进行判断，模型的最优滞后期为1阶。采用VAR（1）模型，运用OLS进行估计（见表8.5）。

表8.5　　　　　　　　　　　　　VAR模型回归结果

模型	传导途径	关键表达式	关键系数	系数符号	关键系数显著水平	结论
玉米和煤炭	汽油和柴油	方程一 方程一 方程二、方程三	前期汽油价格 前期柴油价格 前期煤炭价格	－ + +		汽油和柴油渠道畅通
稻米和煤炭	柴油	方程一 方程二	前期柴油价格 前期煤炭价格	+ +		柴油渠道畅通
稻米和煤炭	汽油	方程一 方程二	前期汽油价格 前期煤炭价格	+ +	5%	汽油渠道畅通
玉米和石油	汽油和柴油	方程一 方程一 方程二、方程三	前期汽油价格 前期柴油价格 前期石油价格	－ + +		汽油和柴油渠道畅通
稻米和石油	柴油	方程一 方程二	前期柴油价格 前期石油价格	+ +		柴油渠道畅通
稻米和石油	汽油	方程一 方程二	前期汽油价格 前期石油价格	+ +		汽油渠道畅通

8.1.4.1　玉米和煤炭模型

$$\begin{bmatrix} corn \\ gasoline \\ diesel \\ coal \end{bmatrix} = \begin{bmatrix} -0.23 & -0.37 & 0.35 & 0.03 \\ 0.03 & 0.28 & -0.01 & 0.09 \\ -0.02 & 0.07 & 0.24 & 0.09 \\ 0.20 & -0.17 & 0.02 & 0.36 \end{bmatrix} \times Y(-1) + \begin{bmatrix} u_{1t} \\ u_{2t} \\ u_{3t} \\ u_{4t} \end{bmatrix}$$

$$(8.2)$$

式（8.2）包含了四个方程，四个方程调整的R^2分别为0.06、0.12、0.13和0.11。其中，第一、第二、第三个方程代表了当期粮食价格受前期粮食价格、前期成本及前期煤炭价格水平影响的关系，是本章需要研究的。第一个方程中的前期玉米价格、前期柴油价格、前期汽油价格系数在5%水平显著，第二、第三和第四个方程中前期煤炭价格系数在5%水平显著。从估计系数看，当期玉米价格与前期玉米及汽油价格呈反向关系，与前期柴油价呈同向关系；当期柴油价格及汽油价格与前期煤炭价格呈正向关系。可见，国际煤炭价格通过传导至国内柴油和汽油价格，进而影响国内玉米价格，但前期柴油及汽油价格对玉米价格影响方向不同。

8.1.4.2　稻米和煤炭模型

$$\begin{bmatrix} rice \\ gasoline \\ coal \end{bmatrix} = \begin{bmatrix} -0.31 & 0.16 & 0.06 \\ -0.04 & 0.31 & 0.09 \\ 0.45 & -0.18 & 0.35 \end{bmatrix} \times Y(-1) + \begin{bmatrix} u_{1t} \\ u_{2t} \\ u_{3t} \end{bmatrix} \quad (8.3)$$

式（8.3）包含了三个方程，三个方程调整的 R^2 分别为 0.10、0.14 和 0.17。第一个方程的前期稻米和柴油价格系数、第二个方程的前期柴油和煤炭价格、第三个方程的前期稻米和煤炭价格系数都在 5% 水平显著。结果表明，当期稻米价格与前期稻米价格呈反向关系，与前期柴油及煤炭价格呈同向关系；当期柴油价格与前期柴油及煤炭价格呈正向关系。

$$\begin{bmatrix} rice \\ diesel \\ coal \end{bmatrix} = \begin{bmatrix} -0.31 & 0.17 & 0.06 \\ 0.02 & 0.26 & 0.09 \\ 0.46 & -0.21 & 0.36 \end{bmatrix} \times Y(-1) + \begin{bmatrix} u_{1t} \\ u_{2t} \\ u_{3t} \end{bmatrix} \quad (8.4)$$

式（8.4）中三个方程调整的 R^2 为 0.10、0.13 和 0.17。如前所述，方程一和方程二是本章研究的重点。方程一的前期稻米和柴油价格、方程二的前期汽油和煤炭价格均在 5% 水平显著。系数符号表明，当期稻米价格与前期稻米价格呈反向关系，与前期汽油及煤炭价格呈同向关系；当期汽油价格与前期汽油及煤炭价格呈正向关系。结果表明，国际煤炭价格上升传导至国内柴油和汽油价格，进而抬高国内稻米价格。

8.1.4.3　玉米和石油模型

$$\begin{bmatrix} corn \\ gasoline \\ diesel \\ oil \end{bmatrix} = \begin{bmatrix} -0.22 & -0.36 & 0.36 & 0.00 \\ 0.04 & 0.19 & 0.00 & 0.23 \\ -0.01 & -0.02 & 0.25 & 0.24 \\ 0.00 & 0.03 & -0.16 & 0.36 \end{bmatrix} \times Y(-1) + \begin{bmatrix} u_{1t} \\ u_{2t} \\ u_{3t} \\ u_{4t} \end{bmatrix}$$

$$(8.5)$$

式（8.5）中三个方程调整的 R^2 为 0.05、0.47、0.49 和 0.10。方程一、方程二、方程三是本章研究的重点。方程一的前期玉米、汽油和柴油价格，方程二的前期原油价格，方程三的前期汽油和原油价格，均在 5% 水平显著。系数符号表明，当期玉米价格与前期玉米价格及汽油价格呈反向关系，与前期柴油价格呈同向关系；当期柴油及汽油价格与前期原油价格呈正向关系。结果表明，国际原油价格通过国内柴油和汽油价格，影响国内玉米价格；但前期柴油和汽油价格对玉米价格影响方向不同。

8.1.4.4 稻米和石油模型

$$\begin{bmatrix} rice \\ diesel \\ oil \end{bmatrix} = \begin{bmatrix} -0.31 & 0.15 & 0.07 \\ -0.06 & 0.24 & 0.24 \\ 0.33 & -0.17 & 0.35 \end{bmatrix} \times Y(-1) + \begin{bmatrix} u_{1t} \\ u_{2t} \\ u_{3t} \end{bmatrix} \quad (8.6)$$

式（8.6）中三个方程调整的 R^2 为 0.11、0.51 和 0.15。方程一、方程二是本章研究的重点。方程一的前期稻米、柴油和原油价格以及方程二的前期原油价格均在 5% 水平显著。系数符号表明，当期稻米价格与前期稻米价格呈反向关系，与前期柴油及原油价格呈同向关系；当期柴油价格与前期柴油及原油价格呈正向关系。

$$\begin{bmatrix} rice \\ gasoline \\ oil \end{bmatrix} = \begin{bmatrix} -0.31 & 0.16 & 0.07 \\ 0.00 & 0.20 & 0.22 \\ 0.33 & -0.17 & 0.35 \end{bmatrix} \times Y(-1) + \begin{bmatrix} u_{1t} \\ u_{2t} \\ u_{3t} \end{bmatrix} \quad (8.7)$$

式（8.7）中三个方程调整的 R^2 为 0.11、0.47 和 0.13。方程一、方程二是本章研究的重点。方程一的前期稻米和原油价格在 5% 水平显著，前期柴油价格在 10% 水平显著，方程二的前期汽油和原油价格在 5% 水平显著。系数符号表明，当期稻米价格与前期稻米价格呈反向关系，与前期柴油及原油价格呈同向关系；当期汽油价格与前期汽油及原油价格呈正向关系。结果表明，国际原油价格上升传导至国内柴油和汽油价格，进而拉升国内稻米价格。

为验证以上模型是否满足 VAR 模型的稳定性条件，还需利用其特征方程的根判别稳定性。当 VAR 模型所有特征方程的根的倒数都小于 1 时，

VAR 模型是稳定的；反之，则不稳定，影响其估计结果的有效性。检验结果显示以上模型完全稳定①。

8.1.5 讨论

8.1.5.1 国际能源价格通过农用柴油和汽油渠道向国内稻米和玉米价格的传导畅通

在式（8.2）、式（8.3）、式（8.4）中，玉米和稻米价格方程中前期煤炭价格和石油价格的系数并不显著，前期汽油和柴油价格的系数在 5% 水平显著，这说明国际能源价格通过生产成本途径传导至国内粮价。

该发现与肖皓等（2014）关于"与要素投入价格带来的冲击相比，短期石油价格冲击带来的农产品涨价压力通常并不明显"的结论，以及涂涛涛（2015）关于"采矿业，石油加工、炼焦及核燃料加工业对谷物生产成本的冲击主要是通过影响化学工业（化肥、农药等）的生产成本来发挥作用"的结论一致。

该结果与谢安特和堪克斯（Ciaiant & Kancs，2010）关于"1994 年 1 月至 2008 年 12 月国际能源对国际玉米、小麦、稻米、大豆等农产品通过投入要素渠道的价格传导很小且统计上不显著，而通过生物能源渠道对农产品价格影响显著"的结论不同。这说明世界范围内生物能源的突飞猛进，我国暂缓燃料乙醇和生物柴油的发展，导致国际能源对世界和中国粮食价格的主要传导途径不同，传导效应也存在差别。

8.1.5.2 国际能源价格通过化肥渠道，向国内粮食价格的传导不畅通

根据系数的显著性判断，国际煤炭价格上升，通过钾肥价格，传导至国内小麦、大豆和稻米价格；但粮食价格、钾肥、煤炭方程总体拟合度低于 3%②，说明国际煤炭价格通过化肥渠道对国内粮食价格的影响极其有限。

这与刘宁（2012）的研究结果相反。刘宁利用 VAR 模型，采用年度数

---

① 因篇幅限制检验结果未显示。
② 由于篇幅限制，文中未显示该回归结果。

据，估计了 1990～2009 年国内煤炭和石油价格对与能源型价格挂钩的粮食生产成本的影响，发现煤炭价格对粮食生产成本的影响远大于石油价格的影响。这说明"国际能源到化肥"的价格传导畅通，而"化肥到国内粮食"的价格传导环节在一定程度上是断裂的。可能的原因有：

（1）数据频率和样本期不同。刘宁（2012）选取年度数据进行研究，本章选取月度数据可以更加充分地反映出油价波动对国内粮食生产能源型要素成本和粮食价格的影响。刘宁（2012）的样本期是 1990～2009 年，本章的样本期为 2003 年 1 月至 2015 年 12 月。2003～2015 年我国农机化进程进一步加快，我国粮食生产中农业机械总动力从 2003 年的 60386.54 万千瓦提高到 2013 年的 103906.75 万千瓦，增长将近 1 倍；机械作业费占粮食生产成本比从 2003 年的 4%～6%（大豆为 8.9%）上升至 2014 年的 10%～15%[①]。国际能源价格通过机械作业费传导粮食生产成本和粮食价格成为必然趋势。

（2）粮食生产中能源要素结构发生很大变化。2000～2014 年，我国粮食生产成本的能源投入要素结构中，化肥费占小麦和玉米的能源投入要素成本 50% 以上，占稻米和大豆的能源要素成本的 30% 左右，呈明显下降趋势。机械作业费占稻米、小麦和玉米能源要素成本的 20%～40%，占大豆能源要素成本的 35%～55%，呈显著上升趋势。如前文的分析，随着机械作业相对于化肥在粮食生产中的重要性上升，能源价格通过机械作业费对粮食价格的传导弹性变大。

（3）政府补贴缓解了能源价格通过化肥渠道对粮食价格的影响。我国以增加养分投入为导向的化肥产业补贴政策对推动化肥生产与施用发挥了巨大的作用。2011 年我国化肥产业补贴金额高达 1570 亿元，相当于 2480 元/吨的化肥折纯补贴，这使得化肥价格平均降低 22.4%，节省粮食生产中的化肥成本 30.8%（李宇轩，2014）。化肥补贴缓解了能源价格波动对粮食价格的冲击。

8.1.5.3 国际能源价格上升，通过柴油渠道对玉米价格产生正向影响，通过汽油渠道对玉米价格产生负向影响

在模型中，玉米价格方程中前期柴油价格显著且为正，前期汽油价格

---

① 资料来自国研网重点行业数据。

系数显著且为负；而柴油和汽油价格方程中，前期煤炭和原油价格的系数皆显著为正。这说明虽然国际能源价格上升推高了国内农用柴油和汽油价格，但对玉米价格的影响方向不同。原因可能在于汽油中添加乙醇已经较为普遍，而柴油添加乙醇比较少。乙醇工业市场的分割性导致汽油价格上升对玉米价格具有正负两种效应。

按照赫特尔和贝克曼（Hertel & Beckman，2012）的分析，燃料乙醇在两个分割的国内市场进行销售。第一个市场上，作为汽油添加剂（严格按照汽油 10% 的比例添加），乙醇需求对能源和乙醇的相对价格不敏感。我国从 2005 年 12 月起开始推广使用乙醇汽油 E10，其中普通汽油体积占 90%，乙醇体积占 10%。随着汽油价格上升，整个社会的汽油消费量减少，乙醇需求减少，乙醇原料玉米价格相应降低。第二个市场上，作为汽油的替代品，乙醇需求严重依赖乙醇和汽油的相对价格。当汽油价格上升时，乙醇需求增大，玉米价格上升。我国出于粮食安全目的严格控制生物能源的发展规模，乙醇的能源替代型市场未能发展起来，因而汽油价格上升对玉米价格的负面效应超过正面效应。

8.2 国际能源对粮食价格传导的贸易成本渠道

我国 2015 年、2016 年取消了菜籽油和玉米的临储政策，改为"市场化收购＋补贴"的方式，被视为农业供给侧改革的开始。经过调整后的农产品价格和国际市场接轨，处于低位。若能源价格急剧上涨会导致较强的通胀预期，给游资炒作农产品创造条件，可能造成农产品价格剧烈波动和粮食安全问题。在此背景下，研究国际能源价格对我国农产品价格的影响机制和影响效应，具有较高的理论价值和迫切的现实意义。

国际运输成本上升，导致国际贸易流量下降。计永雪和胡莉莉（2015）发现 2012 年与 2008 年相比，我国人均 GDP、人口规模、两国距离对出口贸易的影响在逐步减弱，而海洋运输成本综合指标对出口贸易的影响则逐渐增强。科萨和谢哈尔（Cosar & Shekhar，2016）研究表明，随着土耳其省际公路投资项目的进行，内陆省份生产的产品能够更便捷地运输到门户省份，土耳其的总贸易流量增加，同时贸易成本越小的省份和公路运载能力越大的省份其贸易流量会越大。萨拉姆斯（Salamat，2017）发现巴基斯坦 2014 年国内到港口的距离的边际效应，几乎是到出口市场的国外距离的两倍；国内距离主要通过公司和产品的扩展边际阻碍了出口，国际距离主要通过数量边际限制了出口。

国内运输成本和地方保护主义导致市场分割，对省际贸易有负面影响。徐现祥和李郇（2012）发现 1985～2008 年我国各省份的铁路货运贸易以本省份及周边市场为主，铁路货运一直从内陆净流向沿海；外需导向的省际贸易主要受外贸的影响；内需导向的省际贸易主要受国内贸易成本的影响。许统生（2013）等的研究表明，距离、经济发展差距、农业比重对省际贸易成本影响不显著，但国有经济比重、交通基础设施的影响显著。洪勇（2013）研究显示，地理边界的存在会显著减少跨界贸易量，我国国内边界效应在绝对值上大于国际边界效应，贸易存在本地化偏好。刘金山和李宁（2013）研究发现，区际贸易主要在邻近省份之间展开，远距离省际贸易相对较少。王庆喜和徐维祥（2014）研究发现，贸易汇入地的地方保护行为严重妨碍外地货物流入该地；在所有距离因素中，地理距离阻碍省际贸易，且影响最强；省份间的经济距离在一定范围内有利于省际贸易，产业距离对省际贸易有利，技术距离则无显著影响。杨恺钧和褚天威（2016）研究发现，中国 30 个省份的 2002～2014 年互联网发展对当地进口贸易有显著抑制作用，但对周边区域的进口贸易有促进作用；交通运输对当地及周边区域的进口贸易都有促进作用。

国际能源价格影响国际贸易流量，进而影响国内农产品价格。狄龙和巴雷特（Dillon & Barrett，2013）的研究表明，国际油价上涨导致运输成本提高，进而推高了埃塞俄比亚、肯尼亚、坦桑尼亚、乌干达的粮食价格。阿特金和唐纳森（Atkin & Donaldson，2014）通过估计埃塞俄比亚、尼日利亚和美国的港口城市的成本冲击传递到遥远地区消费者对于从港口城市运来的货物支付的价格，发现偏远地区的价格传递效应更低。翁铭（2015）研究发现，2015 年国际石油价格大跌，导致国际粮食海运费用明显降低，促使进口粮食到岸完税价格进一步降低；当进口粮食价格在诸多因素作用下低于国内粮食价格时，对中国粮食市场产生挤压效应。

现有国际价格传导理论将一国视为一个无差异的点，未考虑区域的空间差异和贸易成本。因此本章的创新在于：首先，结合"运输成本对经济地理的冲击"理论和"李嘉图国际贸易模型"，建立数理模型，分析能源价格基于贸易成本渠道对农产品价格的影响机制；其次，采用科萨和法格鲍姆（Cosar & Fajgelbaum，2013）的实证方法，实证分析国际能源价格通过贸易成本对我国农产品价格的影响效应。

8.2.1 我国农产品贸易的运输现状

8.2.1.1 国际海运现状

国际海运作为国际运输中的主要方式，在国际贸易总运量中占据 2/3，我国进出口货物总量中有 90% 的运输量是由国际海运来完成的。截至 2014 年底，我国拥有沿海运输船舶 11048 艘，净载重量 6920.93 万吨；远洋运输船舶 2603 艘，净载重量 7589.59 万吨。在国际干散货海运贸易中，粮食约占总贸易量的 10%，粮食贸易主要包括小麦、大豆等作物。[①]

（1）国际海运成本。水运费用相对较低，我国进口粮食主要通过水运抵达。在国际航运中，波罗的海干散货指数被广泛用作海运价格指数，它是根据众多条干散货航线运价及其重要程度构建的综合指数，代表国际干散货指数的晴雨表，也是代表国际货物贸易的晴雨表。波罗的海干散货运价指数（BDI）2003～2007 年 BDI 呈上升趋势，其中 2004～2006 年有小幅下降，2007～2015 年总体呈下降趋势，且下降幅度大。

（2）国际海运存在的问题。我国粮食贸易依赖长距离的海运，然而海运无法实现高效率的快速通达，且受到天气影响。不论是从美国墨西哥湾和巴西、阿根廷东部港口经大西洋、巴拿马运河、太平洋进入中国，或者从美国西海岸经太平洋进入中国，然后从港口进入内陆城市，从国际上获得粮源都决定着粮食贸易需要强大的物流与供应链管理能力做支撑。此外，粮食海运采取散粮运输具有作业效率高等优点，但多次装卸会对粮食的品质造成损害。

（3）国际海运的影响因素。影响国际海运的因素主要有经济政治因素与石油价格因素。国际海运市场的兴衰与全球经济形势有着紧密的联系。

---

① 资料来自 EPS 数据库。

政治因素是指全球各大重要的能源进出口大国与经济组织的政策对大宗货物需求会形成影响。海运的主要燃料来自石油，油价与运价成正向关系。

8.2.1.2 国内运输

（1）运输方式。我国国内物流主要为铁路运输与公路运输。从运输工具上来看，我国正不断加大交通设施的投资力度，近年来，铁路和公路的建设发展迅速，从目前来看，粮食运输以公路、铁路为主，其中公路运输货运量要大于铁路运输货运量，我国铁路、公路货运量逐年上升，且运量较大。从包装方式上来看，粮食运输主要分为袋装运输、散装运输与集装箱运输三种，国内陆路运输中主要采用袋装运输。

（2）基础设施。尽管我国交通运输线路基础设施正在提升中，但仍没有改变我国粮食运输基础设施薄弱的现状。汽车运输主要还是依赖社会资源，各个乡镇的公路只能勉强通行汽车，并且多数地方基本没有配套的粮食运输车辆，铁路运输虽然受气候影响小，但线路较为匮乏。根据 EPS 数据库的资料，铁路方面，截至 2017 年底，全国铁路营运里程达到 12.7 万千米，特别是高速铁路里程达 2.5 万千米；公路方面，截至 2017 年底，全国公路通车总里程达 477.35 万千米，是 1978 年的 5.4 倍，高速公路覆盖97% 的 20 万以上人口城市及地级行政中心；水运方面，截至 2017 年底，我国港口拥有生产性码头泊位 2.76 万个，其中万吨级及以上泊位 2366 个，分别是 1978 年的 38 倍和 18 倍，初步建成了以"两横一纵两网十八线"为主体的内河航道体系。

（3）运输成本。在公路运输成本中，燃油费用占到了 50%，也就是说，油价每提高 10%，公路运输费用会增加 5%。此外，铁路运输正经历提速阶段，铁路提速也就意味着成本的上升。进入中国西部粮食调入的省份成本相对较高，也影响着西部地区粮食安全。

（4）存在的问题。我国粮食运输存在铁路运粮能力不足、粮食运输成本过高、粮食散运不发达和粮食铁海联运存在障碍等问题。内陆城市粮食运输存在两个问题：一是粮食接卸技术水平比较落后，基本是包装运输；二是运输方式主要靠铁路、公路，与沿海省份相比运费相对偏高。国内粮食运输的影响因素有运输成本、运输技术水平和运输管理三方面。

8.2.2 国内外贸易成本的测度

沿着帕斯利和魏（Pasley & Wei, 1996）、桂琦寒等（2006）的思路，两地区的相对价格波动计算公式为：

$$\Delta Q_{ijt}^k = \ln(P_{it}^k/P_{jt}^k) - \ln(P_{it-1}^k/P_{jt-1}^k) = \ln(P_{it}^k/P_{it-1}^k) - \ln(P_{jt}^k/P_{jt-1}^k)$$

$$(8.8)$$

采用相对价格波动的绝对值 $|\Delta Q_{ijt}^k|$ 来计算其相对价格方差，采用绝对值形式的目的是为了不使两个地区置放顺序影响到相对价格的比较。考虑到绝对值并不全部由地区间的市场环境差异所引起，需要去除 $|\Delta Q_{ijt}^k|$ 中商品异质性所导致的不可加效应，以更准确地度量国内和国际市场的贸易成本。根据帕斯利和魏（Pasley & Wei, 2001），可得到：

$$|\Delta Q_{ijt}^k| = \alpha^k + \varepsilon_{ijt}^k \qquad (8.9)$$

其中，α^k 为第 k 类产品自身某些特性所引起的价格变动，而 ε_{ijt}^k 为第 k 类产品在第 i、j 两地区的市场环境或其他随机因素所引致的价格变动。

去均值的方法可以消除这种商品异质性所带来的系统偏误，即对给定年份 t、商品种类 k 的 $|\Delta Q_{ijt}^k|$ 值，在所有配对省份之间求 $|\Delta Q_{ijt}^k|$ 的均值，再分别用 $|\Delta Q_{ijt}^k|$ 减去该均值，由此得到用以计算价格波动方差的相对价格变动部分 q_{ijt}。即：

$$q_{ijt}^k = |\Delta Q_{ijt}^k| - |\Delta Q_1^k| = \varepsilon_{ijt}^k - \varepsilon_t^k \qquad (8.10)$$

对于特定的商品 k 而言，它的 q_{ijt} 不包括与它自给特征有关的信息，而只包括不同地区间贸易成本的有关信息，通过计算每两个地区之间的商品价格指数的相对价格方差 q_{ijt}，得到贸易成本的指标。

具体而言，国内贸易成本，用我国进口农产品价格与各地区农产品价格指数的相对价格方差来表示；国外贸易成本，用我国进口农产品价格与各国农产品生产者价格的相对价格方差来表示。我国进口农产品价格，用进口农产品金额（美元）除以进口农产品数量（吨），数据来源于 UN Comtrade 数据库。国内各地区农产品价格指数来源于国研网数据库。各国农产品生产者价格，来源于 FAO 农产品生产数据库。

8.2.3 模型设定

8.2.3.1 国外贸易成本

$$cost_0 = \gamma_0 + \gamma_1 oil + \gamma_2 distance_0 + \gamma container + \gamma_4 open + \gamma_5 FTA + \varepsilon$$

$$(8.11)$$

式中，对外贸易成本（$cost$）包括国际运输成本和国际贸易壁垒，oil 表示国际原油价格，国际运输成本用空间距离（北京到各国首都距离）$distance_0$ 表示，$container$ 表示港口 20 英尺集装箱吞吐量，贸易壁垒包括贸易开放度（$open$）和自由贸易区（FTA）两变量。粮食包括小麦、玉米、稻米和大豆，肉类包括牛奶、牛肉、猪肉、羊肉、禽肉，油脂包括大豆油、花生油和菜籽油。各类产品进口占粮食、肉类和油脂类产品的比重如表 8.6 所示。国际贸易成本模型涉及的国家和农产品类别如表 8.7 所示。

表 8.6　　　　　　　　　实证模型中的农产品数据指标

农产品名称	进口占同类产品比重（%）
浓缩加糖型牛奶	70.30
冷冻牛肉	8.79
新鲜、冷藏或冷冻猪肉	18.86
新鲜冷藏或冷冻羊肉	10.39
禽肉	61.27
大豆油	11.15
花生油	1.54
橄榄油	1.78
棕榈油	46.17
菜籽油	6.00

资料来源：UN Comtrade 数据库。

表 8.7　　　　　　　　　实证模型中的国家和农产品类别

农产品	涉及国家
小麦	澳大利亚、加拿大、美国
稻米	巴基斯坦、泰国、美国、越南
玉米	阿根廷、澳大利亚、智利、法国、德国、老挝、泰国、美国
大豆	阿根廷、巴西、加拿大、俄罗斯、美国
奶类	阿根廷、澳大利亚、比利时、丹麦、芬兰、法国、德国、爱尔兰、意大利、马来西亚、荷兰、新西兰、瑞士、美国
猪肉	加拿大、美国
牛肉	澳大利亚、荷兰、乌拉圭
羊肉	新西兰、乌拉圭
鸡肉	阿根廷、巴西、智利、法国、波兰、美国

资料来源：UN Comtrade 数据库，经笔者整理。

8.2.3.2　国内贸易成本

$$cost_1 = \beta_0 + \beta_1 gasoline + \beta_2 distance_1 + \beta_3 railway + \beta_4 highway + \beta_5 cable + \varepsilon_2 \tag{8.12}$$

除了汽油价格（gasoline）之外，国内贸易成本主要包括由自然地理造成的内部贸易壁垒和市场隔离程度。自然地理造成的内部贸易壁垒，用各省会城市到最近港口的直线距离 $distance_1$ 表示。市场隔离程度用基础设施质量（高速公路占公路总存量的比例 highway、铁路运输网络密度 railway、信息化设施 cable）表示。

国内贸易成本模型涉及的农产品，包括粮食类（小麦、稻米、玉米和大豆）、油脂类（大豆油、花生油、菜籽油）、肉类（牛肉、猪肉、羊肉）和奶类。国内贸易成本模型涉及 30 个省区市，包括北京、天津、河北、山西、内蒙古、辽宁、吉林、黑龙江、上海、江苏、浙江、安徽、福建、江西、山东、河南、湖北、湖南、广东、重庆、四川、贵州、云南、陕西、甘肃、青海、宁夏、新疆、广西和海南。

8.2.4　变量说明和数据来源

8.2.4.1　燃料价格（fuel）

油价越高，成本也越大。国际原油价格选取原油（石油）价格指数

（2005 年 = 100），为布伦特、西得克萨斯（中质油）、迪拜法特三大石油市场现货价格的简单平均。数据来源于 IMF 初级商品月度价格数据库。国内汽油价格选取国内能源价格指数，数据来源于国研网数据库。

8.2.4.2　空间距离（distance）

通常认为空间距离是影响运输成本的一个主要因素，一般远距离会导致高成本。笔者选用的国际空间距离是指两国首都之间的距离，数据来源是网站 http：//www. indo. com/distance/。内部贸易壁垒用各省会（首府）城市到最近港口的直线距离表示，数据来源于百度地图。

8.2.4.3　港口的集装箱吞吐量（container）

集装箱运输作为世界经济贸易的载体，可以用来衡量一个港口在国际经济贸易中的地位，是一个国家或地区经济繁荣程度的重要指标之一。数据来源于世界银行，以 20 英尺的标准集装箱（TEU）为计量单位。

8.2.4.4　港口的基础设施质量（infra）

港口基础设施质量的好坏也是影响一国海洋运输成本的重要因素。指标来源于全球竞争性报告，该指标用于衡量企业高管对本国港口设施的感受。数据来自世界经济论坛数据库，把港口基础设施质量量化为 1~7 之间的指数，指数越高代表该国港口基础设施越发达。

8.2.4.5　国内基础设施质量

铁路运输密度（railway）和高速公路比例（highway）越大，运输能力越强，国内贸易成本越低。笔者分别采用国内各地区每 1 万平方千米的铁路运营里程，和高速公路里程占等级公路总里程的比重，作为代表性指标。信息化设施（cable）越完善，信息流动越快，物流成本越低。本章采用各省份的长途光缆数量（万千米）作为数据来源。国内基础设施指标数据来源于国家统计局数据库。

8.2.4.6　贸易开放度（open）

贸易开放度越大，一国融入世界经济的程度就越高，贸易壁垒就越低，贸易成本也越少。本章用各国进出口总额占 GDP 的比重代表贸易开放度。数据来源于世界银行数据库。

8.2.4.7 自由贸易协定（FTA）

两国签订自由贸易协定后，两国之间的关税和非关税壁垒会大幅度减少，贸易成本降低。本章采用虚拟变量 FTA，表示两国之间是否签订自由贸易协定。若某年签订自贸协定，从该年之后 FTA 值为 1。反之，FTA 值为 0。数据来源于国家统计局，经笔者整理得到。

8.2.5 模型检验

协整检验结果表明，国外贸易成本模型中，小麦和玉米模型各变量存在协整关系，稻米和牛肉模型各变量也存在协整关系（见表 8.8）。国内贸易成本模型中，各组变量间均存在协整关系（见表 8.9）。因此，可以进一步对模型进行估计。国外粮食和牛肉模型，通过了随机效应检验；国内粮食类和油脂类模型，通过了固定效应检验。

表 8.8　　　　　　　　　　国外贸易成本模型协整检验

统计量	国外小麦模型		国外玉米模型		国外稻米模型		国外牛肉模型	
	统计量	Prob.	统计量	Prob.	统计量	Prob.	统计量	Prob.
Group rho	− 0.5407	0.2943	− 1.0327	0.1509	− 0.5609	0.0000	− 1.0427	0.0000
Group PP	− 10.8188	0.0000	− 14.6985	0.0000	− 98188	0.0000	− 15.6785	0.0000
Group ADF	− 4.7067	0.0000	− 4.3261	0.0000	− 5.8069	0.0000	− 5.3261	0.0000

表 8.9　　　　　　　　　　国内贸易成本模型协整检验

统计量	国内玉米模型		国内稻米模型		国内小麦模型		国内大豆模型		国内大豆油模型	
	统计量	Prob.	统计量	Prob.	统计量	Prob.	统计量	Prob.	统计量	Prob.
Group rho	− 1.0660	0.1432	− 1.0800	0.1401	− 1.1224	0.1308	0.1419	0.5564	0.0396	0.5158
Group PP	− 19.4927	0.0000	− 19.5443	0.0000	− 18.9428	0.0000	− 13.8004	0.0000	− 16.6188	0.0000
Group ADF	− 8.8830	0.0000	− 8.9359	0.0000	− 8.6638	0.0000	− 8.4945	0.0000	− 2.6962	0.0035

续表

统计量	国内菜籽油模型		国内花生油模型		国内牛肉模型		国内羊肉模型		国内猪肉模型	
	统计量	Prob.	统计量	Prob.	统计量	Prob.	统计量	Prob.	统计量	Prob.
Group rho	-2.6431	0.0041	-2.6378	0.0042	-2.6305	0.0043	-2.6274	0.0043	-2.5936	0.0047
Group PP	-15.8198	0.0000	-15.8048	0.0000	-25.8101	0.0000	-25.7665	0.0000	-25.8282	0.0000
Group ADF	-5.2893	0.0000	-5.2839	0.0000	-9.1854	0.0000	-9.1590	0.0000	-9.1752	0.0000

8.2.6 回归结果

由表8.10可知，（1）国际原油价格对我国农产品进口的国外贸易成本影响显著为正，表明能源价格越高，运输成本越高。（2）空间距离对稻米进口的国外贸易成本影响显著为正，表明各国距离越遥远，贸易难度越大，贸易成本越高。（3）港口集装箱吞吐量对牛肉的国外贸易成本影响显著为负，表明运输能力越强，港口基础设施质量越高，贸易越便利，贸易成本越小；港口集装箱吞吐量对小麦国外贸易成本影响不显著。（4）自贸协定和贸易开放度对国外贸易成本影响显著为正，表明贸易壁垒越少，贸易成本越小。（5）空间距离对牛肉的国外贸易成本影响显著为负，贸易开放度对小麦和玉米的国外贸易成本影响显著为负，不符合理论预期；进一步的研究表明，是变量间的多重共线性导致的系数符号偏差[①]。

表8.10　　　　　　　　　国外贸易成本模型估计结果

变量	稻米	log（100×小麦）	log（100×玉米）	log（100×牛肉）
C	-0.928792 （-2.2757）**	-42.11353 （-2.5781）**	-7.550369 （-4.2102）***	54.85205 （3.0722）***

---

① 针对空间距离和牛肉价格进行回归，发现空间距离系数为正；针对贸易开放度和小麦贸易成本、贸易开放度和玉米贸易成本进行单独回归，发现贸易开放度系数为负。

续表

变量	稻米	log（100×小麦）	log（100×玉米）	log（100×牛肉）
log（石油价格）	0.135579 (2.0646)**	0.784732 (2.5060)**	0.717967 (3.4896)***	0.010381 (3.5942)***
log（距离）	0.084586 (1.9896)*			-3.292837 (-2.8633)***
自由贸易区	-0.387717 (-5.2847)***			
开放度		4.296744 (2.4369)**	0.628136 (4.3177)***	-19.02449 (-1.9910)*
log（集装箱吞吐量）				-1.404997 (-3.2795)***
估计方法	面板 EGLS（时间随机效应）			
样本数	53	51	110	41
调整可决系数	0.52762	0.174167	0.180287	0.200675
F 统计量	20.36025	6.272477	12.9867	3.510554

注：除了表中所列结果，其他农产品种类回归结果不显著。

表 8.11 显示，（1）国内燃料价格指数对国内粮食贸易成本影响显著为正，表明能源价格越高，贸易成本就越高。（2）空间距离对粮食的国内贸易成本影响为正，表明各省份距离港口距离越遥远，农产品运输难度越大，贸易成本就越大。（3）铁路运输密度、高速公路比例、长途光缆数量对国内贸易成本的影响为负，表明基础设施质量越高、运输能力越强，贸易成本就越低。（4）国内燃料价格指数对油脂和羊肉的国内贸易成本影响不显著。（5）燃料价格对牛肉和猪肉的国内贸易成本影响为负，不符合预期，可能是自变量间的多重共线性导致的①。

① 进一步的单独回归分析表明，燃料价格对牛肉和猪肉的国内贸易成本影响不显著。

表 8.11　国内贸易成本模型估计结果

变量	玉米	稻米	小麦	大豆	大豆油	菜籽油	花生油	牛肉	羊肉	猪肉
估计方法	个体固定效应，面板最小二乘法							无固定效应，面板最小二乘法		
样本数	490				474			447		
C	-0.0416 (-1.8105)*	-0.0411 (-1.7851)*	-0.0403 (-1.7440)*	-0.0119 (-0.4502)	0.0602 (1.9687)**	0.0645 (2.0102)**	0.0645 (2.0140)**	0.0800 (3.1889)***	0.0861 (3.4318)	0.0858 (3.4318)***
log（燃油价格1）	0.0133 (2.9900)**	0.0132 (2.9583)***	0.0131 (2.9347)***							
距离				0.0074 (1.4394)	-0.0037 (-0.6282)	-0.0037 (-0.5922)	-0.0037 (-0.5978)	-0.0141 (-2.9744)***	-0.0159 (2.9749)	-0.0159 (-2.9749)***
log（铁路密度）	-0.0048 (-3.1343)**	-0.0048 (-3.1198)***	-0.0050 (-3.2412)***	-0.0051 (-2.8796)***	-0.0111 (-4.9046)***	-0.0138 (-6.4743)***	-0.0138 (-6.4665)***			
log（高速公路等级）					-0.0034 (-2.7323)***					
log（信息设施）								-0.0042 (-4.3708)***	-0.0042 (4.3633)	-0.0042 (-4.3632)***
调整可决系数	0.0714	0.0701	0.0717	0.0715	0.1532	0.1571	0.1570	0.1418	0.1417	0.1493
F 统计量	2.1754	2.1517	2.1808	2.1773	3.6746	3.8473	3.8459	19.4193	19.4143	19.3986

注：***，** 和 * 分别表示 1%、5% 和 10% 显著水平。

8.3 本章小结

8.3.1 结论

本章分析了能源价格对粮食价格的影响效应，得出以下结论：

（1）其他条件不变时，能源价格波动通过生产成本渠道导致粮食价格发生同向变化。能源对粮食价格的传导弹性，受能源投入要素的产出弹性及粮食生产要素替代弹性的影响。

（2）国际能源价格通过柴油和汽油渠道向国内稻米和玉米价格的传导畅通，通过化肥渠道向国内粮食价格的传导不畅通。可能是由于我国农机化进程加快、粮食生产能源要素成本中化肥占比下降、机械动力占比上升、政府补贴等因素缓解了能源价格通过化肥渠道对粮食价格的影响。

（3）国际能源价格上升，通过柴油渠道对玉米价格产生正向影响，通过汽油渠道对玉米价格产生负向影响。原因可能是：其一，目前我国柴油添加乙醇比较少，而汽油中添加乙醇已较为普遍；其二，乙醇市场的分割性导致汽油价格上升对玉米价格具有正负两种效应（汽油添加剂市场为负，能源替代型市场为正），我国乙醇的能源替代型市场未发展起来，汽油价格对玉米价格的总体影响为负。

（4）国际能源价格变化，通过贸易成本途径影响国内商品价格。理论模型表明，当国内外贸易成本下降时，进口商品相对价格下降，进口商品的相对消费上升。而距离越遥远，国外价格对国内价格的传导效应越小。

（5）能源价格上升推高了我国农产品的国内外贸易成本。国际原油价格对我国农产品进口的国外贸易成本影响显著为正，表明能源价格越高，运输成本越高。国内燃料价格指数对国内粮食贸易成本影响显著为正，表明能源价格越高，贸易成本越高。

（6）空间距离越大，我国农产品国内外贸易成本越高。我国距离主要农产品贸易伙伴国越遥远，农产品进口难度越大，贸易成本越高。国内各省距离港口距离越遥远，农产品运输难度越大，贸易成本越大。

（7）国内外基础设施质量的提高，能降低我国农产品贸易成本。主要贸易伙伴国的港口集装箱吞吐量,对我国进口牛肉的国外贸易成本影响显著为负,表明运输能力越强,港口基础设施质量越高,贸易越便利,贸易成本越小。国内各省份的铁路运输密度、高速公路比例、长途光缆数量对国内贸易成本的影响为负,表明国内基础设施质量越高、运输能力越强,贸易成本越低。

(8)贸易政策合作有利于降低我国农产品进口贸易成本。自贸协定和贸易开放度对国外贸易成本影响显著为正,表明贸易壁垒越少,贸易成本越小。

8.3.2　对策

根据以上结论,提出以下对策。

(1)现有粮食生产补贴政策的确减缓了能源价格上涨对粮食生产成本和粮食价格的冲击,应继续探寻对粮食价格扭曲最小的农业补贴政策。

(2)应继续进行粮食、能源和农资价格的市场化改革,令能源、农资和粮食之间的价格传导更加顺畅,否则会导致资源的扭曲配置,如目前化肥过度使用造成严重的环境污染和农产品质量安全问题。

(3)在我国农业生产土地和劳动力成本逐渐上升的背景下,农业生产对能源型投入要素的依赖只会越来越大。最根本的还是要依靠农业技术进步,提高农业生产效率,并注重提高能源使用效率,减少能源浪费。

(4)加快物流资源整合,降低运输成本。在油价不断上升的情况下,对分散的物流设施资源进行整合,优化资源配置。在重要的物流节点建立粮食仓储基地、粮食加工基地与物流基地,实现仓储、加工与物流一体化;围绕重要铁路线路的重点布局战略卸车点,并配以粮食分销子系统,保证粮食快速接卸、及时加工、高效配送,争取实现南北、东西粮食快速通达。

(5)提高港口和铁路的基础设施质量。在沿海城市建港口,鼓励涉农企业参与港口建设,国际粮食价格较低时加强进口,国际市场价格较高时开展出口。交通不发达省份需要加快公路建设,完善基础设施建设,弥补到沿海距离较大省份的劣势,以稳定国内粮食价格。

(6)加强对石油行业的监管。加强监管,打破石油行业的垄断模式,从而降低汽油、柴油等成品油油价,以此降低运输成本和粮食价格。

9 国际粮价波动对粮食贸易的影响：贸易流量机制

第 8 章的分析表明，国际粮价的贸易传导途径和国际能源价格的运输成本传导途径同时发挥作用，对国内粮食价格存在叠加效应。国际能源价格等非传统因素对粮食贸易安全的影响已不容忽视。本章将针对国际金融资产、能源和粮食的价格波动对粮食贸易的影响机理和效应展开研究。

能源、金融资产和粮食的价格波动都具有非对称性。能源价格和金融资产价格的波动，已经成为粮食价格波动的主要原因。现有研究对于粮食、金融资产和能源等价格的波动对贸易总额的影响进行了较为系统的分析，但仍有三点不足：（1）较少关注粮食价格、能源价格和金融资产价格是否对粮食贸易具有非对称影响；（2）未明确回答除了累积效应之外，国际金融资产、能源和粮食等价格之间的当期相互影响程度和共同的结构式冲击如何；（3）未能深入分析国际粮食价格、金融资产价格和能源价格波动对粮食贸易的复合影响。

因此，在已有研究的基础上，本章试图回答以下三个问题：（1）国际粮食价格波动是否对粮食贸易有非对称影响？（2）国际金融资产、能源和粮食等价格的波动所受到的共同结构式冲击如何度量？（3）国际粮食价格、金融资产价格和能源价格波动对粮食贸易的复合影响是什么？

9.1 国际粮价波动对粮食贸易的非对称影响

9.1.1 模型设定

遵循谢勒特（Schorderet，2004）和周杰琦（2010）的研究方法，采用非对称协整技术来研究国际粮价波动和粮食贸易的关系。首先，对于某一时间序列 X_t，可分解为两个以变量序列差分形式出现的正、负部分，记为 X_t^+ 和 X_t^-，分别表示为：

$$X_t^- = \sum_{i=0}^{t-1} 1\{\Delta X_{t-i} < 0\}\Delta X_{t-i} \text{ 或 } X_t^+ = \sum_{i=0}^{t-1} 1\{\Delta X_{t-i} \geqslant 0\}\Delta X_{t-i} \quad (9.1)$$

其中，$1\{\cdot\}$ 表示当括号内不等式成立时，取值为 1，否则取值为 0。Δ 表示取差分。现考虑两个单整序列，X_{jt}^+ 和 X_{jt}^-，$j=1$，2，假设 X_{jt}^+ 和 X_{jt}^- 之间存在一个线性组合 Z_t：

$$Z_t = \beta_0 X_{1t}^+ + \beta_1 X_{1t}^- + \beta_2 X_{2t}^+ + \beta_3 X_{2t}^- \quad (9.2)$$

如果存在某向量 $\beta^T = (\beta_0，\beta_1，\beta_2，\beta_3)$，其中 $\beta_0 \neq \beta_1$，或 $\beta_2 \neq \beta_3$，使得 Z_t 为平稳性过程，则认为 X_{jt}^+ 和 X_{jt}^- 存在非对称协整关系（Schorderet，2004）。这种定义的基本思想为：当这两个变量都增加时，它们之间的关系可能不同于变量减少时的情况。可以通过考察式（9.3）来分析变量之间可能的非对称关系：

$$Z_{1t} = X_{1t}^+ - \beta^+ X_{2t}^+ \text{ 或 } Z_{2t} = X_{1t}^- - \beta^- X_{2t}^- \quad (9.3)$$

由于 $Z_{jt}(j=1，2)$ 可能具有非线性特性，式（9.3）的 OLS 估计在样本容量不足时是有偏的。为解决该问题，谢勒特（Schorderet，2004）建议采用 OLS 估计辅助式（9.4）以提高估计效率：

$$\varepsilon_{1t} = X_{1t}^- + \Delta X_{1t}^+ - \beta^- X_{2t}^- \text{ 或 } \varepsilon_{2t} = X_{1t}^+ + \Delta X_{1t}^- - \beta^+ X_{2t}^+ \quad (9.4)$$

由于式（9.4）的回归式中含有具有校正作用的差分项，OLS 估计量渐进服从正态分布，这时采用标准的统计推断是恰当的（West，1988）。然后对式（9.4）的残差序列进行平稳性检验，原假设：不存在非对称的协整关系；备选假设：存在非对称的协整关系。若残差为平稳序列，则拒绝原假设。

所估计的具体模型是：

$$TRADE_t^- + \Delta TRADE_t^+ = \alpha^- + \beta^- PRICE_t^- + \varepsilon_{1t} \qquad (9.5)$$

$$TRADE_t^+ + \Delta TRADE_t^- = \alpha^+ + \beta^+ PRICE_t^+ + \varepsilon_{2t} \qquad (9.6)$$

然后，采用 ADF 检验和 PP 检验，来检验式（9.5）或式（9.6）的残差序列是否为平稳过程。若残差序列为平稳过程，则表明国际粮价波动对粮食贸易存在非对称的影响。

9.1.2   数据来源和变量说明

价格数据的样本期均为 1980 年 1 月至 2011 年 12 月，用每年的月度数据均值作为年度数据。国际粮价月度数据来自 IMF 的 WEO 数据库，单位为美元/吨。小麦价格为 1 号硬红冬麦（普通蛋白质）FOB 墨西哥湾每吨美元价；玉米价格为 2 号美国黄玉米 FOB 墨西哥湾每吨美元价；稻米价格为 5% 破损率精白米泰国需求每吨美元价；大豆价格为美国大豆芝加哥大豆期货合约 2 号黄豆票面每吨美元价。用美联邦基金基准利率代表国际金融资产价格，单位为%，数据来源于美联储网站。用原油价格指数代表国际能源价格，为国际三大原油市场布伦特、西得克萨斯、迪拜法塔赫的美元现货价格均值，数据来源于 IMF 的 WEO 数据库。

贸易数据均选用贸易量指标，样本期为 1980 ~ 2011 年，数据来源于 FAO 数据库，单位为吨，包括世界粮食出口量和粮食净进口国家粮食进口量。理论上，世界整体的粮食进出口量相等，因此选取出口量作为世界粮食贸易指标。

9.1.3   估计结果

表 9.1 显示，模型中的残差序列都是平稳过程，表明国际粮食价格、金融资产价格和能源价格与世界粮食贸易量之间存在非对称协整关系。但这些非对称关系采用差分变量序列的部分和，而非通过变量系列自身来表达，因此系数 β^- 和 β^+ 不能解释为通常意义上的"弹性"。各模型的两个系

数存在显著差异表明：（1）小麦、玉米和大豆价格上升，对世界小麦、玉米和大豆贸易的影响大于价格下降的影响；（2）稻米价格下降，对世界稻米贸易的影响大于价格上升的影响；（3）金融资产价格上升对世界小麦、稻米、玉米和大豆贸易的影响显著大于价格下降的影响；（4）能源价格下降对世界小麦和玉米贸易的影响大于价格上升的影响；（5）能源价格上升对世界稻米和大豆贸易的影响大于价格下降的影响。

表9.1　　　　　　　　国际粮价波动对世界粮食贸易的影响

项目	小麦价格波动对小麦贸易的影响	稻米价格波动对稻米贸易的影响	玉米价格波动对玉米贸易的影响	大豆价格波动对大豆贸易的影响
α^-		0.0851	− 0.0848	− 0.0434
β^-	0.3574	0.5323	0.2722	0.1560
α^+	0.0882	0.0254	0.1266	0.1871
β^+	0.4233	0.4896	0.4335	0.4904
残差序列平稳性检验	平稳	平稳	平稳	平稳
项目	金融资产价格波动对小麦贸易的影响	金融资产价格波动对稻米贸易的影响	金融资产价格波动对玉米贸易的影响	金融资产价格波动对大豆贸易的影响
α^-	− 0.0641	− 0.1021	− 0.1263	− 0.0737
β^-	0.0766	0.1182	0.0798	0.0441
α^+	0.0833	0.0173	0.1518	0.1279
β^+	0.2861	0.3601	0.4029	0.4389
残差序列平稳性检验	平稳	平稳	平稳	平稳
项目	能源价格波动对小麦贸易的影响	能源价格波动对稻米贸易的影响	能源价格波动对玉米贸易的影响	能源价格波动对大豆贸易的影响
α^-	0.0345	− 0.1021	0.1518	− 0.0157
β^-	0.3028	0.1182	0.4029	0.1752
α^+	0.1053	0.0173	− 0.0119	0.1613
β^+	0.2671	0.3601	0.3352	0.4123
残差序列平稳性检验	平稳	平稳	平稳	平稳

　　总之，国际粮食价格、金融资产价格和能源价格波动，对世界粮食贸易的影响是错综复杂的。原因可能有两点：（1）国际价格波动对于粮食净进口国、粮食净出口国和粮食进出口平衡国的粮食安全的影响程度不同，各粮食贸易主体的反应程度不同；（2）不同粮食种类的金融和能源属性不

同，对能源冲击和金融冲击的反应也各不相同。

  表9.2显示，国际粮食价格、金融资产价格和能源价格的波动，对粮食净进口国的粮食进口量存在显著的非对称效应，价格上升对粮食净进口国的粮食进口的影响比价格下降更大。原因在于粮食净进口国的粮食消费严重依赖国际市场，粮食安全的脆弱性很大，国际粮食价格上涨对国内粮食安全的冲击非常大。1980~2011年粮食净进口国家整体的小麦、稻米、玉米和大豆的自给率分别在60%、96%、78%和40%上下波动。粮食价格的长期上涨会令粮食净进口国的国际收支失衡，贸易环境恶化，经济发展受到阻碍。2000年后，粮食生产的"金融化"和"能源化"倾向增强，粮食价格波动与金融冲击和能源冲击交织在一起，给粮食净进口国的粮食安全带来更大的冲击。

表9.2   国际粮价波动对净进口国的粮食进口的影响

项目	小麦价格波动对小麦贸易的影响	稻米价格波动对稻米贸易的影响	玉米价格波动对玉米贸易的影响	大豆价格波动对大豆贸易的影响
α^-	0.0266	0.1175	-0.0376	0.0582
β^-	0.1587	0.5867	0.4199	0.8183
α^+	0.0660	0.0999	0.0375	0.3371
β^+	0.4793	0.8826	0.7283	1.3931
残差序列平稳性检验	平稳	平稳	平稳	平稳
项目	金融资产价格波动对小麦进口的影响	金融资产价格波动对稻米进口的影响	金融资产价格波动对玉米进口的影响	金融资产价格波动对大豆进口的影响
α^-	0.0052	-0.0785	-0.0968	-0.0622
β^-	0.0389	0.1389	0.1270	0.2651
α^+	0.0643	0.0903	0.0768	0.1803
β^+	0.3340	0.6409	0.6833	1.2282
残差序列平稳性检验	平稳	平稳	平稳	平稳
项目	能源价格波动对小麦进口的影响	能源价格波动对稻米进口的影响	能源价格波动对玉米进口的影响	能源价格波动对大豆进口的影响
α^-	0.0437	0.0627	0.0431	0.1710
β^-	0.1338	0.4883	0.4621	0.8617
α^+	0.0828	0.1327	0.1364	0.2768
β^+	0.3063	0.6156	0.6257	1.1453
残差序列平稳性检验	平稳	平稳	平稳	平稳

表 9.3 表明，国际粮价波动对我国粮食进口的影响为：（1）国际小麦、稻米和玉米的价格下降，对我国小麦、稻米和玉米进口的影响比价格上升更大，但大豆价格波动与我国大豆进口之间不存在非对称协整关系；（2）金融资产和能源价格上升，对我国粮食进口的影响，比价格下降更大。

表 9.3   国际粮价波动对我国的粮食进口的影响

项目	小麦价格波动对小麦贸易的冲击	稻米价格波动对稻米贸易的冲击	玉米价格波动对玉米贸易的冲击	大豆价格波动对大豆贸易的冲击
α^-	0.7114	1.0454	-0.0592	-3.4805
β^-	5.3693	5.3920	16.3334	4.9404
α^+	-0.2000	0.9353	-0.5944	3.4057
β^+	3.1861	4.0293	11.6921	6.6228
残差序列平稳性检验	平稳	平稳	平稳	平稳
项目	金融资产价格波动对小麦进口的冲击	金融资产价格波动对稻米进口的冲击	金融资产价格波动对玉米进口的冲击	金融资产价格波动对大豆进口的冲击
α^-	0.1464	-0.8476	-2.4001	2.6555
β^-	1.4486	1.2004	4.9104	-2.9461
α^+	-0.2434	0.9066	-0.0143	2.3933
β^+	2.1640	2.9004	11.0282	6.2817
残差序列平稳性检验	平稳	平稳	平稳	非平稳
项目	能源价格波动对小麦进口的冲击	能源价格波动对稻米进口的冲击	能源价格波动对玉米进口的冲击	能源价格波动对大豆进口的冲击
α^-	-0.0095	-0.9228	-2.6006	-4.5680
β^-	-2.7621	-2.4561	-10.2163	-2.8231
α^+	-0.8059	-0.5429	-4.5376	-1.7656
β^+	-2.8672	-5.0779	-19.6651	-12.6971
残差序列平稳性检验	平稳	平稳	平稳	平稳

表 9.4 表明，国际粮价波动对我国粮食出口的影响是：（1）国际小麦、稻米、玉米和大豆的价格下降，对我国粮食出口的影响大于价格上升的影响；（2）国际金融资产价格上升对我国稻米、玉米和大豆出口的影响大于价格下降的影响；（3）国际金融资产价格上升，对我国小麦出口的影响小于价格下降的影响；（4）国际能源价格下降，对我国粮食出口的影响大于价格上升的影响。

表 9.4　　　　　　　　　国际粮价波动对我国的粮食出口的影响

项目	小麦价格波动对 小麦贸易的冲击	稻米价格波动对 稻米贸易的冲击	玉米价格波动对 玉米贸易的冲击	大豆价格波动对 大豆贸易的冲击
α^-	1.2540	1.3559	− 0.0767	− 2.2075
β^-	9.7441	5.2874	6.6050	2.2908
α^+		0.5294	0.9915	0.9039
β^+	2.7713	3.6509	3.9860	1.0716
残差序列平稳性检验	平稳	平稳	平稳	平稳
项目	金融资产价格波动 对小麦进口的冲击	金融资产价格波动 对稻米进口的冲击	金融资产价格波动 对玉米进口的冲击	金融资产价格波动 对大豆进口的冲击
α^-	0.6528	− 0.3943	− 0.8707	− 2.6412
β^-	2.2718	1.2658	2.1132	0.6616
α^+	− 0.0922	0.4527	1.2748	0.7681
β^+	1.9141	2.7120	3.6179	0.9700
残差序列平稳性检验	平稳	平稳	平稳	平稳
项目	能源价格波动对 小麦进口的冲击	能源价格波动对 稻米进口的冲击	能源价格波动对 玉米进口的冲击	能源价格波动对 大豆进口的冲击
α^-	1.7056	0.6143	0.4513	− 1.9872
β^-	6.3211	4.2177	6.4635	2.4165
α^+	0.0643	0.7465	1.6400	0.8800
β^+	1.8889	2.5967	3.5155	0.9155
残差序列平稳性检验	平稳	平稳	平稳	平稳

　　1980 ~ 2011 年，我国粮食自给率较高，对国际粮食市场依赖较小，国际粮价波动对我国粮食安全的影响小于对其他粮食净进口国家的影响。我国小麦自给率由 1980 年的 83% 上升至 2011 年的 98%，稻米和玉米的自给率超过 100%，只有大豆自给率由 1980 年的 94.8% 下降为 2011 年的 21.7%。此外，我国政府通过关税、补贴、进出口限制等贸易政策，以及最低收购价、粮食直补等国内农业政策，使国内口粮市场与国际市场的分割较大，对抗国际粮价波动冲击的能力较强。

9.2 国际金融资产和能源价格对粮食价格的冲击

国际金融资产价格、能源价格和粮食价格之间相互作用，而非单向影响。此外，除了往期的影响之外，当期价格之间也存在相互影响。而一般的模型只单向描述自变量的改变对因变量产生的影响，向量自回归（VAR）模型则考虑了模型中各变量之间的相互作用，被公认为描述变量间动态关系的一种实用方法。但 VAR 模型没有给出变量之间当期相关关系的确切形式，即在模型的右端不含有内生变量，这些当期相关关系隐藏在误差项的相关结构中，无法解释。为了明确变量之间的当期关系，本章采用结构性向量自回归方法（SVAR）建立模型。

9.2.1 变量选取和数据来源

价格数据的样本期均为 1980 年 1 月至 2011 年 12 月。国际粮价月度数据来自 IMF 的 WEO 数据库，单位为美元/吨。用美联邦基金基准利率代表国际金融资产价格，单位为%，数据来源于美联储网站。用原油价格指数代表国际能源价格，为国际三大原油市场布伦特、西得克萨斯、迪拜法塔赫的美元现货价格均值，数据来源于 IMF 的 WEO 数据库。

9.2.2 SVAR 模型估计及检验

模型具体形式为：

$$B_0 X_t = A_0 + A_i X_{t-i} + U_i, \quad i = 1, 2, \cdots, k, \quad t = 1, 2, \cdots, T \qquad (9.7)$$

其中，变量与参数矩阵分别为：

$$X = \begin{bmatrix} RLIBER \\ ROIL \\ RPRICE \end{bmatrix}, \quad A_0 = \begin{bmatrix} a_{10} \\ a_{20} \\ a_{30} \end{bmatrix}, \quad A_i = \begin{bmatrix} a_{11}^i & a_{12}^i & a_{13}^i \\ a_{21}^i & a_{22}^i & a_{23}^i \\ a_{31}^i & a_{32}^i & a_{33}^i \end{bmatrix},$$

$$i = 1,2,\cdots,k, \quad V_t = \begin{bmatrix} u_{1t} \\ u_{2t} \\ u_{3t} \end{bmatrix}$$

其中，*RLIBER*、*ROIL*、*RPRICE* 是国际金融资产价格、国际原油价格和国际粮食价格的一阶对数差分形式，u_{1t}、u_{2t}、u_{3t} 表示作用于变量 *RLIBER*、*ROIL*、*RPRICE* 的不可观测的结构性冲击，分别为金融冲击、能源冲击和需求冲击，且 $U_t \sim VWN(O_K, I_K)$。

假设 B_0 可逆，可将上面的 SVAR 模型转化为简化的 VAR 方程：

$$X_t = B_0^{-1}A_0 + B_0^{-1}A_iX_{t-i} + e_t, 令 C_0 = B_0^{-1}, 有 e_t = B_0^{-1}u_i = C_0u_i \quad (9.8)$$

e_t 表示可观测的代表序列之间互不相关的冲击向量（序列残差），而 u_t 是不可观测的结构性冲击向量。为使模型能够恰好识别，本章作出如下设定：首先，金融资产价格波动是一种累积效应；其次，能源价格波动受到当期金融资产价格波动和累积效应的影响；最后，粮食价格波动受到当期金融资产价格波动、能源价格波动和累积效应的影响。即矩阵 C_0 的形式为：

$$C_0 = \begin{bmatrix} C_{11} & 0 & 0 \\ C_{21} & C_{22} & 0 \\ C_{31} & C_{32} & C_{33} \end{bmatrix}$$

首先估计出 VAR 模型（见表 9.5），然后根据以上设定的排列顺序和限制条件，可使 C_0 满足 SVAR 模型的识别条件，通过 Cholesky 分解方法可估计出 C_0 矩阵（见表 9.6）。对相关变量进行平稳性检验。对 *RLIBER*、*ROIL*、*RPRICE* 的时间序列的 ADF 单位根检验结果发现，所有变量时间序列均不存在单位根，为平稳序列（即为 I（0））。这表明可将 *RLIBER*、*ROIL*、*RPRICE* 作为内生变量集，建立 SVAR 模型进行检验。根据 AIC 准则和 SC 准则，小麦、玉米和大豆价格模型的滞后阶数选择 1 阶，稻米价格模型滞后阶数选择 2 阶。模型稳定性检验表明，四个模型特征多项式所有跟的倒数均位于单位圆内，表明滞后阶数合理，SVAR 模型稳定。

表9.5   **VAR 模型估计结果**

模型	可决系数
小麦 VAR 模型	
$RLIBER = 0.4012 \times RLIBER\ (-1) + 0.1951 \times ROIL\ (-1) + 0.1387 \times RPRICE1\ (-1) - 0.0080$	0.2226
$ROIL = 0.0448 \times RLIBER\ (-1) + 0.2983 \times ROIL\ (-1) - 0.0155 \times RPRICE1\ (-1) + 0.0025$	0.1010
$RPRIC1 = -0.0314 \times RLIBER\ (-1) - 0.0029 \times ROIL\ (-1) + 0.2614 \times RPRICE1\ (-1) + 0.0005$	0.0682
稻米 VAR 模型	
$RLIBER = 0.4425 \times RLIBER\ (-1) - 0.0933 \times RLIBER\ (-2) + 0.1956 \times ROIL\ (-1) + 0.0352 \times ROIL\ (-2) + 0.0649 \times RPRICE2\ (-1) + 0.0024 \times RPRICE2\ (-2) - 0.0091$	0.2272
$ROIL = 0.0537 \times RLIBER\ (-1) - 0.0114 \times RLIBER\ (-2) + 0.3254 \times ROIL\ (-1) - 0.0692 \times ROIL\ (-2) - 0.1322 \times RPRICE2\ (-1) + 0.1637 \times RPRICE2\ (-2) + 0.0025$	0.1211
$RPRICE2 = 0.0103 \times RLIBER\ (-1) - 0.0528 \times RLIBER\ (-2) + 0.0089 \times ROIL\ (-1) + 0.0248 \times ROIL\ (-2) + 0.4215 \times RPRICE2\ (-1) - 0.1495 \times RPRICE2\ (-2) - 0.0004$	0.1642
玉米 VAR 模型	
$RLIBER = 0.39926 \times RLIBER\ (-1) + 0.1996 \times ROIL\ (-1) + 0.1354 \times RPRICE3\ (-1) - 0.0081$	0.2228
$ROIL = 0.0457 \times RLIBER\ (-1) + 0.2978 \times ROIL\ (-1) - 0.0251 \times RPRICE3\ (-1) + 0.0025$	0.1012
$RPRICE3 = -0.0257 \times RLIBER\ (-1) - 0.04498 \times ROIL\ (-1) + 0.2936 \times RPRICE3\ (-1) + 0.0007$	0.0891
大豆 VAR 模型	
$RLIBER = 0.4003 \times RLIBER\ (-1) + 0.1795 \times ROIL\ (-1) + 0.2603 \times RPRICE4\ (-1) - 0.0083$	0.2354
$ROIL = 0.04242 \times RLIBER\ (-1) + 0.2940 \times ROIL\ (-1) + 0.0474 \times RPRICE4\ (-1) + 0.0024$	0.1019
$RPRICE4 = -0.0507 \times RLIBER\ (-1) - 0.02442 \times ROIL\ (-1) + 0.3019 \times RPRICE4\ (-1) + 0.0006$	0.0956

表 9.6　　　　　　　　　　SVAR 模型的 C_0 矩阵

小麦模型 C_0 矩阵			稻米模型 C_0 矩阵		
0.0976	0.0000	0.0000	0.0974	0.0000	0.0000
0.0135	0.0762	0.0000	0.0136	0.0757	0.0000
0.0070	0.0037	0.0543	0.0000	0.0025	0.0557
玉米模型 C_0 矩阵			大豆模型 C_0 矩阵		
0.0976	0.0000	0.0000	0.0968	0.0000	0.0000
0.0135	0.0762	0.0000	0.0131	0.0762	0.0000
0.0087	0.0024	0.0555	0.0057	0.0069	0.0537

9.2.3　估计结果

表 9.5 显示 1980 年 1 月至 2011 年 12 月，国际金融资产、能源和粮食的往期价格波动，能够解释小麦、稻米、玉米和大豆当期价格波动的 6.82%、16.42%、8.91% 和 9.56%，但变量之间的当期相关关系却隐藏在误差项的相关结构中。

SVAR 模型估计结果则明确反映出变量之间的当期关系。根据 $e_t = C_0 U_t$ 所反映的线性关系（见表 9.6），计算出结构性的金融冲击、能源冲击和粮食需求冲击。结构性冲击反映了金融资产价格、能源价格和粮食价格的即时结构性关系，衡量了除模型内生变量过去的变化外，其他信息的共同冲击令金融资产价格、能源价格和粮食价格偏离均衡值的程度大小。每一种结构性冲击，不是只对相应变量产生影响，而且对其他变量也构成冲击。

小麦 SVAR 模型的金融、能源和需求冲击为：

$$\begin{cases} U_{1t} = e_{1t}/0.0976 \\ U_{2t} = (e_{2t} - 0.0135 \times u_{1t})/0.0762 \\ U_{3t} = (e_{3t} - 0.0087 \times u_{1t} - 0.0024 \times u_{2t})/0.0555 \end{cases} \tag{9.9}$$

稻米 SVAR 模型的金融、能源和需求冲击为：

$$\begin{cases} U_{1t} = e_{1t}/0.0974 \\ U_{2t} = (e_{2t} - 0.0136 \times u_{1t})/0.0757 \\ U_{3t} = (e_{3t} - 0.0025 \times u_{2t})/0.0557 \end{cases} \tag{9.10}$$

玉米 SVAR 模型的金融、能源和需求冲击为：

$$\begin{cases} U_{1t} = e_{1t}/0.0976 \\ U_{2t} = (e_{2t} - 0.0135 \times u_{1t})/0.0762 \\ U_{3t} = (e_{3t} - 0.0087 \times u_{1t} - 0.0024 \times u_{2t})/0.0555 \end{cases} \quad (9.11)$$

大豆 SVAR 模型的金融、能源和需求冲击为：

$$\begin{cases} U_{1t} = e_{1t}/0.0968 \\ U_{2t} = (e_{2t} - 0.0131 \times u_{1t})/0.0762 \\ U_{3t} = (e_{3t} - 0.0057 \times u_{1t} - 0.0069 \times u_{2t})/0.0537 \end{cases} \quad (9.12)$$

将月度结构性冲击平均后可得年度冲击。

$$\hat{u}_t^i = \frac{1}{12} \sum_{m=1}^{12} \hat{u}_{m,t}^i \quad i = \{1,2,3\} \quad (9.13)$$

9.3 国际粮价波动对世界粮食贸易额的影响

9.3.1 模型设定

所估计的具体模型如式（9.14）：

$$\log(Trade_{it}) = \alpha_0 + \beta_1 ov_{it} + \phi_1 \hat{u}_{1t} + \phi_2 \hat{u}_{2t} + \phi_3 \hat{u}_{3t} + u_t \quad (9.14)$$

式中，$t = 1,2,\cdots,T$ 是时间指数，$i = 1,2,\cdots,22$ 是区域指数。被解释变量 $Trade_{it}$ 表示 t 期 i 区域四类粮食品种的进口额、出口额和进出口总额。解释变量 ov 代表国际小麦、稻米、玉米和大豆的价格波动程度，$\hat{u}_{1t}$ 代表金融冲击，$\hat{u}_{2t}$ 代表能源冲击，$\hat{u}_{3t}$ 代表需求冲击。α_0 表示常数项。

参数包括 β、ϕ_1、ϕ_2 和 ϕ_3。β 衡量了粮食价格波动对粮食贸易的单一影响。ϕ_1 衡量了金融冲击对国际粮食贸易的影响。ϕ_2 衡量了能源冲击对国际粮食贸易的影响。ϕ_3 衡量了粮食需求冲击对国际粮食贸易的影响，反映金融资产价格、能源价格和粮食价格波动对粮食贸易的复合影响。

9.3.2 变量说明和数据检验

本部分包括三类数据，分别是价格波动数据、结构性冲击数据和贸易流量数据（见表9.7），样本期为 1980~2011 年。价格波动数据为月度数据，样本期为 1980 年 1 月至 2011 年 12 月。在计算月度价格收益 $r_t = \log(price_t) - \log(price_{t-1})$ 的基础上，采用月度价格的标准差 $OV_t = \sqrt{\sum_{t=1}^{12}\left(r_t - \frac{1}{12}\sum_{t=1}^{12}r_t\right)^2}$ 代表价格波动程度。然后取每年月度价格波动均值作为年度价格波动性。结构性冲击包括金融冲击、能源冲击和需求冲击，反映了金融资产价格、能源价格和粮食价格的即时结构性关系，衡量了除模型内生变量过去的变化外，其他信息的共同冲击令金融资产价格、能源价格和粮食价格偏离均衡值的程度大小。贸易流量数据包括世界总体、东非、中非、北非、南非、西非、北美洲、中美洲、加勒比、南美洲、东亚、南亚、东南亚、西亚、东欧、北欧、南欧、西欧、澳大利亚、新西兰、美拉尼西亚、密克罗尼西亚和波利尼西亚等 22 个区域的粮食进出口额。

表9.7 变量说明和数据检验

变量类别	变量含义	变量名称	平稳性检验	数据来源
价格波动	小麦价格波动	OV1	平稳	IMF 的 WEO 数据库
	稻米价格波动	OV2	平稳	
	玉米价格波动	OV3	平稳	
	大豆价格波动	OV4	平稳	
结构性冲击	金融冲击	U1	平稳	SVAR 模型
	能源冲击	U2	平稳	
	需求冲击	U3	平稳	
贸易流量	小麦进口	Import1	一阶差分平稳	FAO 数据库
	稻米进口	Import2	一阶差分平稳	
	玉米进口	Import3	平稳	
	大豆进口	Import4	一阶差分平稳	
	小麦出口	Export1	平稳	
	稻米出口	Export2	一阶差分平稳	
	玉米出口	Export3	平稳	
	大豆出口	Export4	平稳	

（1）单位根检验结果表明，价格波动和结构性冲击数据平稳，贸易流量数据中部分平稳。对于不平稳的数据，采用一阶差分形式引入模型。

（2）价格波动、结构性冲击和粮食贸易的格兰杰因果检验如表9.8所示。通过平稳性检验是进行格兰杰因果检验的前提，因此对小麦、稻米和大豆的进口及稻米出口进行检验。格兰杰因果检验表明：价格波动和结构性冲击对国际粮食贸易具有重大影响；玉米进出口和大豆出口是引起国际粮价波动的关键因素；小麦出口、大豆出口和玉米进出口是金融冲击的重要影响因素，玉米和大豆出口是能源冲击的重要影响因素；玉米进口是需求冲击的重要影响因素。

表9.8 格兰杰因果检验

模型	检验结果	F 统计量	Prob.
小麦	价格波动是小麦出口的格兰杰原因	4.5579	0.0108
	小麦出口不是小麦价格波动的格兰杰原因	0.5593	0.5719
	金融冲击是小麦出口的格兰杰原因	11.0254	0.0000
	小麦出口是金融冲击的格兰杰原因	2.6907	0.0686
	能源冲击是小麦出口的格兰杰原因	5.1686	0.0059
	小麦出口不是能源冲击的格兰杰原因	1.2085	0.2993
	需求冲击是小麦出口的格兰杰原因	30.2677	0.0000
	小麦出口不是需求冲击的格兰杰原因	0.6885	0.5027
玉米出口	玉米出口是玉米价格波动的格兰杰原因	9.9139	0.0004
	玉米价格波动是玉米出口的格兰杰原因	3.9053	0.0206
	玉米出口是金融冲击的格兰杰原因	6.3470	0.0019
	金融冲击是玉米出口的格兰杰原因	10.5350	0.0000
	玉米出口不是能源冲击的格兰杰原因	1.4733	0.2300
	能源冲击是玉米出口的格兰杰原因	4.3197	0.0137
	玉米出口不是需求冲击的格兰杰原因	0.8948	0.4092
	需求冲击是玉米出口的格兰杰原因	15.2446	0.0000
大豆出口	大豆价格波动是大豆出口的格兰杰原因	3.6104	0.0276
	大豆出口是大豆价格波动的格兰杰原因	9.9347	0.0004
	金融冲击不是大豆出口的格兰杰原因	1.3169	0.2687
	大豆出口是金融冲击的格兰杰原因	2.2030	0.1113
	能源冲击是大豆出口的格兰杰原因	8.4791	0.0002

续表

	检验结果	F 统计量	Prob.
大豆出口	大豆出口是能源冲击的格兰杰原因	2.5496	0.0789
	需求冲击是大豆出口的格兰杰原因	13.2651	0.0000
	大豆出口不是需求冲击的格兰杰原因	0.4680	0.6265
玉米进口	玉米价格波动是玉米进口的格兰杰原因	9.0744	0.0009
	玉米进口是玉米价格波动的格兰杰原因	11.5052	0.0000
	金融冲击是玉米进口的格兰杰原因	16.1176	0.0000
	玉米进口是金融冲击的格兰杰原因	8.5074	0.0002
	能源冲击是玉米进口的格兰杰原因	6.4009	0.0018
	玉米进口不是能源冲击的格兰杰原因	1.7282	0.1784
	需求冲击是玉米进口的格兰杰原因	19.5664	0.0000
	玉米进口是需求冲击的格兰杰原因	2.3143	0.0996

（3）协整检验结果如表 9.9 所示。协整检验中稻米出口、小麦、稻米、玉米和大豆进口均采用一阶差分形式。Pedroni 检验表明，除了 Panel V 和 Panel rho 统计量之外，各统计量未加权的相伴概率都小于 0.05，可以认为粮食贸易与国际粮价波动、结构性冲击之间存在协整关系。四个统计量都显示玉米价格波动、结构性冲击与玉米进口不具有协整关系，故下面不再对玉米进口模型进行检验和估计。

表 9.9　　国际粮价波动、结构性冲击与粮食贸易的 PEDRONI 检验

项目	统计量	Prob.			
		小麦出口模型	稻米出口模型	玉米出口模型	大豆出口模型
国际粮价波动与粮食贸易之间	Panel V	0.9997	0.9976	1	0.9999
	Panel rho	1	0.1824	1	1
	Panel PP	0	0	0	0
	Panel ADF	0	0	0	0
结构性冲击与粮食贸易之间	Panel V	0.9993	0.9995	0.9982	0.9999
	Panel rho	0.9948	0.1382	1	0.0247
	Panel PP	0	0	0.6828	0
	Panel ADF	0	0	0.9602	0

（4）固定效应检验结果如表 9.10 所示。固定效应模型是把时期特性当

作未知的确定常数，本章以样本自身效应作为条件进行研究，宜采用固定效应模型。LR 检验的原假设为固定效应是多余的，故从表9.10最后一列可以清晰地看到，除了小麦进口模型，其余模型在1%的置信水平下拒绝原假设，即所引入的固定效应是合适的。继续对小麦进口模型进行随机效应检验，发现在10%的水平下无法拒绝原假设，所以对小麦进口模型进行估计时不含有任何效应。

表9.10   **国际粮价波动对粮食贸易影响的固定效应检验**

项目	效应检验	统计量	d. f.	Prob.
小麦出口	Cross-section F	143.5553	-22709	0.0000
	Cross-section Chi-square	1248.5762	22	0.0000
稻米出口	Cross-section F	59.1727	-22709	0.0000
	Cross-section Chi-square	750.9463	22	0.0000
玉米出口	Cross-section F	118.6204	-22709	0.0000
	Cross-section Chi-square	1135.9846	22	0.0000
大豆出口	Cross-section F	44.0334	-22709	0.0000
	Cross-section Chi-square	633.9498	22	0.0000
小麦进口	Cross-section F	1.117326	-22674	0.3216
	Cross-section Chi-square	25.110713	22	0.2918
稻米进口	Cross-section F	2.080504	-22674	0.0027
	Cross-section Chi-square	46.06788	22	0.0019
大豆进口	Cross-section F	3.385786	-22674	0.0000
	Cross-section Chi-square	73.481704	22	0.0000

9.3.3 估计结果及分析

小麦、稻米、玉米和大豆出口模型的修正可决系数分别为81%、63%、78%和67%模型整体拟合得较好（见表9.11）。因粮食进口数据采取的是差分形式，丧失了部分信息，模型整体拟合程度较低，小麦、稻米和大豆进口模型修正可决系数分别为7%、12%和12%（见表9.12）。

表 9.11　　　　　　　国际粮价波动对粮食出口影响模型估计结果

参数	小麦出口	稻米出口	玉米出口	大豆出口
截距项 1	1317206 (10.9726)***	639343.6 (10.1274)***	899452 (10.1525)***	852814.5 (5.592574)***
OV	20924323 (3.6935)***	3381916 (1.6850)*	9083914 (2.3133)	14771145 (2.197569)**
$U1$	−318510.8 (−1.3755)	−27962.45 (−0.1681)	−486714.7 (−3.1143)**	−902690.1 (−3.351318)***
$U2$	446133.4 (1.4708)	416448.6 (2.1558)**	600849.8 (2.6662)**	1058000 (2.616806)***
$U3$	−49213.88 (−1.6807)*	−113633.1 (−0.4698)	270194.9 (1.1345)	287542 (0.7142)
修正可决系数	0.8151	0.6279	0.7806	0.5685

注：***、** 和 * 分别表示在 1%、5% 和 10% 水平显著，（）内为 t 统计量。

表 9.12　　　　　　　国际粮价波动对粮食进口影响模型估计结果

参数	小麦进口	稻米进口	大豆进口
截距项	57512.3400 (0.7774)	21081.4200 (0.9336)	69759.4500 (1.1440)
OV	1868885.0000 (0.5425)	1387372.0000 (1.975389)**	2763849.0000 (1.0128)
$U1$	−918039.6000 (−6.483244)***	−207289.0000 (−3.591977)***	−653810.3000 (−6.075658)***
$U2$	49546.1100 (0.2688)	1190.8730 (0.0177)	−139229.5000 (−0.8656)
$U3$	37251.9700 (0.268753)**	261142.5000 (3.049977)***	241259.7000 (1.4936)
修正可决系数	0.0726	0.1175	0.1184

注：*** 和 ** 分别表示在 1% 和 5% 水平显著，（）内为 t 统计量。

（1）国际粮价波动令小麦、稻米和大豆出口上升，令稻米进口上升；对玉米出口、小麦进口和大豆进口影响不显著。原因在于粮价波动对粮食贸易存在非对称性效应，粮食价格上升的影响大于下降的影响。

粮价波动对粮食贸易的非对称影响，通过两种机制实现。一是粮食价格上升时，部分粮食净出口国趁机大量出口以获得高额利润。各主要粮食品种的绝大部分出口量均被少数几个国家占据（孙宝民，2012），发达国家始终是全球粮食贸易的净收益地区（封志明等，2010）。小麦出口主要集中在美国、加拿大、俄罗斯、阿根廷、澳大利亚、哈萨克斯坦等国；稻米出口主要集中在泰国、越南、印度、巴基斯坦等国；玉米出口主要集中在美国、阿根廷、巴西，大豆出口主要集中在美国、加拿大、澳大利亚、巴西、阿根廷。虽然亚洲国家热衷于在粮价飙升时对粮食出口实施限制以保障国内粮食供应，但欧盟、美国、加拿大、澳大利亚、新西兰、日本等已经在区域合作框架内实施了约束出口限制的国家基本上都没有在国际粮价飙升时期实施粮食出口限制（孙林、唐锋，2012），而是趁机大量出口获取巨额利润。二是粮食净进口国的粮食安全严重依赖国际市场，对于必需品粮食不得不"越涨越买"。前文分析表明，国际粮价波动对全球 74 个粮食净进口国的粮食进口具有典型的非对称效应，价格上升的影响远远超过价格下降。绝大多数粮食净进口国为发展中国家，且多为中低收入发展中国家，其粮食安全境况在国际粮价飙升时雪上加霜。

（2）需求冲击令小麦出口下降，令小麦和稻米进口上升，对稻米出口、玉米出口和大豆进出口影响不显著。需求冲击反映粮食价格受金融资产价格和能源价格当期影响而发生的变化。因此，需求冲击对粮食贸易的影响是一种复合影响。需求冲击令口粮出口下降，进口上升，表明世界各国面对需求冲击时以防守本国粮食安全为先，表现出"我安全重于你安全"的心态。需求冲击对口粮的影响显著，而对饲料粮和工业用粮的影响不显著，印证了口粮安全的核心地位。

（3）金融冲击令小麦进口、稻米进口和大豆进出口下降，对小麦、稻米和玉米出口影响不显著。金融冲击令粮食贸易萎缩，这与金融冲击对国际贸易总流量的影响方向一致。陈学彬和徐明东（2010）的研究显示，2008 年美国次贷危机引起的全球性金融危机对我国进出口贸易体现出金融资产价格波动的"财富效应"和相对汇率调整的"价格效应"，令我国进出口贸易下降。还有学者研究也表明金融冲击对国际贸易流量具有负面影响（Shiu-Sheng Chen & Kai-Wei Hsu，2012）。

（4）能源冲击令稻米和大豆出口上升，对小麦进出口、稻米进出口、玉米出口和大豆进口影响不显著。能源冲击令粮食贸易流量上升，这与能源冲击令国际贸易总流量萎缩（Benjamin，2008；齐银山，2011；Chen & Hsu，2012）不同，可能源于：其一，石油价格冲击增加了高能耗行业的投入成本而令其减少投入。粮食净出口国的农业生产力先进，粮食生产能耗相对较低，成本相对下降，出口增加。其二，油价上涨带动普遍的价格上涨，若粮食净出口国的农产品价格上涨幅度超过农资上涨幅度，货币供应量充足，则粮食产量上升，出口增加。

9.4 国际粮价波动对我国粮食贸易额的影响

9.4.1 基于 SVAR 模型的贸易引力模型

9.4.1.1 测度粮食价格冲击

首先采用 SVAR 模型，测度在粮食市场上的能源冲击、金融冲击和粮食需求冲击。

$$\Phi(L)y_t = e_t \tag{9.15}$$

$D(L) = I - \Phi_0 - \Phi_1 L_1 - \cdots - \Phi_p L_p$ 是滞后多项式。向量 y_t 是：

$$y_t = \begin{bmatrix} liber_t \\ energy_t \\ price_t \end{bmatrix} \tag{9.16}$$

$liber_t$ 是美联储联邦基准利率以 10 为底的对数，代表国际金融市场价格，$energy_t$ 是全球能源价格指数，$price_t$ 是真实粮食价格以 10 为底的对数。美联储联邦基准利率、全球能源价格指数和粮食价格是月度数据。

e_t 代表序列之间和相互不相关的结构性冲击向量，ε_t 表示不可观察的 SVAR 冲击向量，则：

$$\begin{bmatrix} \varepsilon_{1t} \\ \varepsilon_{2t} \\ \varepsilon_{3t} \end{bmatrix} = \begin{bmatrix} a_{11} & 0 & 0 \\ a_{21} & a_{22} & 0 \\ a_{31} & a_{32} & a_{33} \end{bmatrix} \begin{bmatrix} e_{t1} \\ e_{2t} \\ e_{3t} \end{bmatrix} \tag{9.17}$$

e_{1t} 代表全球金融冲击，e_{2t} 代表全球能源冲击，e_{3t} 代表粮食需求冲击。将月度结构性变化平均后得到年度冲击，得：

$$\hat{e}_t^i = \frac{1}{12} \sum_{m=1}^{12} e_{m,t}^i, \quad i = \{1,2,3\} \tag{9.18}$$

9.4.1.2 粮食价格波动性的测度

采用每月粮食价格来计算年度价格波动性。$r_t = \log(price_t) - \log(price_{t-1})$ 代表月度粮食价格收益。

（1）标准差：

$$OV_t = SD_t = \sqrt{\sum_{i=1}^{12} \left(r_t - \frac{1}{12} \sum_{t=1}^{12} r_t \right)^2} \tag{9.19}$$

（2）真实波动：

$$OV_t = RV_t = \sum_{t=1}^{12} r_t^2 \tag{9.20}$$

（3）GARCH（1，1）模型：

对应月度粮食价格收益考虑该模型。

$$r_t = \mu + \varepsilon_t, \quad \varepsilon_t = \varphi_t \sigma_t^2 \quad \varphi_t \sim N(0,1),$$

$$\sigma_t^2 = c + a\varepsilon_{t-1}^2 + b\sigma_{t-1}^2, \quad OV_t = GARCH = \frac{1}{12} \sum_{t=1}^{12} \sigma_t^2 \tag{9.21}$$

然后计算出每月条件方差的平均值作为年度粮食价格波动。

9.4.2 实证模型

$$\log(Trade_{j,t}) = \alpha_j + \beta ov_t + \phi_1 \hat{\varepsilon}_{1t} + \phi_2 \hat{\varepsilon}_{2t} + \phi_3 \hat{\varepsilon}_{3t} + \delta \log(GDPC_t) +$$

$$\theta \log(GDP_{j\neq1}^*) + \rho \log(Trade_{j,t-1}) + \mu_t \tag{9.22}$$

式中，$t = 1,2,\cdots,t$ 是时间指数；贸易量是真实出口和真实进口的和；采用我国的真实 GDP 来衡量国内需求 $GDPC_t$；$GDP_j^* = \sum_{i\neq j} w_{ji} GDP_{it}$ 是我国粮食贸易主要对象国的真实 GDP 之和，以其与我国之间的距离为权重；权

重 w_{ji} 是按照 CEPII 数据库中别国与我国的地理距离的倒数来设计。ov_t 是波动性的测度，$\hat{\varepsilon}_{1t}$、$\hat{\varepsilon}_{2t}$、$\hat{\varepsilon}_{3t}$ 分别是金融冲击、能源冲击和粮食需求冲击。α_j 表示常数项。参数包括 β、ϕ_1、ϕ_2 和 ϕ_3。β 衡量了粮食价格波动对国际贸易的影响作用，其符号预期为负。$\hat{\varepsilon}_{1t}$ 衡量了金融冲击对国际贸易的影响，符号预期为负。$\hat{\varepsilon}_{2t}$ 衡量了能源冲击对国际贸易的影响，符号预期为负。$\hat{\varepsilon}_{3t}$ 衡量了粮食需求冲击对国际粮食贸易的影响，符号预期为正。最后，国内需求和国外需求会增加贸易量，其符号预期为正。

9.4.3 数据和检验

我国粮食贸易年度数据来自 UN Comtrade 数据库，样本期间为 1992 ~ 2011 年。

国际粮食价格月度数据来自 IMF 的 WEO 数据库，样本期间为 1992 年 1 月至 2011 年 11 月。小麦价格为 1 号硬红冬麦（普通蛋白质）FOB 墨西哥湾每吨美元价；玉米价格为 2 号美国黄玉米 FOB 墨西哥湾每吨美元价；稻米价格为 5% 破损率精白米泰国名义报价，每吨美元价；大豆价格为美国大豆芝加哥大豆期货合约 2 号黄豆票面价格，每吨美元价。

各地生产总值来自世界银行 WDI 数据库，样本期间为 1992 ~ 2011 年，采用现价美元，包括我国粮食主要进口来源地（美国、加拿大、澳大利亚、巴西、阿根廷、老挝、泰国）和我国粮食主要出口去向地（韩国、菲律宾、印度尼西亚、马来西亚、日本、科特迪瓦、中国香港）。

小麦贸易模型包括加拿大、澳大利亚、美国、韩国、印度尼西亚和菲律宾；玉米贸易模型包括美国、老挝、韩国、马来西亚和日本；稻米贸易模型包括泰国、韩国、科特迪瓦、日本和中国香港；大豆贸易模型涉及美国、巴西、阿根廷、韩国、日本和印度尼西亚。

将出口、进口和各地生产总值采用经 PPP 调整的消费者价格指数来平减。该指数来自 Penn World Table。Penn World Table 的 PC 指数最新版本到 2010 年，2011 年数据采用 OLS 法估计得出。为了估计出式（9.15）中的 SVAR 模型，采用 1992 ~ 2011 年的月度数据。美联储基准利率来自美联储网站。全球能源价格指数来自世界银行数据库。

各贸易模型中的变量、变量含义、数据来源和 ADF 检验结果如表 9.13

所示。

表9.13 贸易引力模型指标含义、来源及检验

指标	解释	数据来源	ADF 检验
粮食贸易额（小麦/玉米/稻米/大豆）	进出口贸易之和	UN Comtrade 数据库	平稳
国际粮食（小麦、玉米、稻米）价格波动	国际粮食月度价格标准差、对数价格差、GARCH（1，1）估计出的条件方差	IMF 的 WEO 数据库	平稳
大豆价格波动一阶差分	国际大豆月度价格标准差、对数价格差、GARCH（1，1）估计出的条件方差一阶差分	IMF 的 WEO 数据库	平稳
金融冲击（小麦/玉米/稻米/大豆）	SVAR 模型估计得出的结构性冲击	美联储网站、世界银行 GEM 数据库、IMF 的 WEO 数据库	平稳
能源冲击（小麦/玉米/稻米/大豆）	SVAR 模型估计得出的结构性冲击	美联储网站、世界银行 GEM 数据库、IMF 的 WEO 数据库	平稳
需求冲击（小麦/玉米/稻米/大豆）	SVAR 模型估计得出的结构性冲击	美联储网站、世界银行 GEM 数据库、IMF 的 WEO 数据库	平稳
境内 GDP 一阶差分	境内 GDP 经 PPP 消费者指数平减后以 10 为底的对数一阶差分	世界银行 WDI 数据库、Penn World Table	平稳
境外 GDP 一阶差分	境外 GDP 经 PPP 消费者指数平减后以 10 为底的对数一阶差分	世界银行 WDI 数据库、Penn World Table	平稳

9.4.4 估计结果

国际市场四大粮食种类的金融冲击波动轨迹类似。其中，在1999年和2009年出现两处较大波动，反映出1998年亚洲金融危机和2008年全球性金融危机的影响。玉米所受的能源冲击比其他三类粮食的要大，且波动幅度较大，在2002年和2006年出现两次较大波动。小麦、玉米和稻米所受到的能源冲击较小，且波动较为平稳。原因在于玉米的工业用途较广（尤其是作为乙醇制造原料），从而导致能源冲击对玉米的影响大大超过其他粮食品种。1992~1997年间、2006~2011年间四大粮食种类的需求冲击呈现

类似的波动轨迹，但 1997 ~ 2006 年间大豆和稻米的需求冲击波动幅度显著
大于小麦和玉米。1995 年、2001 年和 2007 年出现了三处较大的峰值。三
种测度方法所反映的同类粮食品种价格波动轨迹相似。稻米的价格波动幅
度明显大于其他三类粮食。1992 ~ 1995 年间、2008 ~ 2011 年间四大粮食品
种的价格波动幅度较大，且最后四年波动幅度显著大于最初 5 年；1996 ~
2007 年间相对较为平坦。

为解决多重共线性问题，小麦、玉米和稻米贸易模型采用逐步回归法
进行估计，大豆贸易模型采用 GMM 方法进行估计，模型估计结果如表
9.14 所示。

表9.14　　　　　　　　　　　贸易引力模型估计结果

变量	小麦	玉米	稻米	大豆
C	4.0865 (3.9579)***	5.9947 (-9.5328)***	3.0704 (3.2064)***	
OV_t				
R		-52.4916 (-9.0092)***		11.3190 (19.6665)***
$Garch$	-1122.404 (-4.6139)***		-36.5259 (-1.8594)***	
ε_1	0.2868 (-0.8130)	-0.2528 (-1.7479)*	-0.1019 (-1.3846)	
ε_2	-1.9769 (-1.0159)		0.1134 (-1.5537)	
ε_3				
$D(GDPC)$	2.5821 (-1.1859)		2.9050 (4.5142)***	-10.1214 (-2.8294)***
$D(GDP^*)$		16.03494 (3.2699)***	-9.5350 (-4.3481)***	19.6665 (2.2690)**
$Trade(-1)$	0.3027 (1.8726)**	0.1846 (-1.6555)	0.5715 (4.1983)***	1.0428 (78.9557)***
修正 R^2	0.3295	0.7752	0.6509	0.9409

注：***、**和*分别表示在1%、5%和10%置信度水平显著，()内为t统计量。

小麦贸易模型的估计结果中，除了金融冲击之外，其余各项变量系数符号符合预期。价格波动 Garch 的系数符号为负，表明国际小麦价格波动加大，会导致我国粮食贸易的萎缩。金融冲击 ε_2 符号为正，能源冲击 ε_3 的系数符号为负，统计上不显著。国内需求 D（GDPC）的系数符号为正，表明境内需求增加，会导致我国小麦贸易额上升。小麦贸易一阶滞后项的系数为正，但统计上不显著。修正可决系数为 32.95%，表明以上解释变量解释了我国小麦贸易变化的 33%。

玉米贸易模型的估计结果反映出各项变量系数符号均符合预期。玉米价格波动 R 的系数为负，且统计显著，表明玉米价格波动加大会减少我国的玉米国际贸易。金融冲击 ε_1 的系数为负，统计显著，表明金融冲击引起的价格飙升会损害我国的玉米贸易。境外需求 GDP* 系数为正且统计显著，表明我国玉米贸易对象方的总需求增加会提高我国的玉米贸易额。玉米贸易一阶滞后项系数为负，但统计不显著。修正可决系数为 77.52%，表明以上解释变量解释了我国玉米贸易变化的 77.52%，整体拟合度较好。

稻米贸易模型中，除了能源冲击和境外总需求之外，其余各项系数符号均符合预期。价格波动的系数符号为负，表明随着价格波动的增加我国稻米贸易减少。金融冲击 ε_1 的系数为负但统计不显著。能源冲击 ε_2 的系数为正但统计不显著。境内总需求 GDP 系数为正且统计显著，说明我国总需求增加会导致我国稻米贸易额的增加。境外总需求 GDP* 系数为负且统计显著，表明我国稻米贸易对象方的境内总需求增加，会降低我国稻米贸易额。可能是由于更高的境外总需求会导致更高的国际市场价格，带来更大的价格波动；而更高的价格波动会伤害出口，从而带来我国玉米贸易额的降低。模型整体拟合较好，修正可决系数为 65.10%。

大豆贸易模型的结果表明，大豆价格波动的一阶差分 d（R）的符号为正，且统计显著，表明更大的价格波动会增加我国的大豆贸易额，与预期不符。这种反常现象的原因可能与我国大豆产业的外贸依存度过高，及我国大豆加工业被外资控制有关。1992～2011 年间，我国的大豆产业进口依存度（我国大豆进口额占我国大豆产值之比）前 4 年在 2% 以下，中间 6 年由 6% 迅速上升到 54%，后 10 年间平均比例为 195%。由于国际四大粮商控制了我国大豆加工业，在国际粮食价格飙升之时，大量出口大豆至我国以攫取巨额利润，这就导致国际大豆价格波动增大反而会令我国大豆贸易额增加。境内总需求 D（$GDPC$）的系数为正，境外总需求 D（GDP^*）的系数为负，上一年的大豆贸易量 $Trade$（-1）系数为正，且统计显著，说明境内总需求增加导致我国大豆贸易减少，境外总需求增加导致我国大豆贸易增加，上一年大豆贸易量对当年影响为正。模型整体拟合较好。

9.4.5 进一步分析

我国是小麦和大豆净进口国，玉米和稻米净出口国。为了研究国际粮价波动对我国粮食出口和进口的影响是否不同，将被解释变量分别替换为我国粮食出口额或粮食进口额。将解释变量中的境外 GDP^* 替换为 $GDPE^*$ 和 $GDPI^*$，分别表示我国粮食进口来源地的生产总值和出口去向地的生产总值。采用逐步回归法，估计结果如表 9.15 所示。

表 9.15 我国粮食出口模型估计结果

变量	小麦出口	玉米出口	稻米出口	大豆出口
C	3.8872 (9.8802)***	2.0338 (2.512961)**	0.9131 (2.318682)**	1.5539 (2.0255)*
R 或 d（R）				9.403731 (2.7102)**
$Garch$	1533.9350 (2.5967)**			
ε_1	0.7960 (0.9468)		0.1855 (1.0097)	
ε_2		0.01476 (−1.4257)		
ε_3	1.3361 (1.5200)	0.3193 (1.8764)*		−0.1724 (−1.7682)*
D（$GDPC$）		3.5647 (3.3414)***	−1.8111 (−1.2812)	3.5481 (5.5098)**

项目	小麦出口	玉米出口	稻米出口	大豆出口
$D(GDP^*)$		106.0276 (2.0684)*	8.1441 (1.523247)	
$Trade(-1)$		0.623788 (5.0092)***	0.8952 (18.1294)***	0.7246 (6.0795)***
修正 R^2	0.2396	0.7040	0.9501	0.7726

注: ***、** 和 * 分别表示在 1%、5% 和 10% 置信度水平显著,() 内为 t 统计量。

从表 9.15 中可以看出,价格波动对我国小麦出口和大豆出口影响为正,对我国玉米出口和稻米出口影响不显著。金融冲击和能源冲击对我国粮食出口的影响不显著。需求冲击对我国玉米出口影响为正,对大豆出口影响为负,对小麦出口和稻米出口的影响不显著。境内总需求对玉米出口、大豆出口影响为正,对稻米出口影响不显著,境外总需求对玉米出口影响为正,对稻米出口影响不显著。

从表 9.16 中可以看出,价格波动对玉米进口影响为负,对大豆进口影响为正。金融冲击、能源冲击对我国粮食进口影响不显著。需求冲击对我国玉米进口、稻米进口和大豆进口影响为负。境内总需求对稻米进口和大豆进口影响为正,对玉米进口影响不显著。境外总需求对小麦进口影响为正,对玉米进口和稻米进口影响为负。

表 9.16   **我国粮食进口模型估计结果**

变量	小麦进口	玉米进口	稻米进口	大豆进口
C	1.3148 (-1.0709)	5.9158 (4.5951)***	6.9004 (51.49756)***	1.5539 (2.0255)*
OV		-48.85485 (-2.7615)**		9.4037 (2.7102)**
ε_1		-0.417465 (-1.318463)	-0.3731 (-1.7142)*	
ε_2	-4.9547 (-0.9809)	0.0206 (-0.7223)		
ε_3		-1.7655 (-3.3363)***	-0.5046 (-1.9000)*	-0.1724 (-1.7682)*

续表

项目	小麦进口	玉米进口	稻米进口	大豆进口
D（$GDPC$）	11.7473 （−1.4702）		3.3311 （1.8670）*	3.5481 （5.5098）***
D（GDP^*）	95.4190 （3.0905）***	−25.5094 （−1.9655）*	−9.0854 （−2.92919）**	
$Trade$（−1）	0.2422 （−1.3138）	0.2853 （−1.6214）		0.7247 （6.0795）***
修正 R^2	0.3514	0.5947	0.3947	0.7726

注：***、** 和 * 分别表示在 1%、5% 和 10% 置信度水平显著，（）内为 t 统计量。

9.5　本章小结

本章研究了国际粮价波动和金融、能源等非传统因素对粮食贸易流量的影响，对贸易流量传导机制进行经验分析。9.1 节验证了 1980～2011 年国际粮食价格、金融资产价格和能源价格对世界、净进口国和我国粮食贸易流量的非对称效应。9.2 节通过 SVAR 模型得出了国际金融资产价格、能源价格和粮食价格当期互动关系。9.3 节将在 9.2 节基础上所得到的金融、能源和需求冲击数据引入面板模型，探讨了国际粮价波动和非传统因素对世界、净进口国家和我国粮食贸易额的不同影响，并运用 9.1 节的经验分析结果，解释了国际粮价波动和金融、能源等因素对不同贸易主体的影响差异。9.4 节采用基于 SVAR 模型的贸易引力模型进一步分析了国际粮价波动和金融、能源等因素对我国粮食贸易额的具体影响。结果表明：

（1）国际粮食、金融资产和能源的价格波动对世界粮食贸易存在非对称影响，但具体影响方式较为复杂，可能源于不同国家的反应程度不同，不同品种粮食的金融、能源属性不同；国际粮食、金融资产和能源的价格上升，对粮食净进口国的粮食进口的影响比价格下降更大，原因在于粮食净进口国的粮食消费严重依赖国际市场。

（2）1980 年 1 月至 2011 年 12 月，国际金融资产、能源和粮食的往期价格波动，能够解释小麦、稻米、玉米和大豆当期价格波动的 6.82%、

16.42%、8.91%和9.56%；金融、能源和需求冲击之间的线性关系，明确反映出金融资产价格、能源价格和粮食价格的即时结构性关系。

（3）国际粮价波动令小麦、稻米和大豆出口上升，令稻米进口上升；对玉米出口、小麦进口和大豆进口影响不显著，原因在于粮价上升对粮食贸易的影响大于下降，该效应的实现取决于粮价上涨时净出口国趁机大量出口和净进口国"越涨越买"的行为机制。

（4）需求冲击对粮食贸易的影响，体现出国际金融资产、能源和粮食价格波动对粮食贸易的复合影响。需求冲击令小麦出口下降，令小麦和稻米进口上升，对稻米出口、玉米出口和大豆进出口影响不显著，表明各国面对需求冲击时以防守本国粮食安全为先，口粮安全占据核心地位。

（5）金融冲击令小麦进口、稻米进口和大豆进出口下降，对小麦、稻米和玉米出口影响不显著。能源冲击令稻米和大豆出口上升，对小麦进出口、稻米进出口、玉米出口和大豆进口影响不显著，可能源于供给冲击效应和实际余额效应。

（6）国际粮价波动会损害我国的粮食贸易。其一，1992～2011年，随着价格波动的增加，我国小麦贸易、玉米贸易和稻米贸易萎缩，大豆贸易反而增加。其二，金融冲击会损害我国玉米贸易，但对小麦、稻米贸易影响不显著。其三，能源冲击对我国小麦、玉米、稻米贸易的影响都不显著。其四，作为小麦和大豆的净进口国，玉米和稻米的净出口国，国际粮价波动对我国粮食进口和出口的影响不同：价格波动促进了我国小麦和大豆出口，抑制了玉米进口，对玉米和稻米的出口、小麦和稻米的进口影响不显著；金融冲击和能源冲击对我国粮食的出口和进口影响都不显著；需求冲击促进了我国玉米出口，抑制了我国玉米、稻米和大豆的进口。

（7）需求冲击导致世界小麦出口额降低、小麦进口额和稻米进口额上升，令我国玉米出口额上升，抑制了我国玉米、稻米和大豆的进口；导致我国从国际市场上所能购买的口粮数量下降，生存境况变差，粮食贸易安全程度降低。

国际粮价波动和金融、能源等非传统因素对粮食贸易流量的影响背后，隐藏着各国政府防守本国粮食安全的行为动机。第10章将针对这一问题展开研究。

10 国际粮价波动对粮食贸易政策的影响：贸易隔离机制

第 9 章的研究显示，国际粮价波动导致小麦、稻米和大豆出口额上升，以及稻米进口额上升，原因在于粮价上涨时净出口国趁机大量出口和净进口国"越涨越买"的行为机制；而需求冲击导致世界小麦出口额下降，使得世界小麦和稻米进口额上升，表现出各国对口粮安全的重点防守。面对国际粮食价格波动和金融、能源冲击，各国政府纷纷采取价格稳定政策，以保障本国粮食安全。

相关研究从价格稳定政策的影响机理、影响效应、历史实践等角度进行了较为全面而深入的理论和经验分析，得出了较为一致的结论：认为贸易政策是价格稳定政策的方式之一，价格稳定政策又是一国促进本国农业发展、实现粮食安全战略的一部分；但存在两个问题，一是没能很好地回答"国际粮价波动如何影响各国贸易政策""不同粮食种类价格波动引起的贸易隔离程度是否有差异"；二是针对中国及其多个主要粮食贸易伙伴国的粮食贸易政策合作与协调的相关研究鲜见。因此，本章以中国及 12 个主要粮食贸易伙伴国为例，分析国际粮价波动对各国粮食贸易政策行为的影响机制。

10.1 实证分析：固定效应面板模型

采用固定效应面板模型，估计 1992 ~ 2011 年国际粮食价格波动对我国主要粮食贸易对象国的贸易隔离政策的影响。

$$T_{it} = \alpha + OV'_t\beta + \delta_i + \varepsilon_{it} \quad (i = 1, \cdots, N; t = 1, \cdots, T) \quad (10.1)$$

式中，T_{it} 表示 i 国在 t 时期采取的贸易隔离程度，OV'_t 表明 t 时期的国际粮食价格波动程度，ε 表示随机扰动项，α 表示总体效应，δ_i 表示截面效应，β 表示国际粮食价格波动对国家 i 贸易隔离政策的影响程度。

10.1.1　数据来源

贸易隔离程度 T 包含 13 个国家的数据，分别是我国、我国主要的粮食进口来源国（美国、加拿大、澳大利亚、泰国、阿根廷和巴西）、我国主要的粮食出口对象国（韩国、菲律宾、印度尼西亚、马来西亚、日本和科特迪瓦）。数据来源于安德森和内尔根（Anderson & Nelgen，2013）更新的世界银行农业激励扭曲 DAI 数据库。采用 NRA_COVT 数值的相反数，表示贸易隔离程度①。国际粮食价格波动 OV 表示国际粮食（小麦、玉米、稻米和大豆）月度价格标准差，数据来源于 IMF 的 WEO 数据库。

10.1.2　模型检验

（1）单位根检验结果表明，小麦价格波动 OV_1、玉米价格波动 OV_2、稻米价格波动 OV_3、各国贸易隔离程度 T 序列平稳，而大豆价格波动 OV_4 不平稳。

（2）各国贸易隔离程度与国际粮食价格波动的格兰杰因果检验的结果如表 10.1 所示。通过平稳性检验是进行格兰杰因果检验的前提，因此未对大豆进行检验。可以看出，对中国、科特迪瓦、马来西亚而言，国际小麦、玉米和稻米价格波动是其贸易隔离的格兰杰原因，表明国际粮价波动对粮食进口国和发展中国家冲击较大，致使其采取严格的贸易限制措施保护本

---

① NRA_COVT 是加权平均的农产品样本的产出名义支持率和投入的名义支持率之和。NRA 即各国农业名义支持率，表示一种产品的产出价格被政府政策扭曲的情况下，国内生产者价格超过了自由贸易市场上的价格的百分比，即按照产品质量、运输成本、加工成本等差异对边境价格的适当调整。

国粮食安全。对国际稻米价格波动而言，泰国的贸易隔离是其格兰杰原因，表明泰国作为主要的稻米出口国，其贸易隔离政策又进一步引起国际稻米价格的动荡，这与孙林（2011）的研究结论一致。

表10.1　　　　　贸易隔离与国际粮价波动的格兰杰因果检验

检验结果	F 统计量	概率
小麦价格波动是阿根廷贸易隔离的格兰杰原因	4.8714	0.0264
玉米价格波动是中国贸易隔离的格兰杰原因	5.9721	0.0145
稻米价格波动时中国贸易隔离的格兰杰原因	2.7645	0.0999
小麦价格波动是科特迪瓦贸易隔离的格兰杰原因	6.4749	0.0112
玉米价格波动是科特迪瓦贸易隔离的格兰杰原因	4.6332	0.0303
稻米价格波动是科特迪瓦贸易隔离的格兰杰原因	15.0469	0.0004
小麦价格波动是马来西亚贸易隔离的格兰杰原因	2.7184	0.1032
稻米价格波动是马来西亚贸易隔离的格兰杰原因	5.1848	0.0221
泰国贸易隔离是稻米价格波动的格兰杰原因	12.4882	0.0009

（3）协整检验结果如表10.2所示。Pedroni 检验表明，除了 Panel V 统计量之外，各统计量未加权的相伴概率都小于0.05，可以认为小麦、玉米和稻米的国际粮价波动与各国的贸易隔离政策具有协整关系。四个统计量都显示大豆价格波动一阶差分与各国的贸易隔离政策不具有协整关系，故下面不再对大豆价格波动进行检验和估计。

表10.2　　　　国际粮价波动与贸易隔离 PEDRONI 检验

统计量	Prob.			
	OV_1	OV_2	OV_3	D（OV_4）
Panel V	0.7546	0.7546	0.7546	0.6625
Panel rho	0.0001	0.0001	0.0001	0.4586
Panel PP	0	0	0	0.3117
Panel ADF	0.0036	0.0001	0.0001	0.6666

（4）固定效应检验结果如表10.3所示。固定效应模型是把时期特性当作未知的确定常数，本章以样本自身效应作为条件进行研究，宜采用固定效应模型。LR 检验的原假设为固定效应是多余的，故从表10.3中可以清晰地看到在1%的置信水平下拒绝原假设，即所引入的固定效应是合适的。

表 10.3　　　　　国际粮食价格波动对贸易隔离影响的固定效应检验

粮食	效应检验	Cross-section F
小麦	统计量	192.3712
	d. f.	−12246.0000
	Prob.	0.0000
玉米	统计量	182.4108
	d. f.	−12246.0000
	Prob.	0.0000
稻米	统计量	191.9875
	d. f.	−12246.0000
	Prob.	0.0000

10.1.3　估计结果

国际粮食价格波动对贸易隔离影响的估计结果见表 10.4。三个模型的修正可决系数都在 90% 左右，模型整体拟合得较好。小麦、玉米、稻米价格波动的系数都为正，且统计显著，说明随着国际粮食价格波动的加大，各国的贸易隔离程度也随之上升。

表 10.4　　　　国际粮食价格波动对贸易隔离影响估计结果

变量	小麦	玉米	稻米
C	−0.3790 (−10.6466)***	−0.2720 (−12.9958)***	−0.3652 (−11.0741)***
OV	1.6497 (4.2721)***	0.4508 (2.1375)***	1.6030 (4.2100)***
Fixed Effects（Cross）			
_ARG—C 阿根廷	0.3867	0.3867	0.3867
_AUS—C 澳大利亚	0.2231	0.2231	0.2231
_BRA—C 巴西	0.2384	0.2384	0.2384
_CAN—C 加拿大	0.1032	0.1032	0.1032
_CHN—C 中国	0.2291	0.2291	0.2291
_CIV—C 科特迪瓦	0.4776	0.4776	0.4776

续表

变量	小麦	玉米	稻米
_IDN—C 印度尼西亚	0.2021	0.2021	0.2021
_JPN—C 日本	−1.1072	−1.1072	−1.1072
_KOR—C 韩国	−1.4524	−1.4524	−1.4524
_MYS—C 马来西亚	0.2766	0.2766	0.2766
_PHL—C 菲律宾	0.0204	0.0204	0.0204
_THA—C 泰国	0.2409	0.2409	0.2409
_US—C 美国	0.1615	0.1615	0.1615
R^2	0.9044	0.8992	0.9042
Adjusted R^2	0.8993	0.8938	0.8991
S. E. of regression	0.1881	0.1932	0.1883
Sum squared resid	10.7058	9.1812	10.7232
Log likelihood	72.6461	65.7346	72.3865
F 统计量	1710.9773	1610.7307	1710.5826
Prob（F 统计量）	0.0000	0.0000	0.0000

注：***、**和*分别表示在1%、5%和10%置信度水平显著，（）内为t统计量。

国际小麦、稻米和玉米价格波动程度增大1%，分别引起以上各国贸易隔离程度增大1.64%、1.60%及0.45%。小麦价格波动引起贸易隔离的上升程度最大，稻米价格波动引起的贸易隔离程度居中，而玉米价格波动引发的贸易隔离程度最小。与饲料粮相比口粮的国际粮价波动引起更大的贸易隔离。这意味着我国的口粮只能有限地利用国际市场，实现国内总量平衡；而饲料粮则可适度增加进口，利用国际市场平衡国内供需缺口。此外，国际粮食价格波动程度加剧，引起中国及其12个主要粮食贸易伙伴国的贸易隔离程度显著增加，反映现存双边和多边粮食贸易合作机制无力，WTO出口规则不健全，以及全球性粮食安全治理机制缺乏。随着国际粮食价格波动加大，我国及12个主要粮食贸易伙伴国都增强了对本国粮食贸易的干预，采取贸易隔离政策来稳定国内价格，将吸收国际粮价波动的负担转嫁给别国。在现有的国际环境下，各国政府都认为采用以邻为壑的贸易隔离政策来维护本国价格稳定是最优选择，奉行"隔离防守式"的粮食安全模式；通过关税、补贴、进出口限制等贸易政策及国内农业政策等，高度隔离国内外粮食市场，防守本国粮食安全；表现出"我安全重于你安全"的心态。

10.2 本章小结

本章在安德森等（Anderson et al，2013）模型的基础上，运用固定效应面板模型分析国际粮食价格波动对中国及其主要粮食贸易伙伴国贸易政策的影响效应。结果表明：国际小麦、稻米和玉米的价格波动程度增大1%，分别引起贸易隔离程度增加1.64%、1.60%和0.45%；小麦和稻米价格波动引起的贸易隔离程度显著高于玉米，表明口粮对于各国实现粮食安全、稳定粮价方面占据核心地位，而口粮的价格波动会引起各国贸易政策的显著变化。

贸易隔离政策短期而言有利于各国利益，但长期而言会形成无效的集体行动，进一步推高国际粮食价格，加剧国际市场的动荡，导致一国从国际市场上能够随时购买到所需要的粮食的可能性降低，而各国间互惠互利粮食贸易政策转变为"以邻为壑"的贸易政策，粮食贸易安全水平变差。

11　结论及政策启示

本章首先回顾全书，对本书的主要研究结论进行概括，在此基础之上提出相应的政策建议，最后展望本书在将来的后续工作中进一步改进的方向。

11.1　研究结论

本书在总结前人关于国际粮价波动和粮食安全影响研究的基础之上，构建了国际粮价格波动对粮食贸易安全影响研究框架，将粮食缺口、粮食价格、粮食贸易流量和粮食贸易政策作为粮食贸易安全的代表性指标，系统研究了国际粮食价格波动对我国粮食贸易安全的影响机理和效应。

本书首先基于非传统安全视角，从"安全化""安全性""安全感"维度，构建粮食贸易安全测度指标体系，采用主成分模型测度了包括中国在内的 12 个发展中国家粮食贸易安全水平，采用面板模型探讨了国际期货投机与中国粮食贸易安全的关系，利用 GARCH 模型估计了我国粮食期货市场的风险转移功能的效率。其次采用大国模型、小国模型和两国模型分析国际粮价波动对粮食贸易安全的影响机理，并选取粮食缺口、粮食价格、贸易流量和贸易政策作为"粮食贸易安全化""粮食贸易安全性""粮食贸易安全感"的代表性指标，提出国际粮价波动对粮食贸易安全的六个影响路径：贸易利得机制、价格传导机制、信息传传导机制、成本传导机制、贸易流量机制和贸易隔离机制。最后分别对六个传导机制进行了实证检验。

采取联立方程模型，实证检验了"国际粮价波动—粮食贸易成本—粮食贸易利得—国内粮食缺口"的影响机制；在采用 VECM 和 BEKK-GARCH 模型测度国内粮食期货价格发现功能的动态变化的趋势上，运用线性回归模型估计了国际粮食期货投机对国内粮食期货价格发现功能的信息传导机制；用 VAR 模型估计了国际能源对粮食价格传导的生产成本渠道，用面板 EG-LS 模型估计了国际石油价格对国内粮食价格传导的贸易成本渠道；采用两步非对称 ECM 模型、VEC 模型和 VAR 模型，考察国际粮食价格和石油价格冲击对国内粮食价格的影响；利用非对称效应模型、SVAR 模型和固定效应面板模型，研究了国际粮价波动与金融和能源冲击对全球和我国粮食贸易流量的影响；运用固定效应面板模型明确了国际粮食价格波动对我国粮食贸易伙伴国贸易政策的影响效应。得到以下几点结论。

第一，第 3 章在国际比较的视野下，分析中国粮食贸易安全现状时发现：（1）高收入发展中国家小麦、玉米的粮食贸易较安全，稻米贸易处于不安全状态且安全水平下降；中高收入发展中国家的粮食贸易基本不安全；低收入发展中国家的粮食贸易处于不安全状态；发展中国家的小麦贸易安全状态最稳定，玉米和大豆的贸易安全水平上升，稻米贸易最不安全。（2）与投机因素相比，我国粮食贸易安全的风险更多地来源于非投机因素（实际供求层面）。（3）我国期货市场确实能够转移部分价格波动的风险，我国大豆和玉米的期货套保成本低于美国；但美国大豆和玉米的套保效率分别是我国大豆和玉米的 6.5 倍和 17 倍；美国玉米套保效果好于大豆，我国大豆套保效率强于玉米，我国粮食期货市场的套保效率增速远远快于美国。

第二，第 4 章分析国际粮价波动对粮食贸易安全的影响机理时发现：（1）拥有进口大国地位的国家能部分削弱国际粮价波动对国内福利水平的影响，尽量避免国际粮价波动危害到国家粮食安全；但小国的粮食产业可能由于国际粮价波动而被摧毁，令本国粮食安全受到严重损害；但是粮食贸易大国或数量足够多的小国同时进行干预时，贸易政策效果会抵消，令国际粮食价格更加动荡，粮食贸易安全状态恶化。（2）国际粮价波动通过贸易利得机制影响我国粮食缺口，通过信息传导机制影响我国期货价格发现功能，通过成本传导机制影响我国粮食生产成本和贸易成本，通过价格传导机制影响我国粮食价格，通过贸易流量机制影响粮食贸易流量，通过贸易隔离机制影响国内外粮食贸易政策；进而导致我国粮食贸易安全水平变化。而粮食缺口、粮食价格、粮食贸易流量和粮食贸易政策之间又存在互动关系。

第三，第5章分析国际粮价波动对我国粮食缺口的影响时发现：（1）1992~2011年，在其他条件不变的情况下，国际小麦、稻米价格波动每增加1%，导致我国小麦缺口增加0.25%，稻米缺口下降0.007%；国际大豆价格波动每增加1%，通过影响大豆出口和进口利得，分别令国内大豆缺口扩大0.13%和缩小0.11%；国际玉米价格波动对国内玉米缺口的贸易传导途径和效应不显著。（2）除大豆进口外，我国在小麦、玉米和稻米贸易中均处于小国地位。而足够低（高）的国际粮食价格给粮食进（出）口小国带来严重的粮食安全问题，因此国际价格波动加剧将导致我国粮食贸易安全水平降低。

第四，第6章研究国际粮价波动对我国粮食价格的影响时发现：（1）国际石油价格对我国玉米和大豆价格的累积传导弹性为0.13左右，但世界石油价格对我国小麦和稻米价格的运输成本传导渠道不畅通。（2）世界大豆价格的传导弹性（0.37）高于国际玉米价格（0.05）的传导弹性，而国内外小麦和稻米价格的传导不畅通。（3）世界石油价格冲击向国内玉米价格的传导速度快于世界玉米价格，而世界大豆价格冲击向国内大豆价格的传导速度则快于世界石油价格。（4）国际粮价的贸易传导途径和国际能源价格的运输成本传导途径对我国粮食价格存在叠加效应，将导致我国粮食价格波动加剧，粮食贸易安全水平降低。

第五，第7章研究国际粮食期货投机对我国粮食期货价格发现的影响时发现：（1）基于历史信息的国际投机增强了中国小麦和玉米的期货价格发现功能。原因包括：投机者承担交易风险导致期货价格逐步趋于现货价格预期值；国内期货市场领先于现货市场受到国际投机的信息冲击；基于历史信息的投机活动对国内市场的信息传导途径很畅通。（2）国际投资者情绪性投机削弱了中国小麦和玉米的期货价格发现功能。原因包括：在于国际投机对信息的过度反应和非理性；信息优势方营造供需失衡的假象；中国小麦和玉米期货价格发现功能不完善；国内中小散户处于信息劣势。

第六，第8章研究国际能源价格对我国粮食价格的生产成本传导渠道和贸易成本传导渠道时发现：（1）其他条件不变时，能源价格波动通过生产成本渠道导致我国粮食价格发生同向变化。能源对粮食价格的传导弹性，受能源投入要素的产出弹性及粮食生产要素替代弹性的影响。（2）国际能源价格通过柴油和汽油渠道向我国国内稻米和玉米价格的传导畅通，通过化肥渠道向我国国内粮食价格的传导不畅通。可能是由于我国农机化进程加快、粮食生产能源要素成本中化肥占比下降、机械动力占比上升、政府补贴等因素缓解了能源价格通过化肥渠道对粮食价格的影响。（3）国际能源价格上升，通过柴油渠道对我国玉米价格产生正向影响，通过汽油渠道对我国玉米价格产生负向影响。原因可能是：目前我国柴油添加乙醇比较少，而汽油中添加乙醇已较为普遍；乙醇市场的分割性导致汽油价格上升对玉米价格具有正负两种效应（汽油添加剂市场为负，能源替代型市场为正），我国乙醇的能源替代型市场未发展起来，汽油价格对玉米价格的总体影响为负。（4）国际能源价格变化，通过贸易成本途径传影响我国国内商品价格。理论模型表明，当国内外贸易成本下降时，进口商品相对价格下降，进口商品的相对消费上升。而距离越遥远，国外价格对国内价格的传导效应越小。（5）能源价格上升推高了我国农产品的国内外贸易成本。国际原油价格对我国农产品进口的国外贸易成本影响显著为正，表明能源价格越高，运输成本越高。国内燃料价格指数对国内粮食贸易成本影响显著为正，表明能源价格越高，贸易成本越高。（6）贸易政策合作有利于降低我国农产品进口贸易成本。自贸协定和贸易开放度对国外贸易成本影响显著为正，表明贸易壁垒越少，贸易成本越小。

第七，第9章研究国际粮价波动对粮食贸易的影响时发现：（1）1980～2011年国际粮食、金融资产和能源的价格波动对世界粮食贸易量存在复杂的非对称影响，对粮食净进口国存在典型的非对称影响。（2）国际粮价波动导致世界小麦、稻米和大豆出口额，及世界稻米进口额上升，原因在于粮价上涨时净出口国趁机大量出口和净进口国"越涨越买"的行为机制。（3）需求冲击导致世界小麦出口额下降，使得世界小麦和稻米进口额上升，表现出各国对口粮安全的重点防守，体现了国际金融资产、能源和粮食价格波动对粮食贸易的复合影响。（4）金融冲击导致世界小麦进口额、稻米进口额和大豆进出口额下降，源于金融资产价格波动的"财富效应"和相对汇率调整的"价格效应"；能源冲击导致稻米和大豆出口额上升，可能源于供给冲击效应和实际余额效应。（5）1992～2011年，随着国际粮价波动增加，我国小麦贸易、玉米贸易和稻米贸易萎缩，大豆贸易反而增加；金融冲击会损害我国玉米贸易；作为小麦和大豆的净进口国，玉米和稻米的净出口国，国际粮价波动对我国粮食进口和出口的影响不同。（6）比较需求冲击对世界和我国粮食贸易额的影响差异可发现，需求冲击导致我国从国际市场上所能购买的口粮数量下降，生存境况变差，粮食贸易安全程度降低。

第八，第 10 章研究国际粮价波动对贸易政策的影响时发现：1992 ~ 2011 年，国际小麦、玉米和稻米的价格波动程度每增大 1%，分别引起我国主要粮食贸易伙伴国与世界的贸易隔离程度增加 1.64%、1.60% 和 0.45%；小麦和稻米价格波动引起的贸易隔离程度显著高于玉米，表明口粮对于各国实现粮食安全、稳定粮价方面占据核心地位，而口粮的价格波动会引起各国贸易政策的显著变化。贸易隔离政策导致一国从国际市场上能够随时购买到所需要的粮食的可能性降低，令各国间互惠互利粮食贸易政策转变为"以邻为壑"的贸易政策，粮食贸易安全水平变差。

第九，纵观全书，国际粮价波动通过贸易利得机制影响我国粮食缺口，通过价格传导机制影响我国粮食价格，通过信息传导机制影响我国期货价格发现功能，通过成本传导机制影响我国粮食生产成本，通过贸易成本传导机制影响我国粮食贸易成本，通过贸易流量机制影响粮食贸易流量，通过贸易隔离机制影响国内外粮食贸易政策，进而影响我国粮食贸易安全化、粮食贸易安全性和粮食贸易安全感三方面，最终导致我国粮食贸易安全水平变化。从而本书完成了关于国际粮价波动对我国粮食贸易安全影响机理和效应的系统研究。

11.2 政 策 启 示

经过前文的机理分析和实证研究结论，本书提出如下政策建议：

第一，应注意利用国内外两个市场、两种资源，实现粮食生产和需求的平衡。第 3 章的研究结果显示发展中国家贸易安全水平普遍不高，处于基本不安全和基本安全的范畴，粮食风险更多来自供求基本面而非投机因素，我国粮食期货风险转移功能效率低于美国。因此，要采取以下措施：（1）应警惕非投机因素对我国粮食贸易安全的威胁，根据美国粮食期货交易的历史数据和变化趋势，对未来美国粮食产量和世界粮食缺口具有正确的预判；正确认识粮食期货投机对我国粮食贸易安全的双重影响，积极参与美国粮食期货市场交易，对冲粮食贸易风险；充分利用美国粮食期货市场价格发现功能，加强我国粮食期货市场的建设，争取粮食贸易定价权。（2）提高期货市场流动性，增强期货市场主体专业性，增加期货交易品种，扩大期货市场规模，完善信息传播和政策引导机制，增强市场的标准化和法治化，完善现货市场供求体制，尽力争取粮食定价权，提高基础设施质量，调整粮食价格保护政策。

第二，应提升我国粮食产业竞争力、稳定国内粮食市场、加强对外部冲击因素的预警和控制。第 4 章研究表明，我国粮食贸易安全的主要影响因素依次是产业竞争力、国内市场行情、外部冲击因素、产业政策、受控可能性和国际市场行情。具体应对措施包括：（1）在提升国内产业竞争力方面，加强农业技术的培育和转移，提高技术进步对粮食生产的贡献率；与市场准入政策相比，应更重视国内价格支持政策和收购政策的作用；鼓励中国企业参与全球农业市场竞争，支持商业化经营的粮油贸易企业参股控股国外农业公司，提升其管理水平和跨国经营能力；在政府主导下加快健全重要农产品进口企业的行业协会，整合进口需求，形成合力争取贸易话语权。（2）在稳定国内粮食市场方面，进一步完善收入分配机制，提高贫困人口的收入水平，增加其粮食购买力；可以考虑以国际价格变化趋势为基准稳定我国粮食价格，国内价格稳定区间上下限的设定应涵盖粮食的运输和管理成本，减少对国内私人部门的挤出效应；通过舆论引导和制度约束，提高粮食利用率，减少粮食浪费。（3）应对外部冲击方面，加强对国际金融市场和能源市场的风险预警和控制，建立和形成完备的国际金融和能源市场战略研究体系。对粮食贸易主体提供国家和行业层面的信息服务，制订具备前瞻性、全局性以及产业和地区导向性的风险控制规划；进一步完善人民币对外汇期权，争取尽快推出人民币指数期货，支持中国粮食贸易企业采用金融工具规避汇率波动风险。

第三，应采取不同措施应对国际粮价波动对口粮、饲料粮和工业用粮缺口的冲击。第 6 章结论表明，国际小麦、稻米价格波动每增加 1%，导致我国小麦缺口增加 0.25%，稻米缺口下降 0.007%；国际大豆价格波动每增加 1%，分别令国内大豆缺口扩大 0.13% 和缩小 0.11%；国际玉米价格波动对国内玉米缺口的贸易传导途径和效应不显著。第 7 章研究表明，基于历史信息的国际投机增强了中国小麦和玉米的期货价格发现功能，国际投资者情绪性投机削弱了中国小麦和玉米的期货价格发现功能。具体应对措施包括：（1）警惕国际粮价波动对口粮安全的冲击。短期内应在粮食价格动荡时通过转移支付降低贫困人口的脆弱性。长期内应进行战略性的生产规划，增加农业投资，研发更多的抗冲击作物，以生产抑制国际市场价格波动的影响。（2）培育区域性的小麦定价中心。加快国内小麦期货市场建设，积极参与国际小麦期货交易；加强国家间边境市场的基础设施建设，降低区域内小麦贸易成本。（3）增强我国的大豆议价能力。加快健全大豆等战略性粮食进出口行业协会，整合需求以形成合力；充分利用双边协定和多边协定，建立互利、稳定的大豆出口国货源基地。（4）提高国内玉米市场整合程度。进行玉米生产、加工和销售等环节利益分配的市场化改革，形成风险共担、利益均分的产业利益链条，提高玉米市场资源配置的能力。（5）应加强价格监测和预警，利用大数据技术实时监控国际粮食期货市场的波动。（6）充分利用基于历史信息的国际投机的有利影响，增强国内粮食期货价格发现的功能。（7）警惕非理性的、反应过度的情绪性投机对国内期货市场参与者的不良诱导；建立和健全中介组织，鼓励和引导农户参与到期货市场的交易，增强期货价格和现货生产的关联性。（8）提高市场透明度，改进交易机制，完善期现货市场制度，维持市场稳定，保障市场参与者权益。（9）在确保无风险或风险可控的前提下，逐步对商业银行、保险公司、基金公司等合法经营企业开放入市资格，提高期货交易主体的专业素质。

第四，警惕能源价格对国内粮食价格的传导。第 8 章研究表明，其他条件不变时，能源价格波动通过生产成本渠道导致粮食价格发生同向变化。能源对粮食价格的传导弹性，受能源投入要素的产出弹性及粮食生产要素替代弹性的影响。当国内外贸易成本下降时，进口商品相对价格下降，进口商品的相对消费上升。而距离越遥远，国外价格对国内价格的传导效应越小。因此，应加快完善我国粮食运输系统，提升运输效率，降低运输成本，以减少国际能源冲击通过运输成本渠道对国内粮食价格的影响。有粮食生产补贴政策的确减缓了能源价格上涨对粮食生产成本和粮食价格的冲击，应继续探寻对粮食价格扭曲最小的农业补贴政策。应继续进行粮食、能源和农资价格的市场化改革，令能源、农资和粮食之间的价格传导更加顺畅，否则会导致资源的扭曲配置，如目前化肥过度使用造成严重的环境污染和农产品质量安全问题。在我国农业生产土地和劳动力成本逐渐上升的背景下，农业生产对能源型投入要素的依赖只会越来越大。最根本的还是要依靠农业技术进步，提高农业生产效率，并注重提高能源使用效率，减少能源浪费。加快物流资源整合，降低运输成本。在油价不断上升的情况下，对分散的物流设施资源进行整合，优化资源配置。在重要的物流节点建立粮食仓储基地、粮食加工基地与物流基地，实现仓储、加工与物流一体化；围绕重要铁路线路重点布局战略卸车点，并配以粮食分销子系统，保证粮食快速接卸、及时加工、高效配送，争取实现南北、东西粮食快速通达。提高港口和铁路的基础设施质量。在沿海城市建港口，鼓励涉农企业参与港口建设，国际粮食价格较低时加强进口，国际市场价格较高开展出口。交通不发达省份需要加快公路建设，完善基础设施建设，弥补到沿海距离较大省份的劣势，以稳定国内粮食价格。

第五，重视对粮食进出口机制的战略调控。第 9 章研究显示，国际粮食、金融资产和能源的价格波动对粮食贸易量存在非对称影响。国际粮价波动导致世界粮食贸易额上升，我国粮食贸易萎缩；需求冲击导致世界粮食进口额上升，出口额下降，对我国粮食贸易额影响不显著；金融冲击导致世界和我国粮食贸易额萎缩；能源冲击导致世界粮食贸易额上升，对我国粮食贸易额影响不显。具体应对措施包括：（1）加强与其他粮食进口国的合作，建立联合谈判机制，建立互利、稳定的出口国货源基地，以减轻国际粮价波动对粮食贸易的非对称影响。（2）防范金融、能源等非传统因素与粮食价格波动对粮食贸易带来的复合冲击。（3）与区域组织成员合作推进区域性粮食储备制度的建立，提高国际粮食储备比例，抑制过度粮食投机，让粮价波动变得更平缓。（4）应进一步融入国际市场，全面参与世贸组织关于市场准入的谈判进程，与其他 WTO 成员协同行动，对 WTO 出口规则进行修订。

第六，重视国际粮食贸易安全合作。第 10 章研究显示国际粮价波动导致各国粮食贸易隔离程度提高，所以，应加强与区域组织成员在贸易、投

资和技术方面的合作。粮食贸易合作方面，与区域组织成员合作推进区域
性粮食储备制度的建立，可以由各成员提供指定数量的国际储备，由拥有
自由裁量权的监督委员会在紧急情况下释放或增加国际储备。（1）粮食投
资合作方面：可以与东道国制定互惠互利的农业投资战略合作规划，构建
稳定的双边农业合作框架，对合作项目能够实施有效监管，提高政策的透
明度，为投资者提供公平的待遇；可以考虑利用非洲、缅甸、乌克兰和俄
罗斯等地区的农业资源，鼓励我国农业企业在当地合作种植水稻、葵花籽
和大豆等农产品，防范、控制、化解单纯的农产品进口带来的风险；可以
考虑在巴西等粮食增产较快的国家和地区，通过并购现有物流企业或者兴
建仓储和运输系统的方式，打造国际化的物流企业，进一步紧密与货源地
的互利互惠关系。（2）农业技术合作方面：加强与巴西、东盟等发展中国
家的技术合作和交流，扩大农业技术输出，帮助合作国提高农业技术水平，
提高中国在全球粮食安全治理机制中的地位；与美国等发达国家进行技术
合作，提高粮食生产率，实现全球粮食生产的可持续性。

11.3　下一步研究方向

本书首次基于非传统安全视角提出粮食贸易安全的概念，将粮食缺口、
粮食价格、粮食贸易流量和粮食贸易政策作为粮食贸易安全的代表性指标，
研究国际粮价波动对粮食贸易安全的影响机理和效应，得到了一些富有启
发意义的结论，在一定程度上填补了该领域的研究空白，促进了该领域的
研究发展，但是本书的机理和实证研究仍属尝试性研究，随着实证研究方
法和理论分析的改进、数据资料的完善，在未来研究中至少可以从以下两
方面进行改进。

第一，测度粮食净进口国和发展中国家的粮食贸易安全水平，归纳出
其共同的风险来源和影响因素。本书只考察了我国的粮食贸易安全水平，
在研究世界其他国家粮食贸易安全水平方面有待进一步提高。下一步应在
FAO 的"粮食安全指数"的基础上，建立"粮食贸易安全指数"的指标体
系，测度主要粮食进口国和发展中国家的粮食贸易安全水平，探寻其粮食
贸易风险来源。

第二，研究战争、罢工、禁运等突发性政治性因素对粮食贸易安全的影响。本书只研究了不存在粮食禁运条件下粮食自由贸易时，国际粮价波动对粮食贸易安全的影响。下一步应广泛搜集合适的数据资料，寻找可以量化政治变革和战争爆发的方法和指标，研究突发性政治因素对粮食贸易安全的影响。

附　　录

　　　　　　　　　　　　期货 – 现货 VECM 模型估计结果

项目	小麦		玉米		大豆	
协整方程	协整方程		协整方程 1		协整方程 1	
期货价（ – 1）	1		1		1	
现货价（ – 1）	– 0.8031 （ – 4.90232）		– 1.0632 （ – 11.8571）		– 1.0456 （ – 8.97682）	
C	– 1.6109		0.4683		0.3607	
误差修正	D（期货价）	D（现货价）	D（期货价）	D（现货价）	D（期货价）	D（现货价）
CointEq1	– 0.0827 （ – 6.72093）	0.0041 （4.78106）	– 0.0015 （ – 0.42641）	0.0066 （5.56772）	– 0.0077 （ – 1.92052）	0.0091 （4.44674）
D（期货价（ – 1））	– 0.5901 （ – 26.8826）	– 0.0011 （ – 0.68900）	– 0.3550 （ – 15.7439）	– 0.0102 （ – 1.39265）	– 0.0120 （ – 0.54821）	0.0149 （1.32967）
D（期货价（ – 2））	– 0.2598 （ – 12.5373）	– 0.0003 （ – 0.23100）	0.0315 （1.40421）	– 0.0029 （ – 0.39211）	– 0.0218 （ – 0.99618）	0.0196 （1.75331）
D（现货价（ – 1））	– 0.0854 （ – 0.28193）	0.0963 （4.56500）	0.2852 （4.16427）	0.1144 （5.13971）	0.0032 （0.07527）	0.0277 （1.27862）
D（现货价（ – 2））	0.3152 （1.04035）	0.1463 （6.93340）	– 0.1391 （ – 2.03628）	0.0888 （3.99982）	0.0729 （1.72315）	0.0131 （0.60680）
C	0.0000 （0.06528）	0.0001 （1.49137）	0.0001 （0.29326）	0.0001 （1.16164）	0.0001 （0.41620）	0.0001 （0.72863）
R^2	0.3281	0.0483	0.1251	0.0414	0.0037	0.0148
Determinant resid covariance（dof adj.）	0.0000		0.0000		0.0000	
Determinant resid covariance	0.0000		0.0000		0.0000	
Log likelihood	15370.2900		15468.1000		14680.4700	
AIC	– 14.0112		– 14.1521		– 13.4247	
SC	– 13.9749		– 14.1156		– 13.3882	

注：小麦现货价滞后二期不显著，玉米现货价滞后一期不显著，其余系数在 5% 水平显著。

附表2   现货－期货 VECM 模型估计结果

项目	小麦		玉米		大豆	
协整方程	协整方程1		协整方程1		协整方程1	
现货价（-1）	1.0000		1.0000		1.0000	
期货价（-1）	-1.2451 （-8.52458）		-0.9405 （-13.4529）		-0.9564 （-10.1638）	
C	2.0057		-0.4405		-0.3450	
误差修正	D（现货价）	D（期货价）	D（现货价）	D（期货价）	D（现货价）	D（期货价）
CointEq1	-0.0033 *** （-4.78106）	0.0665 （6.72093）	-0.0070 （-5.56772）	0.0016 （0.42641）	-0.0095 （-4.44674）	0.0080 （1.92052）
D（现货价（-1））	0.0963 （4.56500）	-0.0854 （-0.28193）	0.1144 （5.13971）	0.2852 （4.16427）	0.0277 （1.27862）	0.0032 （0.07527）
D（现货价（-2））	0.1463 （6.93340）	0.3152 （1.04035）	0.0888 （3.99982）	-0.1391 （-2.03628）	0.0131 （0.60680）	0.0729 （1.72315）
D（期货价（-1））	-0.0011 （-0.68900）	-0.5901 （-26.8826）	-0.0102 （-1.39265）	-0.3550 （-15.7439）	0.0149 （1.32967）	-0.0120 （-0.54821）
D（期货价（-2））	-0.0003 （-0.23100）	-0.2598 （-12.5373）	-0.0029 （-0.39211）	0.0315 （1.40421）	0.0196 （1.75331）	-0.0218 （-0.99618）
C	0.0001 （1.49137）	0.0000 （0.06528）	0.0001 （1.16164）	0.0001 （0.29326）	0.0001 （0.72863）	0.0001 （0.41620）
R^2	0.0483	0.3281	0.0414	0.1251	0.0148	0.0037
Determinant resid covariance (dof adj.)	0.0000		0.0000		0.0000	
Determinant resid covariance	0.0000		0.0000		0.0000	
Log likelihood	15370.2900		15468.1000		14680.4700	
Akaike information criterion	-14.0112		-14.1521		-13.4247	
Schwarz criterion	-13.9749		-14.1156		-13.3882	

注：所有系数均在5%水平显著。

附表 3　　　　　　　　　**期货－现货 BEKK-GARCH 模型结果**

均值方程 1：期货价 = C（1）×期货价（-1）
均值方程 2：现货价 = C（2）×现货价（-1）

项目	小麦	玉米	大豆
C（1）	0.9999 (45798.95)	1.000072 (27017.22)	0.999929 (33808.03)
R^2	0.6069	0.9810	0.9908
C（2）	1.000002 (152503.9)	1.000069 (26724.33)	1.00E+00 (31375.26)
R^2	0.9969	0.9864	0.9965

方差特征：Diagonal BEKK
GARCH = M + A1 × RESID（-1）× RESID（-1）′× A1 + B1 × GARCH（-1）× B1
M，A1，B1 皆为对角矩阵

转换后的方差系数			
项目	小麦	玉米	大豆
M（1，1）	4.51E-06 (16.66242)	2.12E-05 (20.8952)	2.06E-05 (11.16)
M（2，2）	-2.31E-11 (-1.084486)	2.43E-05 (48.85175)	5.99E-06 (6.846431)
A1（1，1）	0.56773 (59.68572)	-0.477338 (-56.85443)	4.27E-01 (30.98246)
A1（2，2）	-0.329408 (-87.28425)	-0.467254 (-75.32932)	1.67E-01 (10.63905)
B1（1，1）	8.78E-01 (414.3246)	0.9092 (308.9423)	0.851992 (94.65999)
B1（2，2）	0.967593 (2463.604)	0.897247 (474.3566)	0.907339 (64.29352)

注：小麦 M（2，2）系数不显著，其余系数在 1% 水平显著，（ ）内数值为 Z 统计量。

附表4　　　　　　　　现货－期货 BEKK-GARCH 模型结果

均值方程1：现货价 = C（1）×现货价（－1）			
均值方程2：期货价 = C（2）×期货价（－1）			

项目	小麦	玉米	大豆
C（1）	1.000002 （149303.7）	1.000069 （26724.35）	0.999975 （31375.26）
R²	0.9963	0.9863	0.9965
C（2）	0.999966 （39261.99）	1.000072 （27017.06）	0.999929 （33808.02）
R²	0.6072	0.9811	0.9908

方差特征：Diagonal BEKK
GARCH = M + A1 × RESID（－1）× RESID（－1）′× A1 + B1 × GARCH（－1）× B1
M，A1，B1 皆为对角矩阵

转换后的方差系数			
项目	小麦	玉米	大豆
M（1, 1）	－1.05E－10 （－6.835711）	2.43E－05 （48.85176）	5.99E－06 （6.846429）
M（2, 2）	9.32E－06 （18.14968）	2.12E－05 （20.89518）	2.06E－05 （11.16）
A1（1, 1）	－0.423456 （－83.05352）	－0.467253 （－75.3292）	0.166839 （10.63905）
A1（2, 2）	0.573559 （55.83488）	－0.477335 （－56.85399）	0.426514 （30.98246）
B1（1, 1）	0.955157 （1831.736）	0.897247 （474.3561）	0.907339 （64.29354）
B1（2, 2）	0.859877 （278.7984）	0.909201 （308.9412）	0.851992 （94.65998）

注：所有系数在1%水平显著，（）内为 Z 统计量。

参考文献

［1］包晓钟. 投资者情绪影响玉米期货价格发现功能的实证研究［J］. 价格理论与实践, 2020 (4)：104-107.

［2］包宗顺. 世界粮食生产、贸易、价格波动与中国的粮食安全应对策略［J］. 世界经济与政治论坛, 2011 (1)：134-146.

［3］卜林, 李晓艳, 朱明皓. 上海原油期货的价格发现功能及其国际比较研究［J］. 国际贸易问题, 2020 (9)：160-174.

［4］曹春柳. 中国农产品进出口弹性分析［D］. 上海：同济大学, 2008.

［5］陈传兴, 李静逸. 中国大豆与玉米进出口贸易的"大国效应"分析［J］. 国际观察, 2011 (2)：73-79.

［6］陈东升, 方良静. 国际谷物价格波动对中国经济的影响研究［J］. 经济与管理, 2011, 25 (7)：30-33.

［7］陈凯. 中国的粮食贸易及其大国效应研究［D］. 北京：中国农业大学, 2005.

［8］陈六傅, 刘厚俊. 人民币汇率的价格传递效应——基于 VAR 模型的实证分析［J］. 中南财经政法大学研究生学报, 2009 (3)：1-13.

［9］陈婷, 戴尔阜, 傅桦. 运用 AHP 法构建粮食安全预警体系及对珠江三角洲地区粮食安全的评析［J］. 中国农学通报, 2009, 25 (8)：68-74.

［10］陈秀凤, 秦富. 中国农业大学经济管理学院等. 我国农村居民食物消费研究［J］. 江西农业学报, 2006, 18 (6)：162-165.

［11］陈学彬, 徐明东. 本次全球金融危机对我国对外贸易影响的定量分析［C］//中国经济 60 年道路、模式与发展：上海市社会科学界学术年会文集经济、管理学科卷. 2009：24-33.

［12］陈彦玲. 国际油价上涨对中美居民消费价格指数的影响［J］. 中国流通经济, 2007, 21 (9)：50-52.

［13］陈有华. 市场边缘、价格波动与城乡差距或然性：基于工业品与农产品比较［J］. 改革, 2012 (7)：26-33.

［14］陈宇峰, 田珊. 定价主导权争夺下的中国粮食安全［J］. 经济研究参考,

2015 (38)：38 - 48.

[15] 陈宇峰，薛萧繁，徐振宇. 国际油价波动对国内农产品价格的冲击传导机制：基于 LSTAR 模型 [J]. 浙商研究，2012 (9)：74 - 87.

[16] 程国强，陈良彪. 中国粮食需求的长期趋势 [J]. 中国农村观察，1998 (3)：1 - 6.

[17] 崔顺姬，余潇枫. 安全治理：非传统安全能力建设的新范式 [J]. 世界经济与政治，2010 (1)：84 - 96.

[18] 戴鹏，汤晓怡，曾文娟. 中国豆粕期货市场价格发现功能及动态演变——基于动态 Granger 因果检验的经验分析 [J]. 湖南农业大学学报（社会科学版），2019，20 (4)：10 - 16.

[19] 丁守海. 国际粮价波动对我国粮价的影响分析 [J]. 经济科学，2009 (2)：60 - 71.

[20] 杜丽永，蔡志坚. 全球粮食价格波动的影响因素分析——以小麦为例 [J]. 农林经济管理学报，2014 (4)：384 - 392.

[21] 樊琦. 农产品价格波动与农户收入分配结构关系研究——基于我国不同收入水平分组农户的调查数据 [J]. 农业技术经济，2012 (6)：73 - 79.

[22] 范建刚. "大国效应" 的有限性与我国粮食外贸的政策选择 [J]. 经济问题，2007 (8)：29 - 31.

[23] 范志勇，向弟海. 汇率和国际市场价格冲击对国内价格波动的影响 [J]. 金融研究，2006 (2)：36 - 43.

[24] 方晨靓，顾国达. 农产品价格波动国际传导机制研究——一个非对称性视角的文献综述 [J]. 华中农业大学学报（社会科学版），2012 (6)：6 - 14.

[25] 方晨靓，农产品价格波动国际传导机理及效应研究——基于非对称视角 [D]. 杭州：浙江大学，2012.

[26] 房丽萍，孟军. 化肥施用对中国粮食产量的贡献率分析——基于主成分回归 C—D 生产函数模型的实证研究 [J]. 中国农学通报，2013，29 (17)：156 - 160.

[27] 封志明，赵霞，杨艳昭. 近 50 年全球粮食贸易的时空格局与地域差异 [J]. 资源科学，2010，32 (1)：2 - 10.

[28] 高帆，龚芳. 国际粮食价格的波动趋势及内在机理：1961 - 2010 年 [J]. 经济科学，2011 (5)：5 - 17.

[29] 高帆. 中国粮食安全的测度：一个指标体系 [J]. 经济理论与经济管理，2005 (12)：5 - 10.

[30] 高扬，李雯. 基于不同实证方法研究生鲜类期货套期保值功能——以鸡蛋、苹果为例 [J]. 中国证券期货，2020 (2)：34 - 43.

[31] 高云，陈伟忠，詹慧龙，等. 中国粮食增产潜力影响因素分析 [J]. 中国农学通报，2013，29（35）：132－138.

[32] 公茂刚，郝盛国，王学真. 发展中国家提升粮食供给能力的政策评析及对中国的启示 [J]. 宁夏大学学报（人文社会科学版），2012，34（2）：164－170.

[33] 公茂刚，刘力臻. 粮食禁运问题的博弈论分析 [J]. 求索，2009（3）：28－30.

[34] 巩前文，穆向丽，谷树忠. 大宗能源价格波动对国内化肥价格的影响 [J]. 资源科学，2014（7）：1402－1407.

[35] 顾国达，方晨靓. 国际农产品价格波动成因研究述评 [J]. 华中农业大学学报（社会科学版），2012（2）：11－17.

[36] 顾国达，尹靖华. 非传统安全视角下中国粮食贸易安全水平的测度 [J]. 浙江大学学报（人文社会科学版），2014（6）：35－49.

[37] 顾国达，尹靖华. 国际粮价波动对我国粮食缺口的影响 [J]. 农业技术经济，2014（12）：4－14.

[38] 郭劲光. 粮食价格波动对人口福利变动的影响评估 [J]. 中国人口科学，2009（6）：49－58.

[39] 何传添. 开放经济下的贸易安全：内涵、挑战与应对思路 [J]. 国际经贸探索，2009（3）：18－22.

[40] 何蒲明. 基于农产品期货市场的粮食安全问题研究 [D]. 武汉：华中农业大学，2009.

[41] 何蒲明，刘建军. 粮食安全与农产品期货市场的关系研究 [J]. 长江大学学报（自然科学版），2009，6（4）：83－85.

[42] 何启志. 国际农产品价格波动风险研究 [J]. 财贸研究，2010（5）：63－69.

[43] 何树全，高旻. 国内外粮价对我国粮食进出口的影响——兼论我国粮食贸易的"大国效应"[J]. 世界经济研究，2014（3）：33－39.

[44] 何维达，李冬梅. 我国产业安全理论研究综述 [J]. 经济纵横，2006（8）：74－76.

[45] 洪伟. 贸易开放、价格传导与农民福利——基于相对价格的角度 [D]. 南京：南京农业大学，2009.

[46] 侯金莉. 农产品期货价格与现货价格的关系研究 [J]. 经济纵横，2014（4）：70－74.

[47] 胡斌，曾学贵. 不等时距灰色预测模型 [J]. 北方交通大学学报，1998，22（1）：26－27.

[48] 胡冰川，徐枫，董晓霞. 国际农产品价格波动因素分析 [J]. 中国农村经济，2009（7）：86－95.

[49] 胡小平，胡晓慧 . 2020 年中国粮食需求结构分析及预测——基于营养标准的视角 [J]. 中国农村经济，2010 (6)：4 - 15.

[50] 华仁海，刘庆富 . 国内外期货市场之间的波动溢出效应研究 [J]. 世界经济，2007 (30)：64 - 74.

[51] 黄建新，周启清 . 中美玉米期货市场对现货市场价格影响的实证分析 [J]. 宏观经济研究，2014 (7)：136 - 143.

[52] 黄太洋 . 中国粮食期货市场与现货市场联动机理分析 [J]. 价格理论与实践，2013 (1)：77 - 78.

[53] 计冰燕 . 中国对外贸易安全及可替代市场谱系研究——基于贸易摩擦因子修正引力模型的考量 [D]. 杭州：浙江工业大学，2012.

[54] 计永雪，胡莉莉 . 海洋运输成本及其对出口贸易的影响 [J]. 江汉学术，2015，34 (1)：30 - 36.

[55] 贾杉 . 国际农产品价格波动对中国通货膨胀的影响研究 [J]. 农林经济管理学报，2011，10 (3)：109 - 113.

[56] 金莉 . 农产品期货价格与现货价格的关系研究 [J]. 经济纵横，2014 (4)：70 - 74.

[57] 柯怡文 . 国际大宗商品价格波动对我国通货膨胀的影响研究 [D]. 上海：华东师范大学，2013.

[58] 李翠霞，张玉玲 . 基于蛛网模型的粮食价格稳定性影响因素分析 [J]. 中国食物与营养，2012，18 (7)：40 - 43.

[59] 李光泗，朱丽莉，孙文华 . 基于政府调控能力视角的中国粮食安全测度与评价 [J]. 软科学，2011，25 (3)：74 - 78.

[60] 李建英，张莹莹 . 美国农产品期货市场的发展及启示 [J]. 对外经贸实务，2017 (3)：29 - 32.

[61] 李林杰，黄贺林 . 关于粮食安全即期预警系统的设计 [J]. 农业现代化研究，2005，26 (1)：17 - 21.

[62] 李敏 . 中国大豆产品进口对国内外大豆产品价格影响的实证研究 [D]. 武汉：华中农业大学，2012.

[63] 李圣军，李素芳，孔祥智 . 农业产业链条价格传递机制的实证分析 [J]. 技术经济，2010，19 (1)：108 - 112.

[64] 李圣军 . 中美玉米期货市场套保绩效比较研究 [J]. 农业经济与管理，2018 (4)：87 - 96.

[65] 李霜，祁华清，樊琦 . 粮食金融化背景下投机行为与国际粮价波动——以大豆期货为例 [J]. 粮食科技与经济，2014，39 (6)：20 - 23.

［66］李爽，王瑞峰．基于 DEA 模型的中国粮食对外贸易安全度评价［J］．农业经济与管理，2016（5）：13－20.

［67］李太平等．中国梨贸易安全的实证分析［J］．农村经济与科技，2014（11）：100－103.

［68］李想，穆月英，郑丽琳．粮食价格波动对物价水平的非对称影响——基于 STR 模型的实证分析［J］．统计与信息论坛，2012，27（7）：89－95.

［69］李晓钟，张小蒂．粮食进口贸易中"大国效应"的实证分析［J］．中国农村经济，2004：26－32.

［70］李宇轩．中国化肥产业政策对粮食生产的影响研究［D］．北京：中国农业大学，2014.

［71］李卓，邢宏洋．国际石油价格波动对我国通货膨胀的影响——基于新凯恩斯 Phillips 曲线的研究［J］．国际贸易问题，2011（11）：18－30.

［72］李卓，张茜．石油价格冲击对经济的影响：文献综述［J］．经济评论，2009（5）：147－152.

［73］刘晨，张锐，王宝森．中美玉米期货市场功能效率比较［J］．中国流通经济，2020，34（4）：56－66.

［74］刘汉成，夏亚华．现阶段农产品价格波动的实证分析与政策建议［J］．生态经济，2011（7）：116－119.

［75］刘建，卢波．非传统安全视角下中国石油安全的测度及国际比较研究［J］．国际经贸探索，2016，32（7）：15－29.

［76］刘金山，李宁．我国区际贸易及其价格传导效应研究［J］．财贸经济，2013，34（6）：97－108.

［77］刘璐等．金融投机、实需与国际大宗商品价格——信息摩擦视角下的大宗商品价格影响机制研究［J］．金融研究，2018，454（4）：35－52.

［78］刘宁．能源价格波动对粮食生产成本的动态影响研究［J］．财贸研究，2012，23（4）：34－39.

［79］刘强．石油价格变化对中国经济影响的模型研究［J］．数量经济技术经济研究，2005（3）：16－27.

［80］刘喜明．国际粮食价格波动对中国经济的影响［D］．杭州：浙江大学，2009.

［81］刘英基．粮食生产的能源投入及技术变动趋势［J］．华南农业大学学报（社会科学版），2015，14（3）：104－113.

［82］陆文聪，黄祖辉．中国粮食供求变化趋势预测：基于区域化市场均衡模型［J］．经济研究，2004（8）：94－104.

［83］陆文聪，祁慧博，李元龙．全球化背景下的中国粮食供求变化趋势［J］．浙

江大学学报（人文社会科学版），2011，41（1）：5-18.

[84] 吕辛. 中国粮食进口贸易具有"大国效应"吗？[D]. 南京：南京财经大学，2016.

[85] 吕新业，胡非凡.2020年我国粮食供需预测分析 [J]. 农业经济问题，2012（10）：11-18.

[86] 罗党，刘思峰. 灰色模型GM（1，1）优化 [J]. 中国工程科学，2003，5（8）：50-53.

[87] 罗锋，牛宝俊. 国际农产品价格波动对国内农产品价格的传递效应 [J]. 国际贸易问题，2009（6）：16-22.

[88] 罗进. 资产价格波动对我国通货膨胀的影响 [D]. 成都：西南财经大学，2013.

[89] 罗孝铃. 基于粮食价格的我国粮食安全问题研究 [D]. 长沙：中南大学，2005.

[90] 罗永恒. 中国农产品价格波动对经济增长影响的研究 [D]. 长沙：湖南农业大学，2012.

[91] 骆建忠. 中国居民粮食消费量与营养水平关系分析 [J]. 中国食物与营养，2008（3）：37-40.

[92] 马凯，潘焕学. 中国粮食价格与能源价格的互动关系研究 [J]. 价格理论与实践，2013（2）：55-56.

[93] 马述忠，王军. 我国粮食进口贸易是否存在"大国效应"——基于大豆进口市场势力的分析 [J]. 农业经济问题，2012（9）：24-32.

[94] 马永欢，牛文元. 基于粮食安全的中国粮食需求预测与耕地资源配置研究 [J]. 中国软科学，2009（3）：11-16.

[95] 马元元. 中国粮食期货价格与现货价格引导关系实证分析 [D]. 大连：东北财经大学，2011.

[96] 梅方权.21世纪前期中国粮食的发展目标和战略选择 [J]. 粮食科技与经济，1999（4）：4-8.

[97] 米健. 粮食需求预测评述 [J]. 中国农业资源与区划，2013（6）：28-33.

[98] 齐银山. 国际石油价格波动与我国经济安全的关系研究 [D]. 北京：北京交通大学，2011.

[99] 钱煜昊，曹宝明，赵霞. 期货市场金融化、投机诱导与大豆期货价格波动——基于CBOT大豆期货市场数据的实证分析 [J]. 农业技术经济，2017（2）：28-40.

[100] 钱煜昊等. 期货市场金融化、投机诱导与大豆期货价格波动——基于CBOT大豆期货市场数据的实证分析 [J]. 农业技术经济，2017（2）：28-40.

[101] 钱煜昊，侯立军. 金融投机如何影响中国的粮食价格——一个理论分析框架 [J]. 粮食经济研究，2019，5 (1)：63 – 70.

[102] 秦中春. 我国近中期经济社会发展的特征、挑战与战略选择研究 [EB/OL]. [2013 – 07 – 04]. http: //news. xinhuanet. com/finance/2013 – 07/04/c_124954989. htm.

[103] 邱雁. 国际投机基金对大豆期货价格影响的实证分析 [J]. 中国农村经济，2010 (4)：87 – 96.

[104] 邵鲁. 我国粮食供求价格波动与安全问题的实证分析 [D]. 长春：吉林大学，2009.

[105] 邵永同，战雪丽. 中美大豆期货市场套期保值效率比较研究 [J]. 价格理论与实践，2014 (8)：93 – 95.

[106] 石敏俊，王妍，朱杏珍. 能源价格波动与粮食价格波动对城乡经济关系的影响——基于城乡投入产出模型 [J]. 中国农村经济，2009 (5)：4 – 13.

[107] 宋博，邓莹. 我国粮食期现货市场的价格发现与价格反馈 [J]. 价格月刊，2018 (6)：23 – 29.

[108] 宋冬英，王婧. 中国农产品期货市场有效性的实证分析——以农产品玉米为例 [J]. 经济与管理研究，2011 (12)：62 – 68.

[109] 宋威，王莉. 我国期货市场稳定玉米价格波动问题研究 [J]. 经济师，2011 (5)：43 – 44.

[110] 孙宝民. 基于国内粮食安全的中国粮食进出口战略研究 [D]. 武汉：武汉理工大学，2012.

[111] 孙宝民. 中国粮食供需的预测指标体系及模型设计 [J]. 经济问题，2012 (3)：39 – 43.

[112] 孙丹，何俊芳. 国际市场初级产品价格波动向国内的传导——基于 ECM 模型的实证分析与原因探究 [J]. 兰州学刊，2009 (7)：57 – 60.

[113] 孙林. 粮食主产国出口限制是否推动了国家粮食价格上涨——以大米为例的实证分析 [J]. 中国农村经济，2013 (9)：86 – 96.

[114] 孙林，唐锋. 粮食出口限制、粮食安全与区域合作框架下的约束机制 [J]. 国际经贸探索，2012 (10)：25 – 35.

[115] 唐华俊. 中国居民合理膳食模式下的粮食供需平衡分析 [J]. 农业经济问题，2012 (9)：5 – 11.

[116] 田成志，邱雁. 农产品期货价格由供求信息决定还是投机行为决定？——投机基金对玉米期货价格影响的实证分析 [J]. 资源开发与市场，2019，35 (11)：1409 – 1412.

[117] 涂涛涛，李崇光，张玉梅. 中国谷物价格波动的传递路径解析 [J]. 华中

科技大学学报（社会科学版），2015（3）：53－62.

[118] 汪素芹. 中国对外贸易发展中的产业安全问题 [J]. 国际经贸探索，2005，21（4）：9－12.

[119] 王川. 我国粮食期货市场与现货市场价格关系的研究 [D]. 北京：中国农业科学院，2009.

[120] 王大为. 粮食安全视角下的粮食储备与粮食价格问题研究 [D]. 北京：中国农业科学院，2018.

[121] 王辉. 我国现货与期货交易的线性聚乙烯市场研究 [J]. 上海塑料，2011（2）：26－31.

[122] 王惠平. 国内外粮食期货价格波动的关联与传递分析 [D]. 咸阳：西北农林科技大学，2011.

[123] 王江丽. 安全化：生态问题如何成为一个安全问题 [J]. 浙江大学学报（人文社会科学版），2010，40（1）：36－47.

[124] 王可山，余建斌. 中国大豆期货价格与现货价格波动关系分析 [J]. 兰州学刊，2008（11）：81－83.

[125] 王庆喜，徐维祥. 多维距离下中国省际贸易空间面板互动模型分析 [J]. 中国工业经济，2014（3）：31－43.

[126] 王锐. 我国粮食进出口与粮食价格关系的实证研究——基于粮食安全的角度 [J]. 广东商学院学报，2012（1）：66－71.

[127] 王时芬，汪喆. 我国大豆期货价格与现货价格双向引导机制的研究 [J]. 价格理论与实践，2016（1）：136－139.

[128] 王舒鸿. 灰色预测模型在鸡蛋价格预测中的应用 [J]. 中国禽业导刊，2008，25（15）：48－50.

[129] 王孝松，谢申祥. 国际农产品价格如何影响了中国农产品价格 [J]. 经济研究，2012（3）：141－153.

[130] 王雪标，周维利，范庆珍. 我国原油价格与外国原油价格的波动溢出效应——基于 DCC-MGARCH 模型分析 [J]. 数理统计与管理，2012，31（4）：571－584.

[131] 魏方，纪飞峰. 我国粮食生产与消费中长期情景预测及政策建议 [J]. 中国科技论坛，2010（2）：137－143.

[132] 翁鸣. 中国粮食市场挤压效应的成因分析 [J]. 中国农村经济，2015（11）：29－39.

[133] 吴方卫，沈亚芳，张锦华，等. 生物燃料乙醇发展对中国粮食安全的影响分析——基于"与粮争地"的视角 [J]. 农业技术经济，2009（1）：21－29.

[134] 吴竟来. 我国农产品期货市场与粮食安全关系的研究 [J]. 经营管理者，

2015（23）：187．

[135] 吴乐．中国粮食需求中长期趋势研究［D］．武汉：华中科技大学，2011．

[136] 吴蕾，马君潞．价格发现度量方法述评［J］．经济学，2013（4）：399－424．

[137] 吴丽丽等．中国粮食生产要素之间的替代关系研究［J］．中南财经政法大学学报，2016（2）：140－148．

[138] 吴翔．国际原油价格波动与我国经济增长内在关联机制的计量研究［D］．长春：吉林大学，2009．

[139] 肖国安．未来十年中国粮食供求预测［J］．中国农村经济，2002（7）：9－14．

[140] 肖海峰，王娇．我国粮食综合生产能力及保护机制研究［M］．北京：中国农业出版社，2007．

[141] 肖皓，刘姝，杨翠红．农产品价格上涨的供给因素分析：基于成本传导能力的视角［J］．农业技术经济，2014（6）：80－91．

[142] 肖黎．中国农产品贸易逆差：格局、影响因素及其应对研究［D］．长沙：湖南农业大学，2012．

[143] 肖争艳，安德燕，易娅莉．国际大宗商品价格会影响我国CPI吗——基于BVAR模型的分析［J］．经济理论与经济管理，2009（8）：17－23．

[144] 谢飞，韩立岩．交易还是实需：国际商品期货价格的影响因素分析［J］．管理世界，2012（10）：71－82．

[145] 谢枫．粮食生产补贴、生产要素投入与我国粮食生产效率［D］．南昌：江西财经大学，2015．

[146] 辛玉莹．中美大豆期货市场套期保值效率对比研究［D］．北京：首都经济贸易大学，2019．

[147] 徐现祥，李郇．中国省际贸易模式：基于铁路货运的研究［J］．世界经济，2012（9）：41－60．

[148] 许世卫，李哲敏，董晓霞，等．中国农产品在产销间价格传导机制研究［J］．资源科学，2010（32）：2092－2099．

[149] 许世卫．中国2020年食物与营养发展目标战略分析［J］．中国食物与营养，2011，17（9）：5－13．

[150] 许统生，洪勇，涂远芬，等．加入世贸组织后中国省际贸易成本测度、效应及决定因素［J］．经济评论，2013（3）：126－135．

[151] 许统生，李志萌，涂远芬，等．中国农产品贸易成本测度［J］．中国农村经济，2012（3）：14－24．

[152] 燕志鹏，顾新莲，耿宇宁．焦煤期货价格发现功能的影响因素研究［J］．价格理论与实践，2020（8）：116－119．

[153] 杨惠珍,韦敬楠,张立中. 我国粮食期货市场价格发现功能的实证分析——以玉米和小麦市场为例 [J]. 价格月刊,2017 (5):19-23.

[154] 杨恺钧,褚天威. 互联网发展、交通运输及进口贸易关系研究——基于中国省际面板数据空间计量分析 [J]. 经济问题,2016 (6):95-100.

[155] 杨蕾. 中国粮食供需平衡分析 [D]. 淄博:山东理工大学,2009.

[156] 杨煦. 资产价格波动对贸易差额的影响研究——中美对比研究 [D]. 长沙:中南大学,2011.

[157] 杨燕,刘渝琳. 中国粮食进口贸易中"大国效应"的扭曲及实证分析 [J]. 国际商务:对外经济贸易大学学报,2006:27-31.

[158] 杨志海,王雨濛,张勇民. 粮食价格与石油价格的短期动态关系与长期均衡——基于 ARDL-ECM 模型的实证研究 [J]. 农业技术经济,2012 (10):31-39.

[159] 伊克夫. 我国橡胶期货价格发现功能研究 [J]. 价格理论与实践,2020 (7):106-108,179.

[160] 易丹辉. 数据分析与 Eviews 应用 [M]. 北京:中国人民大学出版社,2008.

[161] 尹靖华,顾国达. 国际粮价波动对粮食贸易政策的影响研究 [J]. 国际经贸探索,2015,31 (2):19-27.

[162] 尹靖华,顾国达. 我国粮食中长期供需趋势分析 [J]. 华南农业大学学报 (社会科学版),2015,14 (2):76-83.

[163] 尹靖华. 国际粮价波动对我国粮食贸易安全的影响研究 [D]. 杭州:浙江大学,2015.

[164] 尹靖华. 国际能源对粮食价格传导的生产成本渠道研究 [J]. 华南农业大学学报 (社会科学版),2016,15 (6):70-82.

[165] 尹靖华. 国际能源价格变化对我国农产品价格的影响——基于贸易成本渠道 [J]. 河南工程学院学报 (社会科学版),2019 (4):16-21.

[166] 尹靖华. 能源价格与粮食价格关系的研究综述 [J]. 浙江外国语学院学报,2017 (1):95-101.

[167] 尤利群,范秀荣. 粮食出口禁运的福利及政策效应分析 [J]. 财经论丛,2009 (5):6-12.

[168] 于谨凯,张颖. 基于 DEA-BCC 模型的我国水产品贸易安全评估 [J]. 河北渔业,2017 (2):52-59.

[169] 余潇枫. 安全哲学新理念:"优态共存",浙江大学学报 (人文社会科学版),2005 (3):5-11.

[170] 余潇枫. 从危态对抗到优态共存——广义安全观与非传统安全战略的价值定位 [J]. 世界经济与政治,2004 (2):8-13.

[171] 袁吉伟. 外部冲击对中国经济波动的影响——基于 BSVAR 模型的实证研究 [J]. 经济与管理研究, 2013 (1): 27-34.

[172] 昝欣, 李孟刚. 中国服务贸易安全与发展研究: 积极应对贸易摩擦和贸易壁垒 [M]. 北京: 经济科学出版社, 2012.

[173] 曾才生. 大宗商品国际定价权的金融视角分析 [J]. 求索, 2010 (11): 51-53.

[174] 曾林阳. 国际石油现货价格波动对我国通货膨胀率波动的影响 [J]. 国际贸易问题, 2009 (4): 74-80.

[175] 张兵, 张蓓佳. 农产品金融化对玉米期货价格的影响 [J]. 西北农林科技大学学报 (社会科学版), 2014, 14 (4): 79-84.

[176] 张国胜, 刘晨, 武晓婷. 我国商品期货市场套期保值效率评价与提升对策 [J]. 中国流通经济, 2021, 35 (5): 42-51.

[177] 张锦华, 许庆. 城市化进程中我国城乡居民的长期粮食需求 [J]. 华南农业大学学报 (社会科学版), 2012 (1): 99-107.

[178] 张锦恺. 贸易安全评价体系的构建 [D]. 上海: 上海社会科学院, 2016.

[179] 张利庠, 张喜才. 我国农业产业链中价格波动的传导与调控机制研究 [J]. 经济理论与经济管理, 2011 (1): 104-112.

[180] 张明, 谢家智. 成本驱动、外部输入与中国农产品价格上涨 [J]. 农业技术经济, 2012 (5): 13-19.

[181] 张鹏. 国际寡头垄断形势下中国进口大豆定价机理研究 [D]. 南昌: 江西财经大学, 2010.

[182] 张鹏, 钟昱. 我国粮食安全的多维思考: 一个文献综述 [J]. 当代经济管理, 2012, 34 (10): 6-11.

[183] 张婷. 中美粮食期货市场有效性比较研究 [D]. 南昌: 江西财经大学, 2017.

[184] 张晓桐. 计量经济学基础 [M]. 天津: 南开大学出版社, 2007.

[185] 张玉梅, 李志强, 李哲敏, 等. 基于 CEMM 模型的中国粮食及其主要品种的需求预测 [J]. 中国食物与营养, 2012, 18 (2): 40-45.

[186] 章辉达. 非线性与非对称性下国际粮食价格传递效应研究: 基于我国粮食支持政策视角 [D]. 杭州: 浙江工商大学, 2012.

[187] 赵华, 王一鸣, 王泗泉. 基于马尔可夫状态转换方法的套期保值 [J]. 系统工程理论与实践, 2013, 33 (7): 1743-1752.

[188] 郑斌. 投机因素对大豆期货价格影响的实证分析 [D]. 南京: 南京农业大学, 2013.

[189] 中国 2007 年投入产出表分析应用课题组, 许宪春, 彭志龙, 等. 原油价格

波动对我国物价的影响 [J]. 统计研究, 2010 (12)：23 - 29.

[190] 中国国家发展和改革委员会, 国家粮食安全中长期规划纲要 [EB/OL]. [2008 - 11 - 13]. http：//www. gov. cn/test/2008 - 11/14/content_1148698. htm.

[191] 中国人民银行课题组. 中国农产品价格上涨机制研究 [J]. 经济学动态, 2011 (3)：4 - 11.

[192] 周峰. 中国农产品价格波动的对外贸易效应 [D]. 宁波：宁波大学, 2013.

[193] 周杰琦. 国际油价波动对经济增长的影响——基于中国的实证分析 [J]. 技术经济与管理研究, 2010 (4)：12 - 15.

[194] 周菊花. 国际大宗商品价格与我国经济周期关联性研究 [J]. 西部论坛, 2012 (3)：78 - 87.

[195] 周密, 徐爱燕. 农村劳动力转移的水体环境效应研究——基于生产要素替代与化肥施用量的证据 [J]. 南大商学评论, 2013 (1)：57 - 69.

[196] 周明华. 中国农产品价格波动：供需因素还是货币因素？ [J]. 财经问题研究, 2014 (8)：125 - 128.

[197] 朱丽萌. 中国农产品进出口与农业产业安全预警分析 [J]. 财经科学, 2007 (6)：111 - 116.

[198] 朱启贵, 段继红, 吴开尧. 国际油价向中国通货膨胀的传递及其影响因素研究 [J]. 统计研究, 2011 (2)：7 - 12.

[199] 朱玉荣. 我国进口贸易安全现状与进口战略分析 [J]. 宏观经济研究, 2013 (5)：106 - 111.

[200] 朱宗军. 中国农业安全评估及对策研究 [D]. 大连：辽宁师范大学, 2010.

[201] 邹杰, 郭世芹. 财政支农支出、粮食生产成本与粮食价格的动态关联性研究 [J]. 价格理论与实践, 2015 (12)：65 - 67.

[202] 邹时荣. 中国市场全面开放后的贸易产业安全思考 [J]. 物流工程与管理, 2008, 30 (2)：60 - 63.

[203] Alexander E. Futures and risk：The rise and demise of the hedger-speculator dichotomy [J]. Socio-Economic Review, 2013, 11 (3)：553 - 576.

[204] Alexandratos N, Bruinsma J. World agriculture towards 2030/2050：The 2012 revision [J]. ESA Work, 2012.

[205] Anderson J E, van Wincoop E. Gravity with gravitas：A solution to the border puzzle [J]. American Economic Review, 2001, 93 (1)：170 - 192.

[206] Andriy V. Evaluating of foreign trade security [EB/OL]. https：//zenodo. org/record /18467#. WqECjvnQHd0.

[207] Arifin B. From remarkable success stories to troubling present：The case of BULOG

in Indonesia [A]. //Rashid S, Gulati A, Cummings R Jr. From parastatals to private trade: Lessons from Asian agriculture, 2008: 137 – 173.

[208] Atkin D, Donaldson D. Who's getting globalized? The size and implications of intra-national trade costs [J]. Social Science Electronic Publishing, 2015.

[209] Avino D, Lazar E, Varotto S. Time varying price discovery [J]. Economics Letters, 2015 (126): 18 – 21.

[210] Awan O A. Price discovery or noise: The role of arbitrage and speculation in explaining crude oil price behaviour [J]. Journal of Commodity Markets, 2019: 1 – 14.

[211] Bahel E, Marrouch W, Gaudet G. The economics of oil, biofuel and food commodities [J]. Resource & Energy Economics, 2013, 35 (4): 599 – 617.

[212] Baillie R, Booth G, Tse Y and Zabotina T. Price Discovery and Common Factor Models [J]. Journal of Financial Markets, 2002, 5 (3): 309 – 321.

[213] Baldos U L C, Hertel T W. Looking back to move forward on model validation: Insights from a global model of agricultural land use [J]. Environmental Research Letters, 2013, 8 (3): 24 – 34.

[214] Bale M D, Lutz E. The effects of trade intervention on international price instability [J]. American Journal of Agricultural Economics, 1979, 61 (3): 512 – 516.

[215] Bernardina Algieri. Conditional price volatility, speculation, and excessive speculation in commodity markets: sheep or shepherd behaviour? [J]. Social Science Electronic Publishing, 2012, 30 (2): 210 – 237.

[216] Bohmann M J M, Michayluk D, Patel V. Price discovery in commodity derivatives: Speculation or hedging? [J]. Journal of Futures Markets, 2019, 39 (9): 1107 – 1121.

[217] Borenstein S, Cameron A C & Gilbert R. Do gasoline prices respond asymmetrically to crude oil price changes? [J]. The Quarterly Journal of Economics, 1997, 112 (1): 305 – 339.

[218] Boyd N E, Harris J H, Li B. An update on speculation and financialization in commodity markets [J]. Journal of Commodity Markets, 2018 (10): 91 – 104.

[219] Bridgman B. Energy prices and the expansion of world trade [J]. Review of Economic Dynamics, 2008, 11 (4): 904 – 916.

[220] Brown L R. Who will feed China? Wake-up call for a small planet [M]. WW Norton & Company, 1995.

[221] Brunetti C, Büyükşahin B, Harris J H. Speculators, prices, and market volatility [J]. Journal of Financial and Quantitative Analysis, 2016: 1545 – 1574.

[222] Byerlee D, Jayne T S & Myers R J. Managing food price risks and instability in a

liberalizing market environment: Overview and policy options [J]. Food Policy, 2006, 31 (4): 275 – 287.

[223] Cafiero C. What do we really know about food security? [R]. National Bureau of Economic Research, 2013: 1 – 33.

[224] Chakravorty U, Magné B, Moreaux M. A dynamic model of food and clean energy [J]. Journal of Economic Dynamics & Control, 2008, 32 (4): 1181 – 1203.

[225] Chand R. Government Intervention in Foodgrain Markets in the New Context [M]. National Centre for Agricultural Economics and Policy Research, 2003.

[226] Chen S S, Hsu K W. Reverse globalization: Does high oil price volatility discourage international trade? [J]. Energy Economics, 2012, 34 (5): 1634 – 1643.

[227] Chen S T, Kuo H I, Chen C C. Modeling the relationship between the oil price and global food prices [J]. Applied Energy, 2010, 87 (8).

[228] Chen Y L, Gau Y F, Liao W J. Trading activities and price discovery in foreign currency futures markets [J]. Review of Quantitative Finance and Accounting, 2016, 46 (4): 793 – 818.

[229] Ciaiant P, Kancs D. Interdependencies in the energy-bioenergy-food price systems: A cointegration analysis [J]. Resource & Energy Economics, 2011, 33 (1): 326 – 348.

[230] Clarete R L. Options for NFA Reforms in the Philippines [C] //Workshop, Agribusiness: From Parastatals to Private Trade-Why, When, and How, 2003.

[231] Conrad C. Commodity and food speculation, is there a need for regulation? A discussion of the international research [J]. Water Research, 2014, 1 (2): 905 – 918.

[232] Consuegra M, Garcia-Verdugo J. Measuring the functional efficiency of agricultural futures markets [J]. Australian Journal of Agricultural and Resource Economics, 2017, 61 (2): 232 – 246.

[233] Cosar A K, Demir B. Domestic road infrastructure and international trade: Evidence from Turkey [J]. Journal of Development Econmics, 2016 (118): 224 – 232.

[234] Cosar K, Fajgelbaum P D. Internal geography, international trade, and regional specialization [J]. Nber Working Papers, 2013, 37 (5): 3200 – 3215.

[235] Cummings R, Rashid S, Gulati A. Grain price stabilization experiences in Asia: What have we learned? [J]. Food Policy, 2006, 31 (4): 302 – 312.

[236] Czech, Katarzyna. Speculation in the agricultural commodity market [J]. Problems of World Agriculture, 2015 (13): 10 – 17.

[237] Dawe D. How far down the path to free trade? The importance of rice price stabilization in developing Asia [J]. Food Policy, 2001, 26 (2): 163 – 175.

[238] Dawe D, Timmer C P. Why stable food prices are a good thing: Lessons from stabilizing rice prices in Asia [J]. Global Food Security, 2012, 1 (2): 127 – 133.

[239] Dethier J J, Effenberger A. Agriculture and development: A brief review of the literature [J]. Economic Systems, 2012 (36): 175 – 205.

[240] Dillon B, Barrett C B. Global Crude to Local Food: An Empirical Study of Global Oil Price Pass-through to Maize Prices in East Africa [C] //International Conference on Food Price Volatility, "Causes and Challenges", New York City, February, 2013: 25 – 26.

[241] Dillon B M, Barrett C B. Global oil prices and local food prices: Evidence from East Africa [J]. American Journal of Agricultural Economics, 2016, 98 (1): aav040.

[242] Do Q T, Levchenko A A & Ravallion M. Trade insulation as social protection [M] //The Economics of Food Price Volatility. University of Chicago Press, 2013: 345 – 366.

[243] Dorosh P A. Trade liberalization and national food security: Rice trade between Bangladesh and India [J]. World Development, 2001, 29 (4): 673 – 689.

[244] Du X, Cindy L Y, Hayes D J. Speculation and volatility spillover in the crude oil and agricultural commodity markets: A Bayesian analysis [J]. Energy Economics, 2011, 33 (3): 497 – 503.

[245] Du X D, McPhail L L. Inside the black box: The price linkage and transmission between energy and agricultural markets [J]. Energy Journal, 2012, 33 (2): 171 – 194.

[246] Enders W, Holt M T. Sharp breaks or smooth shifts? An investigation of the evolution of primary commodity prices [J]. American Journal of Agricultural Economics, 2012, 94 (3): 659 – 673.

[247] Engle R F, Granger C W J. Co-integration and error correction: Representation, estimation, and testing [J]. Econometrica: Journal of the Econometric Society, 1987: 251 – 276.

[248] Erokhin V, Gao T. Impacts of COVID – 19 on Trade and Economic Aspects of Food Security: Evidence from 45 Developing Countries [J]. International Journal of Environmental Research and Public Health, 2020, 17 (16): 5775.

[249] Etherington L. The hedging performance of the new futures markets [J]. Journal of Finance, 1979 (34): 157 – 170.

[250] Etienne X L, Irwin S H, Garcia P. Speculation and corn prices [J]. Applied Economics, 2018, 50 (43 – 45): 4724 – 4744.

[251] Fan P, Watanabe C. Promoting industrial development through technology policy: Lessons from Japan and China [J]. Technology in Society, 2006, 28 (3): 303 – 320.

[252] FAO. State of Food Insecurity in the World 2003 [M]. FAO, 2003.

[253] FAO. World Agriculture: Towards 2015/2030: Summary Report [M]. FAO, 2002.

[254] Furuya J, Kobayashi S. Impact of global warming on agricultural product markets: Stochastic world food model analysis [M] //Adaptation and Mitigation Strategies for Climate Change. Springer Japan, 2010: 19 – 35.

[255] Gardner B. Fuel ethanol subsidies and farm price support [J]. Journal of Agricultural and Food Industrial Organization, 2007 (2): 1 – 22.

[256] Geman H. Commodities and commodity derivatives: Modeling and pricing for agriculturals, metals and energy [J]. General Information, 2009, 31 (12): 3904 – 3906.

[257] Georg V. Lehecka. . Do hedging and speculative pressures drive commodity prices, or the other way round? [J]. Empirical Economics, 2015, 49 (2): 575 – 603.

[258] Gilbert C L. How to understand high food prices [J]. Journal of Agricultural Economics, 2010, 61 (2): 398 – 425.

[259] Glauben, Thomas, Pies, Ingo, Prehn, Sören, et al. Alarm or rather false alarm? A literature review of empirical research studies into financial speculation with agricultural commodities [C] // Leib-niz Institute of Agricultural Development in Central and Eastern Europe (IAMO), 2012.

[260] Gorter H D, Just D R. The welfare economics of a biofuel tax credit and the interaction effects with price contingent farm subsidies [J]. American Journal of Agricultural Economics, 2009, 91 (91): 477 – 488.

[261] Gouel C. Food price volatility and domestic stabilization policies in developing countries [R]. National Bureau of Economic Research, 2013.

[262] Haase M, Huss M. Guilty speculators? Range-based conditional volatility in a cross-section of wheat futures [J]. Journal of Commodity Markets, 2018 (10): 29 – 46.

[263] Haase M, Zimmermann Y S, Zimmermann H. The impact of speculation on commodity futures markets-A review of the findings of 100 empirical studies [J]. Journal of Commodity Markets, 2016: 1 – 15.

[264] Hamilton J D, Wu J C. Effects of index‐fund investing on commodity futures prices [J]. International economic review, 2015, 56 (1): 187 – 205.

[265] Hanjra M A, Qureshi M E. Global water crisis and future food security in an era of climate change [J]. Food Policy, 2010, 35 (5): 365 – 377.

[266] Hasbrouck J. One security, many markets: Determining the contributions to price discovery [J]. The journal of Finance, 1995, 50 (4): 1175 – 1199.

[267] Hertel T W, Beckman J. Commodity Price Volatility in the Biofuel Era: An Examination of the Linkage between Energy and Agricultural Markets [C] // Center for Global Trade Analysis, Department of Agricultural Economics, Purdue University, 2010.

[268] Hicks J. Value and Capital [M]. Oxford: Oxford University Press, 1939.

[269] Hochman G, Sexton S E, Zilberman D, et al. The economics of biofuel policy and biotechnology [J]. Journal of Agricultural & Food Industrial Organization, 2008, 6 (2).

[270] Hoffman G W. Futures treading upon Organized Commodity Markets in the United State. 1st ed. Philadelphia [M]. University of Philadelphia Press, 1932.

[271] Huchet N, Fam P G. The role of speculation in international futures markets on commodity prices [J]. Research in International Business & Finance, 2016 (37): 49 – 65.

[272] Johnson L. The theory of hedging and speculation in commodity futures [J]. Review of Economic Studies, 1960 (27): 139 – 151.

[273] Ju Ronghua, Yang Zhiling. Assessing the functional efficiency of agricultural futures markets in China [J]. China Agricultural Economic Review, 2019, 11 (2): 431 – 442.

[274] Kathiresan A, et al. Policy options for galvanizing Africa's rice sector against impacts of COVID – 19 [J]. World Development, 2020 (136): 5.

[275] Ke Yangmin, et al. Risk transmission between Chinese and US agricultural commodity futures markets—A CoVaR approach [J]. Sustainability, 2019, 11 (1): 239.

[276] Keynes J. A Treatise on Money [M]. Macmillan and Co. Limited, 1930.

[277] Koirala K H, Mishra A K, D'Antoni J M, et al. Energy prices and agricultural commodity prices: Testing correlation using copulas method [J]. Energy, 2015, 81 (3): 430 – 436.

[278] Konandreas P. Trade policy responses to food price volatility in poor net food-importing countries [J]. ICTSD and FAO, Issue Paper, 2012 (42): 18 – 23.

[279] Kroner K F, Sultan J. Time-varying distributions and dynamic hedging with foreign currency futures [J]. Journal of financial and quantitative analysis, 1993: 535 – 551.

[280] Kunhibava S, Cochrane L, Adams M. The impact of speculation on global food accessibility and food security [J]. Arab Law Quarterly, 2015, 29 (1): 76 – 91.

[281] Larochez-Dupraz C, Huchet-Bourdon M. Agricultural support and vulnerability of food security to trade in developing countries [J]. Food Security, 2016, 8 (6): 1191 – 1206.

[282] Lee H L. The impact of climate change on global food supply and demand, food prices, and land use [J]. Paddy and water environment, 2009, 7 (4): 321 – 331.

[283] Lehmann B N. Some desiderata for the measurement of price discovery across markets [J]. Journal of Financial Markets, 2002, 5 (3): 259 – 276.

[284] Luo, Jiawen, and Qun Zhang. Risk contagions between global oil markets and China's agricultural commodity markets under structural breaks [J]. Applied Economics,

2020: 1 - 22.

[285] Lustig N. Coping with rising food prices: Policy dilemmas in the developing world [J]. Center for Global Development Working Paper, 2009 (164): 111 - 146.

[286] Marquina A. Financial derivatives, their impact on food security and regulation attempts. Ekonomika a Management, 2008, 2 (31): 149 - 170.

[287] Martin T Bohl, Pierre L Siklos, Martin Stefan, Claudia Wellenreuther. Price discovery in agricultural commodity markets: Do speculators contribute? [J]. Journal of Commodity Markets, 2020 (18): 1 - 23.

[288] Masuda T, Goldsmith P D. World soybean production: Area harvested, yield, and long-term projections [J]. International Food and Agribusiness Management Review, 2009, 12 (4): 143 - 162.

[289] Mayer J. The Growing financialisation of commodity markets: Divergences between index investors and money managers [J]. Journal of Development Studies, 2012, 48 (6): 751 - 767.

[290] McPhail L L, Du X D, Muhammad A. Disentangling corn price volatility: The role of global demand, speculation, and energy [J]. Journal of Agricultural & Applied Economics, 2012, 44 (3): 401 - 410.

[291] Mensi W, Beljid M, Boubaker A, et al. Correlations and volatility spillovers across commodity and stock markets: Linking energies, food, and gold [J]. Economic Modelling, 2013, 32 (32): 15 - 22.

[292] Meyer J, Cramon-Taubadel S. Asymmetric price transmission: A survey [J]. Journal of agricultural economics, 2004, 55 (3): 581 - 611.

[293] Moseley W G, Battersby J. The vulnerability and resilience of African food systems, food security, and nutrition in the context of the COVID - 19 pandemic [J]. African Studies Review, 2020: 1 - 13.

[294] Nicole Aulerich, Irwin S H, Philip Garcia. Bubbles, food prices, and speculation: Evidence from the CFTC's daily large trader data files [J]. Nber Chapters, 2013: 211 - 253.

[295] Nonhebel S. Global food supply and the impacts of increased use of biofuels [J]. Energy, 2012, 37 (1): 115 - 121.

[296] Novy D. Gravity redux: Measuring international trade costs with panel data [R]. CESifo working paper: Trade Policy, 2011.

[297] OECD-FAO, Agricultural Outlook: 2009 - 2018 [M]. 15th edition. Organization for Economic Co-operation and Development (OECD), August, 2009.

[298] Park T H, Switzer L N. Bivariate GARCH estimation of the optimal hedge ratios for stock index futures: A note [J]. The Journal of Futures Markets (1986 – 1998), 1995, 15 (1): 61.

[299] Pies, Ingo, Prehn, Sören, Glauben, Thomas, et al. Speculation on agricultural commodities: A brief overview [J]. Social Science Electronic Publishing, 2013: 261 – 280.

[300] Prabakaran K, Sivapragasam C, Jeevapriya C, et al. Forecasting cultivated areas and production of wheat in India using ARIMA model [J]. Golden Research Thoughts, 2013, 3 (3): 1 – 7.

[301] Randers J. 2052: A Global Forecast for the Next Forty Years [M]. Chelsea Green Publishing, 2012.

[302] Rashid S, Cummings R, Gulati A. Grain marketing parastatals in Asia [R]. International Food Policy Research Institute (IFPRI), 2005.

[303] Reboredo J C. Do food and oil prices co-move? [J]. Energy Policy, 2012, 49 (10): 456 – 467.

[304] Regmi A, Meade B. Demand side drivers of global food security [J]. Global Food Security, 2013, 2 (3): 166 – 171.

[305] Rehber E. Food for thought: "Four Ss with one F" Security, safety, sovereignty, and shareability of food [J]. British Food Journal, 2012, 114 (3): 353 – 371.

[306] Robles M, Torero M, Braun J V. When speculation matters [J]. IFPRI Issue Briefs, 2009 (57): 2 – 8.

[307] Salamat Ali. Differential Effects of Internal and External Remoteness on Trade Flows, http://freit.org/WorkingPapers/Papers/FirmLevelTrade/FREIT1169.pdf, 2017.

[308] Schorderet Y. Asymmetric Cointegration [M]. University of Geneva, 2004.

[309] Schreiber P, and R Schwartz. Price discovery in securities markets [J]. Journal of Portfolio Management, 1986, 12 (4), 43 – 48.

[310] SE Rinden. The impact of speculation in commodity futures on food prices, Master thesis Business Administration – University of Agder, 2015, https://brage.bibsys.no/xmlui/handle/11250/2380509.

[311] Serra T, Zilberman D, Gil J M, et al. Nonlinearities in the US corn-ethanol-oil-gasoline price system [J]. Agricultural Economics, 2011, 42 (1): 35 – 45.

[312] Sers C F, Mughal M. Covid – 19 outbreak and the need for rice self-sufficiency in West Africa [J]. World Development, 2020 (135): 2.

[313] Shalen C T. Volume, volatility, and the dispersion of beliefs [J]. The Review of Financial Studies, 1993, 6 (2): 405 – 434.

［314］Shao Lili, et al. Hedging, speculation, and risk management effect of commodity futures: Evidence from firm voluntary disclosures ［J］. Pacific-Basin Finance Journal, 2019 (57): 101084.

［315］Silvennoinen A, Thorp S. Crude oil and agricultural futures: An analysis of correlation dynamics ［J］. Journal of Futures Markets, 2016, 75 (9): 522 – 544.

［316］Simelton E, Fraser E D G, Termansen M, et al. The socioeconomics of food crop production and climate change vulnerability: A global scale quantitative analysis of how grain crops are sensitive to drought ［J］. Food Security, 2012, 4 (2): 163 – 179.

［317］Tadasse G, Algieri B, Kalkuhl M, et al. Drivers and triggers of international food price spikes and volatility ［M］//Food price volatility and its implications for food security and policy. Springer, Cham, 2016: 59 – 82.

［318］Tenkorang F, Lowenberg-De Boer J. Forecasting long-term global fertilizer demand ［J］. Nutrient cycling in agroecosystems, 2009, 83 (3): 233 – 247.

［319］Timmer C P. Agricultural Prices and Stabilization Policy ［M］. Harvard Institute for International Development, Harvard University, 1989.

［320］Timmer C P. Does Bulog stabilise rice prices in Indonesia? Should it try? ［J］. Bulletin of Indonesian Economic Studies, 1996, 32 (2): 45 – 74.

［321］Tweeten L, Thompson S R. Long-term global agricultural output supply-demand balance and real farm and food prices ［J］. Farm Policy Journal, 2009, 6 (1): 1 – 16.

［322］USDA. Agricultural Projections to 2023 ［DB/OL］. www. ers. usda. gov/topics/farm-economy/agricultural-baseline-projections. aspx#. U42da9JPh34, 2014 – 02 – 10.

［323］Walter E, Paul J, Mizrach B. Grain prices, oil prices, and multiple smooth breaks in a VAR ［J］. Studies in Nonlinear Dynamics & Econometrics, 2016, 20 (4): 399 – 419.

［324］Wang C. The effect of net positions by type of trader on volatility in foreign currency futures markets ［J］. Journal of Futures Markets: Futures, Options, and Other Derivative Products, 2002, 22 (5): 427 – 450.

［325］Wang Y. Food versus crude oil: What do prices tell us? Evidence from China ［J］. China Agricultural Economic Review, 2015, 7 (3): 435 – 447.

［326］Westcott P C, Trostle R. Long-term prospects for agriculture reflect growing demand for food, fiber, and fuel ［J］. Developing economies, 2012, 4 (6): 8.

［327］Willen P. Incomplete markets and trade ［J］. Working Paper Series No. 04 – 8, Federal Reserve, 2004.

［328］Will M G, Prehn S, Pies I, et al. Is financial speculation with agricultural commodities harmful or helpful? A literature review of current empirical research ［J］. Social Science Electronic Publishing, 2015, 18 (3): 84 – 102.

[329] Wimmer T, Geyer-Klingeberg J, Hütter M, et al. The impact of speculation on commodity prices: A Meta-Granger analysis [J]. Journal of Commodity Markets, 2021 (22): 100 – 148.

[330] Working H. New concepts cnocernig futures markets and prices [J]. American Economic Reviews, 1952 (52): 431 – 459.

[331] Working H. Speculation on hedging markets [J]. Food Research Institute Studies, 1960, 1 (1387 – 2016 – 116000): 185 – 220.

[332] Xiaoli L. Etienne, Scott H. Irwin, Philip Garcia, Speculation and Food Commodity Prices [EB/OL]. http: //farmdoc. illinois. edu.

[333] Yan Y. Is Chinese or American maize price effective for trading and policy-making reference? [J]. European Journal of Marketing, 2014, 6 (6): 470 – 484.

[334] YS Diagne. A Fall, Does speculation explain food prices movements in Senegal? MPRA Paper No. 54880 [EB/OL]. https: //mpra. ub. uni-muenchen. de/54880/.

[335] Zhang Z, Lohr L & Escalante C, et al. Ethanol, corn, and soybean price relations in a volatile vehicle-fuels market [J]. Energies, 2009, 2 (2): 320 – 339.

[336] Zhang Z, Lohr L, Escalante C, et al. Food versus fuel: What do prices tell us? [J]. Energy Policy, 2010, 38 (1): 445 – 451.

[337] Zhang Z, Vedenov D, Wetzstein M. Can the US ethanol industry compete in the alternative fuels market? [J]. Agricultural Economics, 2007, 37 (1): 105 – 112.

[338] Zilberman D, G Hochman, D Rajagopal, S Sexton, G Timilsina. The impact of biofuels on commodity food prices: Assessment of findings [J]. American Journal of Agricultural Economics, 2013, 95 (2): 275 – 281.